チャイメリカ

米中結託と日本の進路

矢吹 晋

花伝社

チャイメリカ——米中結託と日本の進路◆目次

第Ⅱ部 巨人・中国はどこへ行く

序に代えて

ロシア革命と中国革命の関係

二〇世紀前半に行なわれたロシア革命と中国革命との関係を最もわかりやすく説いたのは、毛沢東の次の一言であろう。いわく「ロシア革命の砲声が中国にマルクス・レーニン主義を送り届けてくれた」。中国は以後、ひたすら「ロシアの道」を模倣し続けた。一時、ロシアの道とは異なる中国の道を模索した。毛沢東が主唱した「大躍進政策」と「文化大革命」である。その試みは結局失敗し、二〇〇〇～三〇〇〇万人の餓死者さえ出た（推計方法は、拙著『図説　中国力』四一～四二ページ）。理想社会を目指した結果もたらされた地獄絵である。

四分の三世紀の試行錯誤を経て、マルクス・レーニン主義の先達・ソ連は、アメリカ資本主義との生産力競争に敗れて、一九九一年に崩壊した。スプートニクをアメリカに先立って打ち上げ成功し、一時はアメリカをしのぐかに見えたソ連は、結局はアメリカとの生産力競争に敗れ、解体し、いわゆる東欧圏は拡大ＥＵの一角となり、東西ドイツの統合が行なわれた。

ソ連の崩壊後、中国を襲ったのは「蘇東波」というツナミである。北宋代の詩人「蘇東坡《そとうば》」を一文字変えたこの表現は「ソ連東欧からの民主化の圧力」であった。ポスト冷戦期に誰もが、「次は中国の民主化」を想定したのは、中国の計画経済が基本的にソ連と同じシステムで運営されていたことを裏書するものだ。

しかしながら、中国がソ連解体の道を歩むことはなかった。その理由は、二つ挙げられよう。一つは鄧小平が事態を先取りして、「市場経済の密輸入」にすでに着手しており、これが人々に生活向上への希望を与えていたこと、もう一つは政治支配体制の徹底的な引き締めによる「管理社会」の構築である。この政経分離体制はこれまでのところ功を奏している。すなわち中国共産党の指導下における資本主義的原蓄の発展である。

旧ソ連圏の解体以後、資本主義体制の勝利を語る声が大きくなり、一時は「アメリカの一人勝ち」を称賛する声が世界にこだまして、市場経済の勝利は磐石に見えた。だが、これを契機に加速度を増した新自由主義の暴走は止まるところを知らず、結局「アメリカの一人勝ち」は十数年しか続かず、「驕るアメリカ、久しからず」を絵に描いたようなありさまとなった。二〇〇八年のリーマン・ショックは、世界経済を大恐慌以来の危機に陥れただけでなく、三年後にはギリシャ・ソブレン危機を誘発し、それはEU全体に連鎖反応的な衝撃を与え、今日なお収束の兆候は見えない。

このような状況を踏まえて、『フォーリン・アフェアズ』(*Foreign Affairs*)(二〇一一年一一月/一二月号)は、「アメリカは終わったのか?」を特集し、雑誌『ニューヨーカー』のジョージ・パッカー記者の「破られた契約——不平等とアメリカの凋落」(George Packer, 'The Broken Contract: Inequality and American Decline')を掲げた。これによると、一九七九年から二〇〇六年にかけて、アメリカ中産階級の所得は四〇％増えたが、最貧層では一一％しか増えていない。これに対して最上位一％の所得は二五六％も増えて、国富の二三％を占めるようになった。これまで最大であった一九二八年を上回るシェアだ。アメリカはすでに甚だしい階級社会と化した。まさにアメリカンドリームの終焉を意味する。格差の拡大と富裕階級の固定化がアメリカ人の夢をもはや実現不可能なものとした現実を鋭く指摘したものであった。ニューヨークのウォールストリートを占拠した失業者たちが訴えたのは、まさにこの現実であったと見てよい。

なぜこうなったのか。アメリカンドリームが存在した時代には、政府がさまざまな規制やルールを定め、所得の比較的に平等な配分を保証しようとしていた。商業銀行の資金が投資銀行に流れるのを禁止するグラス・スティーガル法（the Glass-Steagall Act）はその象徴であった。この規制により投機の行き過ぎや過剰競争は規制され、社会を安定させるためのさまざまな機関・制度が存在する国――これがアメリカであった。これらの機関は「公共の利益」を守るために機能した。中産階層の大国であるアメリカは、こうして守られてきた。顧みると、一九七八年頃のアメリカはベトナム戦費で疲弊しどん底にあったが、これは一見アフガンやイラク戦費に悩む現代と酷似する。しかし、決定的な相違点がある。それは一九七八年には「公共の利益」を守る規制や機関が機能し、アメリカンドリームを保証するシステムが生きていたことだ。

なぜか。大恐慌後の一九三三年から一九六六年にかけての三〇年間、連邦政府には消費者・労働者・投資家を守るために、一一の規制機関が設立されたし、さらにその後もこの傾向は続き、一九七〇～七五年には環境保護局（the Environmental Protection Agency, EPA）、職業安全健康管理局（the

Occupational Safety and Health Administration, OSHA）、消費者のための生産物安全委員会（the Consumer Product Safety Commission）を含む一二の規制機関が次々に設立された。

　ところがこれらの規制措置や規制機関は、この三〇年間に「新自由主義」なる妖怪の圧力でほとんどつぶされてしまった。「公共の利益」を維持していたシステムのほとんどが大企業によって乗っ取られ、「公共の利益」の分野が、企業が利益を上げるためのビジネスの分野に変化した。かくてアメリカは、もはやアメリカンドリームが生きていた時代に戻ることは不可能だ。「アメリカは終わった」（America is over）。これがジョージ・パッカー記者の結論である。

　以上を私なりに要約すれば、二〇世紀世界は「社会主義への希望」に明けた。一九二九年の世界恐慌以後とりわけ、社会主義への対抗を強く意識した資本主義世界の福祉国家を目指す経済政策によって補強され繁栄を誇ってきた。資本主義世界は社会主義システムの挑戦を見事にかわして、その生命力を誇示するかに見えた。

　しかしながら挑戦者ソ連が力尽きようとした一九七〇～八〇年代に、アメリカは一人勝ちを謳歌してアメリカンドリームを食いつぶす愚行を演じた。その結果、挑戦者ソ連が一九九一年に解体して二〇年経たないうちに、リーマン・ショックに襲われた。とはいえ「アメリカの終り」は、旧ソ連解体の姿とは異なり、「終りの始まり」にすぎない。そこに新たな役割を担うべく登場したのが中国である。

　『フォーリン・アフェアズ』（二〇一一年一一月／一二月）特集号が掲げたもう一つの論文は、「縮小の英知――アメリカは前進するために縮小せよ」（'The Wisdom of Retrenchment: America Must Cut Back to Move Forward'）で、その筆者はパレント（Joseph M. Parent, Assistant Professor of Political Science at the

University of Miami）と、マクドナルド（Paul K. MacDonald, Assistant Professor of Political Science at Wellesley College）である。この論文によると、一九九九年から二〇〇九年にかけて、世界経済に占めるアメリカのGDPシェアは二三％から二〇％へと三ポイント減少した。そして中国のGDPシェアは七％から一三％へ、ほとんど倍増した。この発展スピードが維持されるならば、二〇一六年には中国のGDPがアメリカを追い越す〔念のために記すが、この種の展望は世界銀行やIMFがしばしば行っており、特に楽観的な見方とはいえない〕。

論文「縮小の英知」によると、アメリカはいま覇権国家に通弊の三つの問題を抱えている。すなわち、①過剰消費（over-consumption）、②過剰（対外）膨張（over-extension）、そして、③過度の楽観主義（over-optimism）である。これに挑戦する中国は四つの矛盾を抱えている。すなわち①国内不安（domestic unrest）、②株式・不動産バブル（stock and housing bubbles）、③汚職・腐敗（corruption）、④高齢化（aging population）である。

「縮小の英知」が指摘したこれらの問題点は、ほとんど常識であろう。それゆえ、論文の新味は、これらの現状分析の論理的帰結として、「縮小」（Retrenchment）以外にアメリカの選択肢はないと明快に論じたところにある。そしてここに、この『フォーリン・アフェアズ』の特集の意味があるわけだ。

中国資本主義の成功とチャイメリカ構造

一九世紀後半から約一世紀の混乱を経て独立した中国の共産党政権は、計画経済という名のアウタルキー経済を指向したが、毛沢東時代の終焉とともに、国際的立ち遅れを痛感した。毛沢東の後継者・鄧小平は一九七八〜七九年に、「貧しい平等主義」路線では、政権を維持できないことを察知して、一八〇度の政策転換を行い、改革・開放に転じた。すなわち対外的には鎖国から開放政策への転換であり、国内的には、計画経済システムを市場経済システムに改め、グローバル経済の「軌道」に、中国経済を乗り入れることを企図した。八〇年代初頭の「四つの経済特区」で試行された市場経済化は、沿海の主要都市に拡大され、やがて点から面へと拡大し、中国経済全体の市場経済化が進められた。

遅れてグローバル経済に参加した中国は、豊富な低賃金労働力を十分に活用して、世界の工場となり、人民元安の為替レートでひたすら外貨を蓄積した。これはほとんど飢餓輸出に似た強制貯蓄のメカニズムであった。中南海の指導部にとって九〇年代半ばの台湾の奇跡が実現した外貨一〇〇〇億米ドルは、垂涎の的であり、彼らはほとんど外貨不足トラウマ、「米ドル物神崇拝」に陥った。一九九四年元旦の外貨兌換券廃止により、交換レートが実勢を反映したものになると、輸出入は黒字基調が安定し、これを好感して外資はようやく、人民元への信任を回復し、中国大陸への投資を開始した。

その後、中国は貿易黒字と直接投資の流入を極力活かして外貨準備を積み上げ、二〇〇六年に一兆ドルを超えて、日本のそれをわずかに上回った。これは鄧小平路線の成功であるとともに失敗をも意味する。「成功」とは、経済的発展だが、「失敗」とは、政治改革の失敗である。鄧小平自身は最後まで、経済的成功を踏まえたうえでの政治改革を朱鎔基抜擢等により模索したが、鄧小平の後継者・江沢民と胡錦濤はいずれも政治改革を断念し、あるいは無期延期して、官僚資本主義への道に流された。

その後米中経済関係は、発展し続けた。第二期ブッシュ政権で「責任あるステークホルダー」(Responsible Stakeholder)、オバマ政権で「戦略的確約保証」(Strategic Reassurance)と密着度を深めた後、二〇一〇年夏の米国防総省（ペンタゴン）報告が「国際公共財」（International Public Goods）のキーワードで中国軍の役割を称賛するところまで発展した。

その直接的含意は、国連の平和維持活動、反テロ活動、災害救援活動において、中国軍がいかに国際貢献を果たしているかを繰り返し強調・称賛したものだ。すなわち中国軍が「中国の国益」を守るために活動することは当然だが、そのほかに「国際秩序を守る」ためにさまざまの活動を行っており、その役割はますます大きくなりつつあると称賛したのである。ペンタゴン報告書が中国軍に対して、このような微笑外交を送ることの遠謀深慮は明らかだ。米中協調（結託）による国際秩序維持の枠組み作りを展望するためにほかならない。

アメリカの従属国・日本がどれほど米国債を保有したとしても、まず政治問題にはなりえない。しかし中国は、場合によってはそれを売却することで対米圧力をかける可能性をもつ。ここで中国が失うのは、さしあたりは一兆数千億ドルだ。アメリカが失うのは、「基軸通貨国としての地位」である。どちらがより多くのものを失うか。いくつかの見方が可能だが、アメリカとしては中国がそのような敵対的行為に走らないように、米中協調のシステムを構築することが喫緊の課題であり、この同床異夢が米中政府当局によって明確に認識され、その努力が続けられた。

このようにして成立した直接対話の枠組みをもつ今日の米中関係を、私は仮に「チャイメリカ（体制）」と呼ぶことにしたい。このチャイメリカは、かつての米ソ冷戦体制と似て非なるものである。すなわち米ソ冷戦体制下では、米ソが二つの陣営に分かれて対峙し、陣営間の貿易等経済関係は、極度に制約を受けていた。しかし今日のグローバル経済下のチャイメリカ構造においては、米中貿易はきわめて活発であるばかりでなく、低賃金と安い人民元レートを用いて、いわば飢餓輸出にも似た政策によって大量に貯め込んだ米ドルの過半部分が米国債等の買いつけに当てられている。

こうして米中関係は、一方ではかつての米ソ関係のように軍事的対立を含みながら、他方経済では、「過剰消費の米国経済」を「過剰貯蓄の中国経済」が支える相互補完関係がこれまでになく深まっている。これがチャイメリカ構造の核心であり、今日の米中関係は、軍事・経済双方の要素についてバランスのとれた観察を行なわなければ、理解できない構造になっている。

中国官僚資本主義のゆくえ

では中国経済は、米国にとって、世界経済にとって頼りになるか。中国がさまざまの強さとともに弱点をもつ経済であることは、ほとんど常識であろう。とはいえ、中国経済は成長率が多少鈍化するとはいえ、今後少なくとも一〇~二〇年程度は高度成長を維持するであろう。中国経済において、最も重要な論点は、おそらく生産力の量的発展ではなく、その帰結として成立した特殊な国家資本主義、すなわち官僚資本主義体制ではないか。所得格差の拡大という量的な問題ではなく、すでに「官僚主義者階級」(毛沢東の表現)と呼ばれる階級が成立し、経済政策の中心がこれらの人々の階級的利害によって左右されていることが問題の核心ではないのか。その結果は「労働分配率の激減」や「ジニ係数の極端な悪化」に示されている通りである。

二〇一一年七月一日、中国共産党は建党九〇周年を祝賀したが、祝賀ムードから透けて見えるのは、社会の治安維持のために全力をあげる方針を繰り返す姿である。そのキーワードは、「社会管理」の四文字だ。中国の直面する重大な社会問題群、たとえば①流動人口、②インターネット言論の活発化、③都市・農村境界付近の社会治安問題、④犯罪者の管理、⑤NGO・NPO等社会組織などに対して、「ただ管理あるのみ」の政治姿勢である。

市場経済システムの導入のもとで、経済活動に関するかぎり一定の自由化が進展したが、その背後で着実に進展してきたのは「管理社会」の構築にほかならない。これはほとんどジョージ・オーウェルが一九四八年に描いた未来図『一九八四年』に酷似する世界である。毛沢東は一九六四年五月に「官僚主義者階級と労働者・貧農・下層中農とは鋭く対立した二つの階級である」、「資本主義の道を歩むこれらの指導者は労働者階級の血を吸うブルジョア分子にすでに変わってしまったか、あるいは今まさに変わりつつある」と断言して、文化大革命を発動した。

文革が失敗した後、ポスト毛沢東期に行なわれた、中途半端な市場経済への移行政策によって、ノーメンクラツーラと呼ばれる特権階級によって事実上の私物化（制度的な民営化（privatization）ではない）が行なわれ、「官僚主義者階級」が生まれた。この階級は、アメリカの一％の富裕階級よりも、より巧みに組織された支配階級に成長しつつある。高度成長の過程において労働分配率の激減をもたらし、ジニ係数を悪化させたのは、これら支配階級が経済政策を左右してきたことの帰結にほかならない。中国はいまや「アメリカ以上に所得格差の大きい」国と化しつつある。この文脈では、現存のチャイメリカ経済構造とは、「相互に所得不平等（inequality）を競う体制」でもある。これが二一世紀初頭の現実である。二〇世紀初頭には、人類進歩への希望が存在した。二一世紀初頭の今日、失望・絶望という世紀末的状況が継続し、再生への光はまだ見えない。

補論　「官僚主義者階級」あるいは、国家官僚資本主義について

（１）トロツキーは『裏切られた革命』（一九三七年）で、「官僚制が生産手段を統制している」事実は認めたが、「特定の所有形態を欠いている」との理由によって、支配「階級」を構成しているとはいえないと考えた。したがってソ連にとって必要なのは、「十月革命のような社会革命」ではなく、「官僚制の排除を目的とした政治革命である」と結論した。

（２）その後、イタリアのブルーノ・リッツィは『世界の官僚制化』（一九三九年）において、官僚制はみずからに高い給料を支払うことによって、プロレタリアートの剰余価値を所有するようになった以上、ソ連では「新しい階級が発生した」と論じた。ただリッツイは官僚制の技能を高く評価し、官僚と労働者階級との間のギャップが最小に至るべく労働者生活の物質的条件を高めるうえで官僚制が有効であると考えていた。

（３）リッツィに代表される「新しい階級」論をさらに徹底させたのは、ミロバン・ジラス（ユーゴスラビアの理論家、元大統領補佐）の『新しい階級』（一九五七年）であった。ジラスは「社会主義国家は政党によって運営されており、政党は官僚制である」「官僚制は国有財産を使用、処分する権限をもつがゆえに一つの階級である」「この官僚制は、権力とイデオロギー的独断主義という二つの重要な要素に依拠している」「これは過渡的な現象ではなく、国家制度の特殊類型の一つである」と主張した。

（4）その後、社会主義における官僚制の問題に対して、最も大胆な主張を展開したのが毛沢東であり、一九六四年五月にこう断定した。「現在のソ連はブルジョア独裁、大ブルジョア独裁、ナチスのファシズム独裁、ヒトラー流の独裁である。彼らはゴロツキ集団であり、ドゴールよりもはるかに悪い」（「対陳正人同志蹲点報告的批示一九六五年一月二九日」『文選』三四ページ。「在計委領導小組滙報時的一些挿話一九六四年五月一一日」。拙編訳『毛沢東社会主義建設を語る』二五六ページ所収）。

ソ連の現実の姿のなかに、中国の明日を垣間見た毛沢東は同年、こう敷衍した。「官僚主義者階級と労働者・貧農・下層中農とは鋭く対立した二つの階級である」「資本主義の道を歩むこれらの指導者〔走資派あるいは実権派〕は労働者階級の血を吸うブルジョア分子にすでに変わってしまったか、あるいは今まさに変わりつつある」。

「社会主義における官僚制論」の系譜を考察してくると、二一世紀初頭における中国の現実こそが、まさに「官僚主義者階級」が生産手段を所有し、名実ともにみずからの階級を再生産の条件を整え、中国国家資本主義が官僚資本主義として自立し始めたことを示している。

毛沢東は条件が整う前に誤った戦闘を挑むことによって、戦闘の「主体と組織」、そして「希望」までつぶしてしまったように見える。現代中国の「労働者・貧農・下層中農」は、「血を吸うブルジョア分子」に闘いを挑むイデオロギーも組織もともに欠いている。権力の腐敗は、広がり深まりつつあるが、これに挑み、倒す者がなければ、権力がひとりでに倒れることはありえない。これが中国共産党成立九〇年後の現実である。

第I部　チャイメリカの中の日本

第1章　チャイメリカと日本

1　「抑止力」の対象はどこの国か

鳩山由紀夫元首相は偉大な反面教師であった。普天間基地の辺野古移転騒動を通じて、日米安全保障体制の虚飾を完膚なきまでに暴露してくれた。その功績は、疑いなく歴史に残るであろう。

まず第一は、沖縄密約の暴露である。これによって、歴代政府の詭弁、外務省高官の虚言が白日の下にさらされた。これだけでも政権交代の意味があったと評価できよう。

第二は、二〇一〇年五月末の基地移転締切り近くに突如飛び出した「抑止論」である。日本の安全保障の危機への「抑止力」として、沖縄の米海兵隊が必要だとする議論である。世論が「抑止論」に凝り固まったように見受けられた前後、私は数人の識者に問いを投げかけた。「抑止」というのは、「どこからの攻撃に対する抑止なのか」と。

まさか北朝鮮ではないでしょうね。彼らは異口同音に否と答えた。では、どこか。彼らは黙して答えない。表情は、明らかに中国である。なぜそんな自明のことを聞くのか。「あえて中国の名を口に出さないのが曖昧戦略だ」という答であった。仮想敵の曖昧な安全保障戦略はありうるか。これは素直にいえば、冷戦下のような「ソ連」という敵が消滅して、新しい敵はまだ発見できないということではないか。

敵を想定した安全保障の枠組み自体を再検討すべき時に、それを怠り、無理に敵を作ろうとするから、奇怪な議論になるのではないか。私の立場は、もし中国が仮想敵国ならば、日米安保はまるで役に立たない、という認識である。

例えば南アジア問題は、二〇一〇年五月二四〜二五日に北京で開かれた「第二回米中戦略・経済対話」(China-US Strategic and Economic Dialogue, S&ED)でもテーマの一つとなった。この時、クリントン国務長官は、中国に五日間(五月二一〜二五日)も滞在したのに日本には三時間余しか滞在しなかったことは記憶に新しい。米国は中国に対し、朝鮮半島からインド、アフガニスタン、ネパール、ミャンマーの安定化まで幅広くやらせているのだから、クリントンが中国に何日も滞在するのは当然なのだ。経済対話の内容は後で紹介するが、その基調は、米中運命共同体がすでに現実化しつつあることを改めて確認するのに十分であった。その前に、中国主敵論の論理が成り立つか、点検してみよう。

(1)「日本の仮想敵は中国である」と前提した場合、ここでアメリカについて

(1—1)中国という「敵の敵」ならば、それは論理的に「味方」である。

(1—2)中国という「敵の味方」ならば、それは「敵」である。

(2)上の命題において、抑止力の対象を中国と見る者は、すべて(1—1)の観点に立っている。

ここで私の判断は、(1―2)である。識者の錯覚とは異なり、アメリカはじつは、中国という「敵の味方」なのだ。中国という「敵の味方」役を演じるアメリカは、日本にとっての敵なのだ。それゆえ「中国を敵視しながら、アメリカに救いを求める」のは、「木に縁って魚を求む」類の愚行になる。それを繰り返すが、日本にとって「中国が敵である」とき、「アメリカは決して味方にならない」という認識が最も重要だ。

なぜか。アメリカは「中国か、日本か」という二者択一を迫られたならば、間違いなく中国を選ぶはずだ。それが国益だからだ。そこを錯覚しているのが日米安保のぬるま湯で頭脳朦朧状態に陥った人々の思考法なのだ。

(3)では、なぜアメリカを「中国という敵」の「敵」である(1―1)と誤解する者が多いのか。戦後ぼけの一語に尽きる。冷戦トラウマから、解放されていないのだ。

そもそも日米安保は、米ソ冷戦体制の下で築かれた。一九九一年一二月に旧ソ連が解体した時に、再検討が必要であった。日本の為政者は、東西ドイツの統合、ハンガリー、チェコ、ポーランドなどのEU統合を単に眺めるだけで、東アジアにおける平和への努力を何一つ行なわなかった。それが自民党政権の末路だ。そのような政権が自壊したのは、当然である。それから約二〇年間、なんとかして仮想敵をでっち上げようと空しい努力を重ねた。ある時は、台湾独立論者を守ることを大義名分に掲げ、周辺事態法なる奇怪な法律(周辺事態に際して我が国の平和及び安全を確保するための措置に関する法律、一九九九年五月法律第六〇号)を作った。ある時は、北朝鮮のテポドンや核実験を標的とし、空襲警報発令もどきのパフォーマンスを演じた(二〇〇六年七月)。これらがほとんど日米安

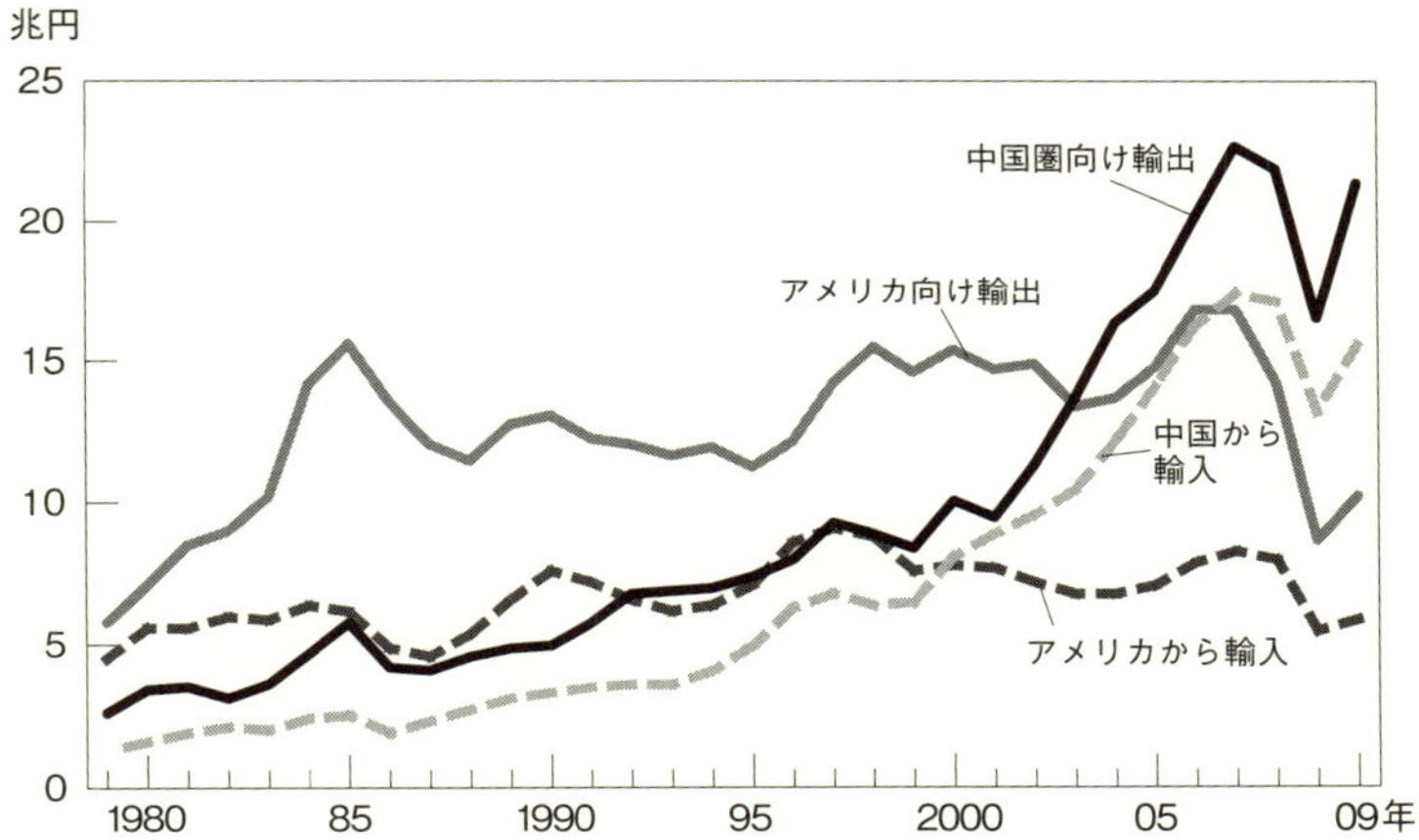

図１—１　日本の対中貿易が対米貿易を上回る
資料）財務省貿易統計。

保を必要とするような敵にはなりにくいことを踏まえて、遂に登場したのが、本命・中国仮想敵論ではないのか。

（４）中国脅威論や、その裏返しとしての中国解体論は、中国の改革・開放とともに始まり、およそ三〇年続いている。その集約点が中国仮想敵論であるから、これは日中二人の首脳（中国嫌いの小泉純一郎と日本嫌いの江沢民）が助け合って作り上げた構造だ。

（５）問題の核心は、本当にいま中国を仮想敵扱いできるのか否かであろう。ほとんど不可能な幻想だ（図１—１）。日本経済がどれだけ中国経済に依存しているかは、東京証券取引所の日経平均株価がどれだけ「中国ファクター」で浮き沈みしているかを見れば、一目瞭然だ。仮に、中国がほんとうに敵国になったとしよう。そのときに米軍はどれほど頼りになるか。米軍はそもそも中国とは戦えない。中国が保有する米国債を売りに出す、と言明しただけで、米国経済は確実に破産する。中国に財布を握られているアメリカが、日本を守るために、日米安保条約における義務を履行してくれると想定するのは、とんでもない白日夢なのだ。いわゆる安全保障の専門家には、この現実がまるで見えない。見ざる、聞かざる、言わざる。このような奇怪なスタンスの上にしか成立しない議論に熱中するのは、専門バカというほかない。

（6）日米中三角関係の現実を直視することがいまほど喫緊の課題となっているときはない。内閣機密費のおこぼれで現体制維持を語ってきた御用評論家や日本の主流メディアの論説は、いまや完全に有害無益の存在になりつつある。

（7）結論。日本は中国とは「戦えない」のであるから、中国を仮想敵国とした日米安保は無用であり、すみやかに条件を整えて廃止すべきだ。では、廃止後のアメリカとはどのような関係をもつべきか。かつてアメリカと戦ってたたきつぶされ、いまだに占領国状態である。アメリカとも戦えない。これも自明である。日本は、アメリカとはむろんのこと、中国とも戦えない。だから戦わない。交戦という選択肢を、選べないのが日本の①地政学であり、②経済構造であり、③憲法の制約だ。憲法を変えれば、道が開けるかのごとき議論は、倒錯している。

それゆえ、国際情勢を的確に分析し、採りうる唯一の手段である外交努力に傾注するほかない。それ以外に日本の選択肢はない。厳しい現実を直視する勇気がなによりも肝要である。

私は中国の産軍複合体の急速な発展を深く憂慮している。中国の軍事大国化を最も力強く支えてきたのは日米安保である。中国は日米安保を口実として軍国主義化を進めてきた。

ここで中国の軍事力に対抗するため、「日米安保をさらに強化せよ」と主張するのは、因果関係を

第１回米中戦略・経済対話にて（2009 年 7 月 27 日、ワシントン）。前列右から４人目ガイトナー、つづいてヒラリー・クリントン、王岐山、戴秉国（新華社通信）。

取り違えたものだ。日米安保を見直し、東アジアの地域平和の枠組み構築を模索しつつ、中国に核廃絶を迫り、軍事費の削減を迫るのが日本の安全保障と外交の基軸でなければならない。

２　チャイメリカは広がり深まる

「まるでホワイトハウスが、ワシントンから北京にごそっと引っ越してきたかのような賑やかな二日間」と形容された第二回米中戦略・経済対話（S&ED）が二〇一〇年五月、北京で行われ、ガイトナー財務長官、クリントン国務長官ら八人の閣僚級ＶＩＰを含む、総勢二〇〇人のアメリカ政府要人が訪中した。米中戦略・経済対話は「米中双方が関心を持つあらゆることについて二国間で話し合う」目的で行われるものだが、いまや「G8」（主要先進国サミット）と「G20」（主要国サミット）に次ぐ「G2」（米中サミット）と呼ばれるほどの会議に昇格して、ますます上り坂である。

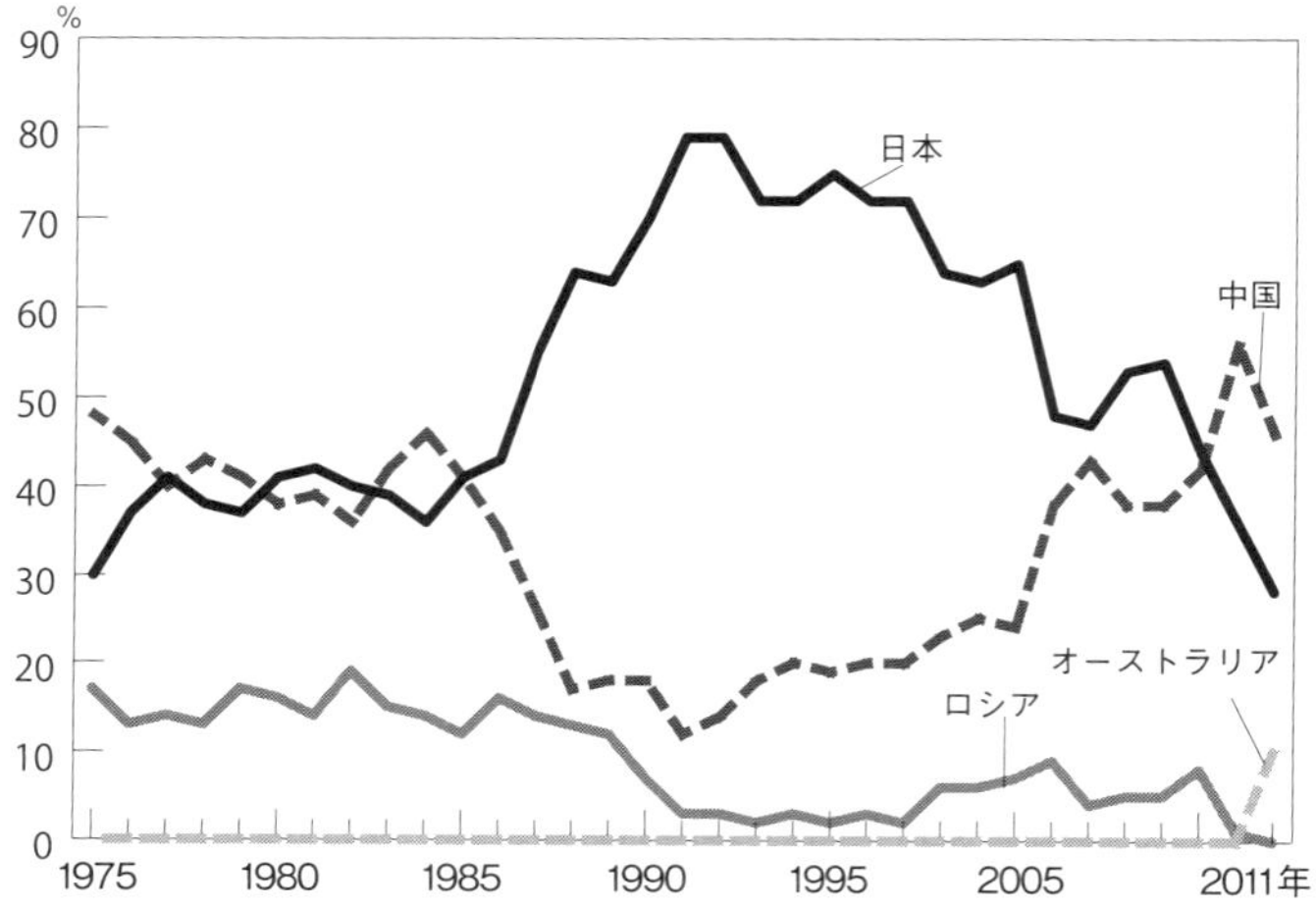

図１―２　アジアにおける米国のパートナー（米国有識者の回答）
資料）外務省（ギャラップ社に委託）。

二〇一〇年対話の話題は、①貿易不均衡、②人民元の為替レート、③ＩＭＦ改革、④ギリシャ破綻以後のヨーロッパ経済危機、⑤新型エネルギー、⑥食品安全、⑦北朝鮮、等々、米中二国間およびグローバル諸問題のほとんどすべてを網羅し、テーブルに載せた。楊潔篪外相は、「キーワードは『率直』（原文＝坦率）と『深入』の四文字で総括した。日本語ならば、「腹を割って、腹蔵なく語り合う」といったところか。

いまや米中関係はそこまで深まったのだ。日本外務省がギャロップ社に委託して行った米有識者を対象とした世論調査の核心は、図１―２の衝撃的グラフである。アメリカが日本を重要なパートナーと見たのは、一九九〇年代だけである。この時、日本の親米派はアメリカを頼りにしていたが、二〇一〇年春、アメリカ人の対中、対日感情は劇的な変化を遂げた。アジアにおけるアメリカのパートナーとして中国をあげた人が四六％、他方、日本をあげた人は二八%にすぎない。
辺野古を決定して鳩山内閣が自滅する前後に、オバマが北京で、「率直で深い」戦略対話を行っていたのは、あまりにも象徴的だ。二〇〇一年にブッシュ政権が発足した時、アメリカから見て中国は、「準敵対国」だった。ボブ・ウッドワード記者の一連の著作には、北朝鮮・イラク・イラン並みの「悪の枢軸」に近い中国の姿が描かれている。だが、この一〇年間に米中関係は決定的に変貌した。
読者に想起してほしい事実がある。ブッシュ大統領は、選挙演説の第一声で、クリントン対中媚態外交を批判し、共和党は対中政策を変えると宣言した。ところが二期ブッシュ政権で、対中認識は様変わりした。すなわち二〇〇六年秋、対中外交担当のゼーリック国務副長官は「アメリカにとって中国は、ステークホルダー(Stakeholder)である」と宣言するに至った。ステークホルダーとは、「同じ利益を共有する者」という意味であり、「米中の経済的利益が一致した」と確認したのだ。

〔補足〕 習近平副主席が二〇一二年二月一三〜一七日訪米した。その際に、米ギャラップ社は、二〇一一年一二月に行った対中イメージについての世論調査を発表した。米市民は、同盟国一三%、同盟国ではないが友好国六三%、計七六%が、中国に好感を抱いている。米識者(オピニオンリーダー)は、同盟国六%、同盟国ではないが友好国六九%、計七五%が、好感を抱いている。この数字は、尖閣諸島事件を経て中国嫌いが八割を占めるにいたった日本世論(図2—2参照)と鮮やかな対比をなす。

さて共和党と交代した民主党オバマ政権のスタインバーグ国務副長官は、二〇〇九年九月、「米中両国は、戦略的確約保証(Strategic Reassurance)関係だ」と述べた。一一月に訪中したオバマ大統領は「中国が発展し、アジア域内の超大国となること」を承認する。ただし中国は「アメリカの利権を侵さないこと」を望む。米中両国は「敵でも味方でもない」「互いに戦略的に確約し保証しあう関係」になった旨を語った。

これに先立ち、第一回米中戦略・経済対話(S&ED)(二〇〇九年七月)でアメリカ側が要求していた①対中投資認可の「審査時間短縮と透明性確保」を中国は約束し、②アメリカ産大豆の対中輸出の検疫方法は、次回の対話で結論を出すことになった。③保険・金融分野における協力も約束された。こうした実務レベルでの交渉が一つ一つ進展している。これが米中経済の現実であり、これを人々は、怪獣キメラを脳裏に想定しつつ、「チャイメリカ」(Chimerica)と呼ぶ。

繰り返す。日本が普天間基地問題で揺れ、ついに鳩山政権が自壊する事態に陥っている時、「(日本の)同盟国アメリカ」は、「日本の仮想敵国・中国」に二〇〇人もの政府首脳を送り込んで、チャイメリカ(Chimerica)のさらなる発展を論じ合っていた。これは、ほとんどマンガみたいな図柄ではないのか。この現実に目を閉じるのが、いわゆる現実主義者たちであり、日米安保万能論者である。その現実的基盤が失われていることを認識できないのは、戦後ぼけ、冷戦ぼけ、利権ぼけである。

3　チャイナ・アズ・ナンバー・ワン

日本の内閣府が世界経済を分析した『世界経済の潮流』は、二〇三〇年の世界経済を図1―3のように予測している。

中国の推計は、二〇〇〇〜二〇〇九年の年平均成長率実績「一〇%」をベースとして、二〇一〇〜二〇一九年は九・一%に減速し、二〇二〇〜二〇二九年は七・九%に減速するという前提で試算したものだ。要するに、今後およそ二〇年、八〜九%成長が続けば、こうなるという展望である。これは妥当な推計か、それとも楽観的に過ぎるのか。見方はさまざまと思われるが、筆者は曲折・減速があっても、このあたりまでは基本的に高度成長が続く可能性があると見ている。むろん、中国の人々もいずれはハングリー精神を失うであろうし、また発展が他の先進国に追いつくことによって「追いつ

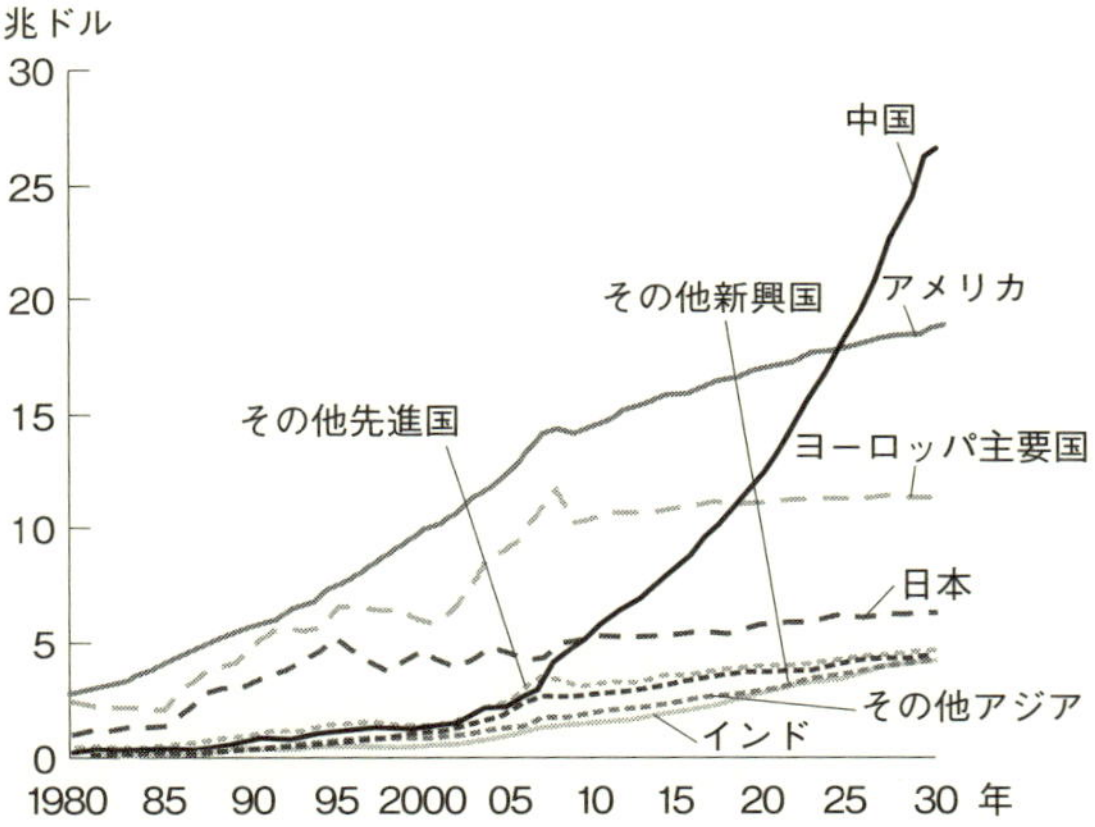

図１—３　内閣府による世界のＧＤＰ（市場レートベース）の長期見通し

「ヨーロッパ主要国」——ドイツ、フランス、英国、イタリア
「その他アジア」——インドネシア、マレーシア、フィリピン、タイ、シンガポール、香港及び台湾
「その他先進国」——カナダ、オーストラリア、韓国
「その他新興国」——中南米、南アフリカ
資料）内閣府『世界経済の潮流』2011年。

き要因」は消滅する。また甘やかされた一人っ子世代の勤労意欲は疑わしいし、一人っ子政策は劇的な高齢化社会を作り出す。これらの要素が結合して安定成長、低成長の軌道に入るのは、必至だ。しかし、現在の高度成長があと一〇〜二〇年続くと見るのは、それほど非現実的な見方とは思えない——これが長年中国を観察してきた筆者のヤマカンである。伝統的な崩壊論、分裂論に加えて、近年はバブル崩壊論もにぎやかだが、それに筆者はくみしない。

ここでもう一つ、楽観論を紹介したい。それはイギリスのジャーナリスト、M・ジェイクスの書いた『中国が世界を支配するとき——西洋世界の終焉と新世界秩序の誕生』で冒頭に用いられた、ゴールドマン・サックスの二〇二五年および二〇五〇年推計である。これによると、中国は二〇二五年にアメリカのGDP二〇兆ドルに近づき、二〇五〇年には七〇兆ドルになるという。ちなみに、二〇五〇年にはアメリカとインドのGDPがおよそ中国の半分であり、つまりは二〇五〇年の中国GDPは、その時点での〈アメリカ+インド〉の合計に等しいという未来図だ（同書、三ページ）。中国の高度成長をあと四〇年続くと見る超楽観論までは、支持できない。これはやはり机上の作文にとどまると見るほかない。しかし、内閣府『世界経済の潮流』の予測は、あながち荒唐無稽と切り捨てることもできまい、と筆者は読む。

ＩＭＦによると、二〇〇九年時点での中国GDPは世界の八・三％のシェアだが、二〇三〇年には、二三・九％まで増える。日本は八・八％から五・八％に縮小する。インドは二・二％から四％に増加し、アメリカは二四・九％から一七％に縮小する。これらはいずれも、現在のトレンドに即して、他の要素を多少斟酌して延長すればこうなる、という試算にすぎない。それだけの話ではあるが、一つの見方として、参考にしてよいと思われる。これらの推計がどこまで現実化するかは、神のみぞ知る世界に属するが、じつは、現実の国際関係がこの種の見通しに基づいて動いていること、それがここで筆者の強調したい論点である。『中国が支配するとき――西洋世界の終焉と新世界秩序の誕生』と題した挑発的なタイトルの本が出るような世の中になった点が重要だ。

リーマン破綻以後の世界経済の動揺に際して「中国頼み」が目立った。その期待に中国は確実に応え、一定の評価を得た。二〇一〇年初夏、ギリシャ経済の破綻を契機とする混乱の中で、中国経済に対する期待は、いよいよ大きい。この大きな期待を直截に表明したものが第二回米中戦略・経済対話（S&ED）（二〇一〇年五月）であったと読むべきなのだ。

4　中国の外貨準備と対米ドル交換レート

二〇一〇年三月末時点の中国の外貨準備高は、二兆四四〇〇億ドルであり、日本の一兆四〇〇億ドルの二倍以上だ。中国の準備高はむろん世界一であり、世界の外貨準備総額（金準備を除く）の三一％を保有している。この金額は、二～五位（すなわち日本、ロシア、台湾、インド、韓国）という「五ヵ国・地域」の保有する外貨の合計よりも大きい。

リーマン破綻以後、そして最近のギリシャ破綻以後の世界経済の動揺のなかで、中国頼みが世界にこだまするのは、ズバリこの外貨準備に対する期待にほかならない。

中国の外貨準備高が日本を追い抜いて世界一になったのは二〇〇六年末である。当時日本は、八九五三億ドルであったが、中国は一兆六六三億ドルで、初めて日本を追い抜いた。その後も中国の拡大ペースは止まらず、ついに二〇〇九年末に二兆三九九二億ドルとなり（二〇一一年末三兆一八一一億ドル）、足踏みをしている日本の二倍を超えた。

外貨準備急増の理由は

では、なぜこのように急増したのか。その原因を分析してみよう。中国の場合、外貨準備の増減は、①貿易黒字、②直接投資の純流入、③間接投資等の純流入、以上の三つの要因によって決まる。ここで、①と②については、中国政府が厳しく管理して、統計を毎月公表している。扱いの難しいのは③である。中国政府は資本取引の自由化を原則的に認めていない。したがって、その動きを網羅した統計もない。しかしながら現実には、合法・非合法さまざまの形を通じて、資本は出入りしている。例えば現在は外国人がマンション投資を行うことは禁じられたが、中国の代理人を通じてマンション投資を行うことは（非合法的だが）可能だ（かつて外貨不足の時期には、これも認められていた）。中国人の富豪がビバリーヒルズに豪邸を買ったという話も枚挙にいとまがないほどだ。

外貨準備はなぜ蓄積され続けたのか。第一は貿易黒字（累計）である。輸入を上回る輸出は貿易黒字となり、黒字年が続けば、累積黒字となる。貿易の黒字基調が続くと、外国資本は投資資金の回収に自信を抱き、直接投資にはずみがつく。この二つの要素が外貨準備を積み上げる要素だ。*

＊ しかし実際には〈貿易黒字累計＋直接投資受入れ累計〉が、そのまま外貨準備高になるわけではない。外国借款の返済や対外直接投資、間接投資など、外貨が流出する要素もあり、この部分を控除しなければならない。と

ころが中国ではこの部分の統計がとらえにくい。そこで、外貨準備高と〈貿易黒字累計＋直接投資受入れ累計〉との差額を、仮に「資本の流出（入）」と考える。中国の場合、二〇〇一年までは、直接投資受入れ累計と同じ程度の金額が資本流出していた。その結果、貿易黒字累計額がそのまま外貨準備高になった。しかし二〇〇二年の流出額四九四六億ドルをボトムとして以後流出額累計は年々減少して、二〇〇九年には、累計額が純流入となった。二〇〇七年までは直接投資が先行して輸出競争力のある製品作りに貢献して貿易黒字に貢献し、二〇〇八～〇九年には、激増する貿易黒字（累計）が直接投資（累計）を上回り、そのまま外貨準備高の積み上げをもたらした。

貿易黒字は二〇〇三年に初めて二五〇〇億ドルの大台を超えた。このあたりから貿易黒字が確実に貯まるようになり、これを好感して直接投資流入もより安定し、それを好感してホットマネーの本格的流入が始まった。株式や不動産への投資はいうまでもなく、さらに人民元そのものの切上げ期待を狙う投機マネーも、中国に向かった。これらの要素が因になり、果となり、中国の外貨準備高は、過去数年に飛躍的に増加したのである。

以上の分析から明らかなように、最も基本的な事実は、二〇〇二～〇三年あたりから、貿易黒字が恒常的に貯まり始めたことである。これはメイド・イン・チャイナ産品に輸出競争力がついたためだ。「輸出競争力がついた」というと、よいことのように見えるが、これは基本的には低賃金に基づくコスト競争力と元安政策という人為的な政策に依拠したものだ。

ここで問題は元安の通貨政策である。**図1—4**のグラフは、人民元の対ドル交換レート切下げの過程を示したものだ。

一九八五年当時の対ドルレートを一〇〇として、一九九四年には三四％のレベルまで切り下げた。

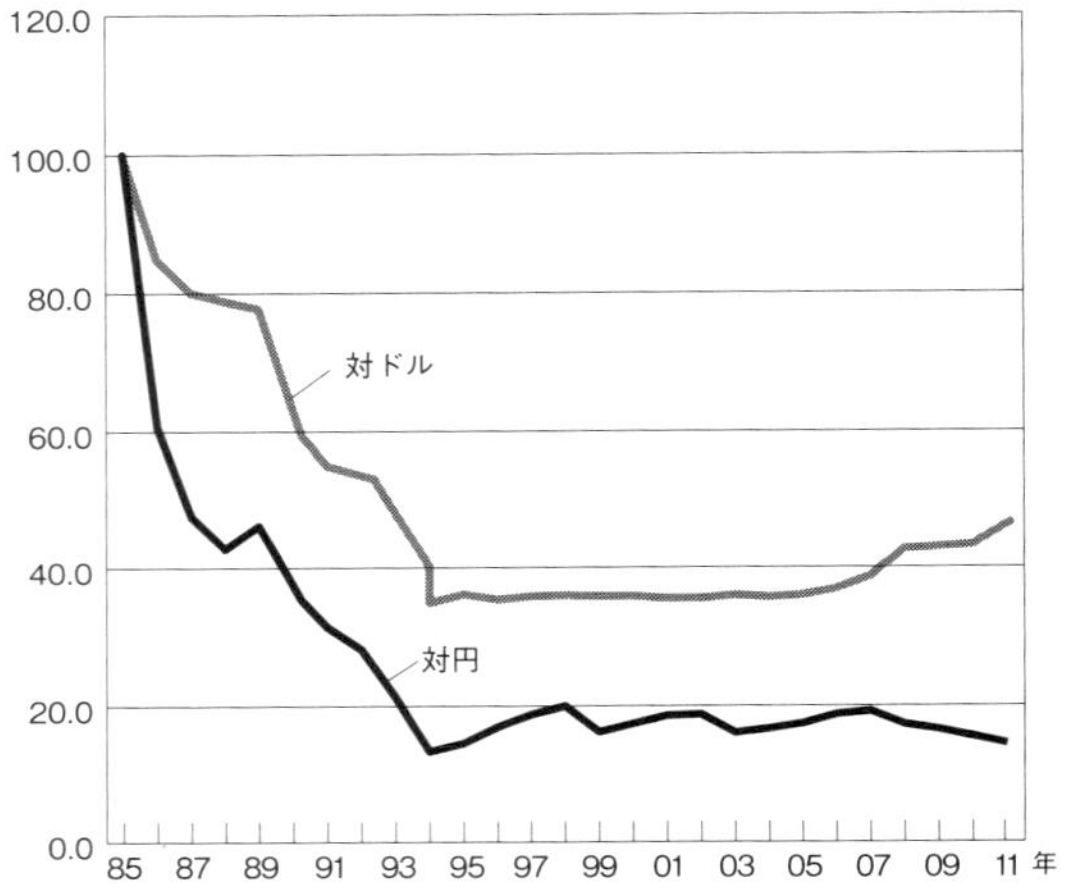

図1—4　人民元の切下げ過程
1985年を100として

その後二〇〇五年七月に切上げを行ったが、それは二一%にとどまる。こうして現時点での対ドル交換レートは、八五年を一〇〇として四三%台の水準にある。ここで顧みると、一九九四年の朱鎔基による切下げは、人民銀行の公認レートと、兌換券レートとを後者に合わせて一本化するものであった。当時公認レートの水準は、八五年を一〇〇として五一%レベルにあった。これを五割方切り下げて、八五年を一〇〇として三四%台まで切り下げたのが、朱鎔基改革であった。つまりここで、人民元の価値は、八五年当時の三分の一に切下げ、以後十数年、八五年水準で見て、四三%のレベルに留まっている。この水準をすみやかに朱鎔基改革前の五一%台に戻し、次いで天安門事件以前の八割レベル程度に戻すことを目標とすべきである。

このグラフからわかるように、中国の輸出の激増の大きな要因は低賃金をのぞけば、人民元レートが安すぎるためである。これは「合理的な水準」よりもレートが安すぎるために、輸出にドライブがかかり、輸入には「逆の負荷」を与えていることを意味する。率直に表現するならば、これは中国の人々の労働の成果を「安売り」しているわけであり、「飢餓輸出」を意味する。では「合理的な為替水準」とはなにか。市場経済のシステムの下では、レートが高すぎるのか、安すぎるのか、そのモノサシの基準は事後的にその性質が明らかになる。中国産品に輸出競争力がありすぎることは、レートが安すぎることと同義である。望ましい選択は、輸出を適度に減らし輸入を適度に増やして、「黒字が貯まりすぎないような人民元レート」を設定することである。そのようなレートに基づく輸出入ならば、世界の貿易秩序を安定的に発展させせられる。

人民元レートを段階的に少しずつ上げていくならば、中国にはよりよい商品が輸入され、中国の消費者の消費生活が改善される。人々の生活水準は確実に向上し、「世界第二の経済大国」を「一人当たりベースでは極端に貧しい途上国に見せる」ような作為を改めていくことができよう。

政策転換を怠ってきた理由は

このような新政策への転換は、二〇〇三年前後に行うべきであったが、それを中国当局は怠った。その結果、おそらくは中国当局の意図に反して、貿易黒字と外貨準備は貯まりすぎたのである。人民元は資本取引レベルでは自由化できていないから半人前の通貨である。自国通貨に交換性がない半人前の通貨だから、米ドルという交換可能な外貨を保有しないわけにはいかない。これは独立国中国のメンツに関わる大問題なのに、これを忘れたふりをしているのは、奇怪な神経ではないか。

次に米ドルは長期的に見て、減価する可能性しかない。そのような危うい通貨を膨大に抱え込むのは、健全な政策ではありえない。つまり中国当局は、人民元を交換可能な通貨に育てる努力を放棄して、対米ドル追随一辺倒を続け、もはや泥沼から逃れられなくなったのである。これは通貨政策としてはとんでもない大失敗のはずだ。

日本の場合、敗戦の結果自主性を奪われ、対米従属を余儀なくされて、やむを得ずドルを貯めるほかなかった。しかもそれは意図的な円安政策によるものではない。市場レートによるドル残高の増加だから、政策によっては動かしがたい要素が大きい。中国当局はアメリカの覇権を批判し、アメリカのグローバリズムやその他の規制から自由な独自の経済圏を主張しながら、実際にやっている政策は日本以上の対米追随である。人民元レートの決定は、国家の主権に関わる事柄であるからアメリカの指図は受けないと声高に主張して、一見独自性の錯覚に陥りながら、結果的にはますます深く対米協調の泥沼へ入り込んでいる。これはじつに奇怪な姿ではないのか。

二〇〇三年前後から、為替政策を改革すべき条件が整いつつあるなかで、そのような政策選択を行なわなかったのはなぜか。私はその理由を疑ってきたが、最近ようやく一つの答を得た。それは為替政策に象徴される経済の大政策を決定し執行する担い手たちが、中国の広範な大衆の生活を改善することにはほとんど興味がなく、現在の支配体制（共産党官僚資本主義）を維持することを目的としているからだと判断するに至った。このように支配階級の利益という観点から分析すると、事柄の真相がよく見えてくる。人民元は半人前のままでドル保有を増やすことは、一般国民は国内経済の枠内に留めておき、支配階級だけが外貨を自由に扱うことを意味する。端的にいえば、外貨を使う階級と人民元しか使えない階級——これら二つの階級に中国の人々は分断されているわけだ。

人々の生活を貧しい状態に放置したまま、軍事大国化の道を歩む理由もここから説ける。すなわち中国の軍備は外に対するものではなく、外貨を使う支配階級を守るための私兵なのだ。「中国人民解放軍」をあくまでも党の軍隊として位置づけ、「国家の軍隊」に改めないのは、そもそも軍は中国を守る組織ではなく、中国の支配階級を守る組織だからだと考えると辻褄が合う。

中国の軍事費支出は、アメリカに次いで世界第二の地位を占め、すでに軍事大国である。『ストックホルム国際平和研究所年鑑』（*SIPRI Yearbook 2009: Armaments, Disarmament and International Security*）によれば、堂々第二位に位置している（表2－1参照）。すなわち二〇〇八〜〇九年の実績（推計額）は八四九〜一〇〇〇億ドルであり、三〜四位のフランスやイギリスをはるかに上回る。世界全体のシェアを見ると、二〇〇九年は六・六％を占める。日本は五一〇億ドルであり、中国は日本の約二倍である。ただし、中国とロシアは軍事予算の透明度がたいへん低いので、これら二国については、同研究所の推定に基づく数字である。

第２章　軍事大国中国と日本の安全保障

東シナ海での遠洋訓練

二〇一一年六月八日、中国海軍の駆逐艦など艦艇八隻が沖縄本島と宮古島の間を通過したと防衛省が発表した。二〇一〇年四月にも駆逐艦や潜水艦など一〇隻が同じ海域を通過し、沖ノ鳥島近くで訓練を実施した。中国海軍が「東シナ海での遠洋訓練」を常態化させようとしていることは明らかであろう。防衛省によると、八日午前〇時ごろ補給艦と潜水艦救難艦など三隻、正午ごろにはミサイル駆逐艦とフリゲート艦など五隻が通過したのを海上自衛隊の護衛艦が確認した。いずれも沖縄本島南端と宮古島の中間（宮古海峡）の公海上を抜けて南下したものである。潜水艦自体は確認されていないが、「潜水艦救難艦」が含まれていることから潜伏している可能性が大きいとみてよい（このような場合には浮上して航行するのが国際慣例のはず）。

呉勝利・中国海軍司令官は二〇〇九年四月、海軍創設六〇周年の観閲式で「海軍の五大兵種（艦艇や潜水艦など）は毎年数回部隊を組織し、遠洋訓練を行う」と宣言しており、中国海軍の遠洋訓練の活発化は既定路線とみてよい。この「遠洋訓練」とは、九州―台湾―フィリピンを結ぶ「第一島嶼

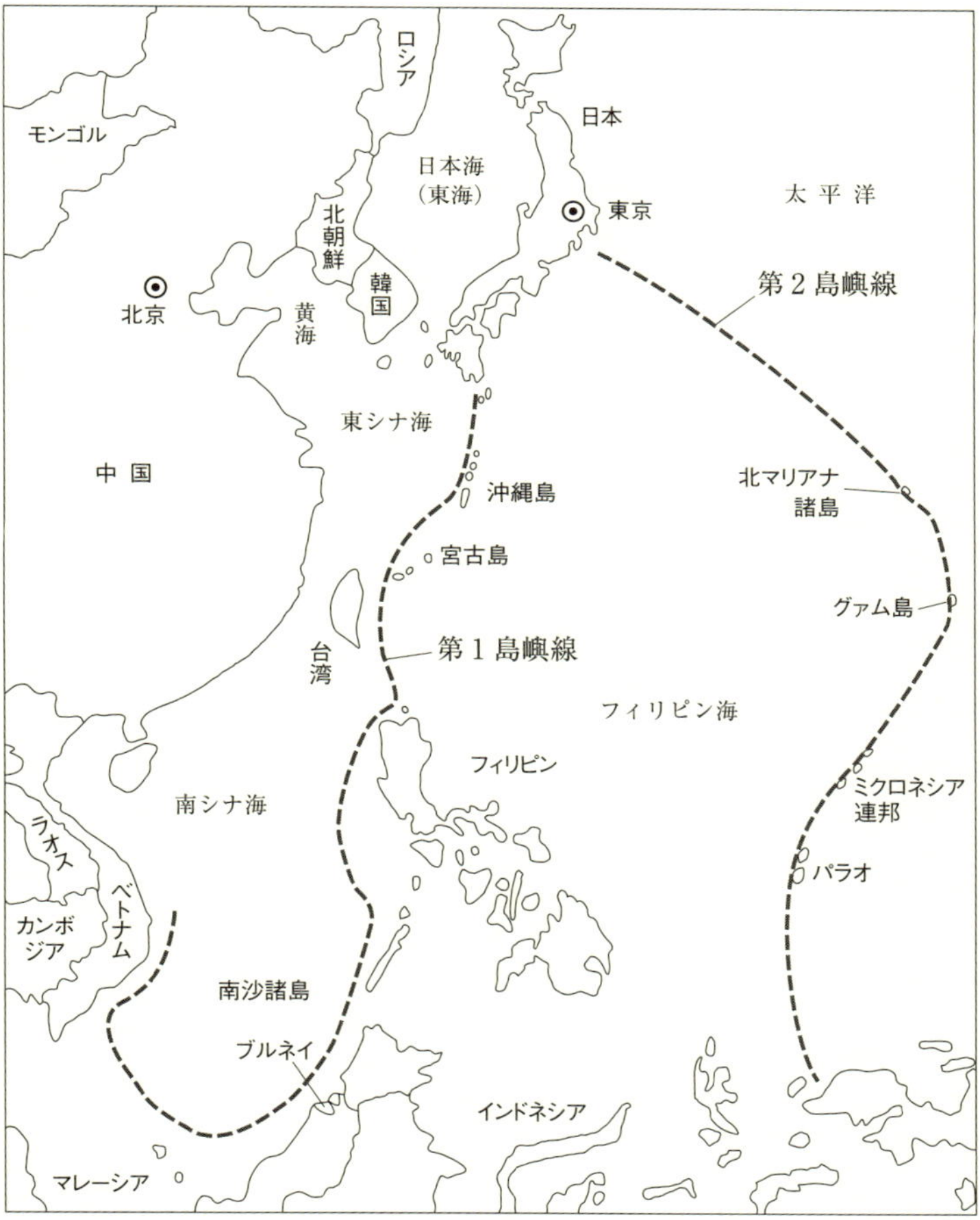

図 2—1　中国の第1島嶼線と第2島嶼線

出所）Annual Report to Congress, Military and Security Developments Involving the People's Republic of China, 2011. Office of the Secretary of Defense.

線」（図2―1）を越えるものを指す。沖縄本島と宮古島をつなぐ海域は第一島嶼線に重なるが、今回の艦艇進出も「遠洋訓練」としてあらかじめ予定されていたものとみられる。防衛省・自衛隊当局は、中国海軍が一一年四月に上海沖で二〇一〇年と同様の演習を行なった事実に鑑みて、艦艇を「遠洋訓練」に展開させる可能性を警戒していた。外務省は「公海上の訓練は国際法上問題はない」と抗議しない方針と伝えられる。日本側のこのような報道について、二〇一一年六月九日の新華社電は、中国国防省のコメントをこう伝えた。

「〔中国海軍の艦艇が沖縄本島と宮古島の間の公海上を航行するのが確認されたとの報道があるが〕中国海軍の複数の艦艇が六月中下旬に西太平洋の国際水域で定例訓練を行う予定である。訓練は毎年行っており、これは関係する国際法にのっとり、特定の国を対象としたものではない。」（北京時事二〇一一年六月九日）*

＊　念のために新華社傘下「環球網」（六月九日）をみると、次のように伝えている。

「环球网記者王欣报道、据日本媒体消息、日本防卫省于当地时间六月八日宣布、中国海軍导弹駆逐舰等八艘舰艇穿过冲绳本島和宮古島之间的公海後、驶向太平洋方向。日本海上自卫队的拥卫舰对其进行持续的活動。中国国防部于北京时间六月九日对该报道作出回应、称中国海军正在举行例行性训练、符合相关国际法准则」。

キーワードは「例行性训练」（定例訓練）と「符合国際法准則」（国際法に則るもの）であり、「特定の国〔日本〕を対象としたものではない」という説明である。二〇一〇年九月の尖閣をめぐる日中の衝突は、日中関係を大きく傷つけ、内閣府の世論調査では、「中国に親近感を持たない」層が、ついに八割に達したことはわれわれの記憶に新しい（図2―2）。東日本大震災をめぐる救援活動等を通じて、日中の和解も一部では見られたが、海軍同士のきわどい関係は、少しも緩和されていない。これは米中の国防相レベルの交流再開と比べて際立った立ち遅れである。

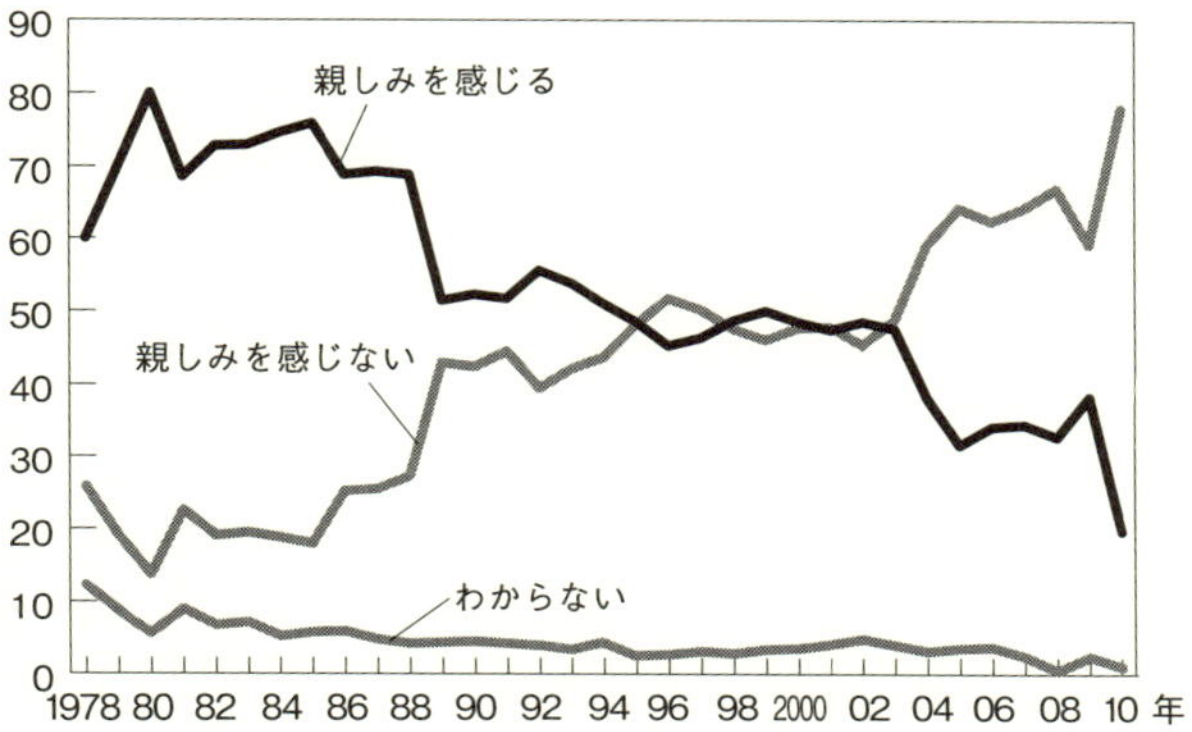

図2―2　日本人で中国に親しみを感じるのは26%
資料）内閣府。

世界の軍事大国・中国パワー

ストックホルム国際平和研究所（SIPRI）の年鑑二〇一一年版が出たので、改めて中国の軍事予算、核戦争能力の概況を最新データに基づいて確認しておくことにしよう。表2―1は、世界の軍事大国一〇ヵ国の軍事支出を一覧したものである（二〇一〇年時点）。一位の米国は六九八〇億ドルで、世界全体の四三%を占め、「世界の憲兵」であることに変わりはない。米国に次ぐ二位に中国が浮上したのは、近年のことだが、二〇一〇年は推計一一九〇億ドルで、世界の七・三%のシェアを占める。世界シェアの一〇%を占めるのは時間の問題とみてよい。中国の高度成長は続いており、対応して軍事予算も増えつづけているからだ。ついでイギリス、フランス、ロシア、日本の四ヵ国が続くが、いずれも三％台であるから、中国の半分だ。「英国＋フランス」の合計額が中国の軍事費に匹敵する。

表2―2は、軍事費の中核ともいうべき「核戦力」にどのように投下されているかを見たものである。一九四五年に最初の核実験を行った米国から、最も新しい核保有国を自称している北朝鮮まで、九ヵ国の核弾頭の配備、貯蔵量を推計したものである。中国の核実験は一九六四年であり、米国より一九年遅く、ロシアより一五年遅い。インドと比べると一〇年早く、北朝鮮と比べると四二年早い。核弾頭の実戦配備をみると、米ロおよび英仏の四ヵ国がこれを行っているのに対して、中国、インド、パキスタン、イスラエルの後発四ヵ国は、「実戦配備の準備」段階に止めており、いわゆる抑止力としての第二撃を目的とした開発であることがわかる。とはいえ、この準備段階とされている核弾頭の数は、実戦配備用五〇二七発の約三倍、一万五五〇〇発である。

こうして世界の核戦力は、米・露・英・仏の先進四ヵ国と中国が国連安保理事会の常任理事国であり、中国は先進四ヵ国と途上国の接点に位置していることがわかる。ただし、実質的には、中国の核弾頭はすでに英仏を超えており、**表2―1**でみたように、軍事費においても米国に次ぐ地位にあるので、この国力がいよいよ核大国としての中国の地位を固めていることは明らかである。

次の**表2―3**は、中国自体の核戦力を兵器ごとにみたものである。①地上ミサイルの核弾頭は約一三〇発である。中国のミサイルには「東風DF（Dong Feng）」の呼称で呼ばれるが、二〇〇七年に完成した東風31A型は、射程距離一万一二〇〇キロメートルの大陸間ミサイルであり、北米はもとより、南米の一部まで届く。これを一五基以上擁して、米国を牽制している。二〇〇六年に完成した東風31

表２－１　世界 10 大軍事費大国

順位	国	2010 年軍事費 1)	2001 年～10 年の変化	対ＧＤＰシェア 2)	対世界シェア	購買力換算軍事費
		億ドル	%	%	%	ドル・ベース
1	アメリカ	6,980	81.3	4.8	43.0	6,980
2	中国	1,190	189.0	2.1	7.3	2,100
3	イギリス	596	21.9	2.7	3.7	576
4	フランス	593	3.3	2.3	3.6	498
5	ロシア	587	82.4	4.0	3.6	882
6	日本	545	−1.7	1.0	3.3	436
7	サウジアラビア 3)	452	63.0	10.4	2.8	646
8	ドイツ	452	−2.7	1.3	2.8	400
9	インド	413	54.3	2.7	2.5	1,160
10	イタリア	370	−5.8	1.8	2.3	322
	10 ヵ国計	12,178				
	世界計	16,300	50.3	2.6	100.0	

1）中国、ロシア、ドイツは推定値。
2）GDP は、IMF World Economic Outlook(2010/10) による推定。
3）サウジアラビアの軍事費は、公安費をふくむ。
出所）SIPRI Military Expenditure Database. IMF World Economic Outlook(2010/10).

表２－２　世界の核戦力推計（2011 年 1 月）

	最初の核実験	核弾頭の実戦配備 1)	他の核弾頭 2)	貯蔵計
アメリカ	1945 年	2,150	6,350	約 8,500
ロシア	1949 年	約 2,427	8,570	約 11,000
イギリス	1952 年	160	65	225
フランス	1960 年	290	10	約 300
中国	1964 年	—	200	約 240
インド	1974 年	—	80-100	80-100
パキスタン	1998 年	—	90-110	90-110
イスラエル	—	—	80	約 80
北朝鮮	2006 年	—	…	不明
計		約 5,027	約 15,500	約 20,530

1）「実戦配備」とは、核弾頭がミサイルに設置されるか、あるいは作戦部隊の基地に置かれていることを意味する。
2）「他の核弾頭」とは、ミサイルから外されているか、実戦配備のためには何らかの措置を要する「準備用」を意味する。
資料）SIPRI, 2011 年版、320 ページ。

表2－3　中国の核戦力推計（2011年1月）

兵器中国名（米国名）	配備数	最初の配備年	射程距離 km	核弾頭装備	核弾頭数
地上ミサイル	約130				約130
東風3A型(CSS-2)	約12	1971年	3,100	1×3.3メガトン	約12
東風4型(CSS-3)	約12	1980年	5,500	1×3.3メガトン	約12
東風5A型(CSS-4)	20	1981年	13,000	1×4-5メガトン	20
東風21型(CSS-5)	60	1991年	2,100	1×200-300キロトン	60
東風31型(CSS-10モデル1)	10以上	2006年	7,200未満	1×…キロトン	10以上
東風31A型(CSS-10モデル2)	15以上	2007年	11,200未満	1×…キロトン	15以上
潜水艦ミサイル	[36]				[36]
巨浪1型(CSS-N-3)	[12]	1986年	1,770未満	1×200-300キロトン	[12]
巨浪2型(CSS-NX-4)	[24]	[2011年]	7,200未満	1×…キロトン	[24]
航空機	20未満				[40]
轟6型(B-6)	20	1965年	3,100	1×爆弾	[20]
戦闘機(…)	…	1972年	…	1×爆弾	[20]
巡航ミサイル					…
東海10型	150-350	2007年	1500未満	1×…	…
計					約240

注）［　］は推定。
資料）SIPRI, 2011年版。

型は、改良前のもので、その射程距離は七二〇〇キロメートルだ。②潜水艦ミサイルとしては巨浪一型と巨浪二型がある。後者は今年ようやく配備される予定だが、射程距離は七二〇〇キロメートルだ。③航空機からの核攻撃は、轟六型および他の戦闘機である。それぞれ約二〇発の核弾頭が用意されている。④巡航ミサイルから発射されるのは、東海一〇型ミサイルだが、その弾頭は一五〇〜三五〇発と推計されている。こうして、地上・潜水艦・航空機・巡航ミサイル、四種類からなる核弾頭は総計約二四〇発と推計されている。

台湾海峡の危機を弄ぶ米軍、これを口実として利用し軍拡に走る中国軍、振り回されるだけの日本

米国は台湾への武器売却を決めた二〇一〇年一月、台湾側が強く求めていた最新型F16戦闘機の売却を見送った。売却するほとんどを防御的な装備にすることで対中配慮を示し、F16と潜水艦については売却を断念するとしていた。しかし、中国側はこのような説明に納得せず、五月に北京で行なわれた第二回米中戦略・経済対話（S&ED）では、馬暁天副総参謀長が秘密会議で米国を非難し、さらにその後、シンガポールで行なわれたシャングリラ会議では、ゲーツ国防長官と馬暁天副総参謀長との間で、南シナ海の「核心利益」(Core Interest) 問題も含めて、激しい応酬が公然と行なわれた。そして九月、尖閣海域での漁船船長逮捕問題は、日中関係を極度に悪化させた。

二〇一一年一月、ゲーツ国防長官の訪中が実現し、五月には中国の陳柄徳総参謀長の訪米も実現させ、両国の軍事交流を修復しつつ、他方で新たな挑戦を両国は狙っている。たとえば米軍に近いランド研究所は、「軍事バランスの問題、台湾海峡の論争をめぐる政治的文脈と軍事的側面」(A Question of Balance Political Context and Military Aspects of the China Taiwan Dispute) と題した報告書を二月に出して、軍事バランスが中国側に有利に傾いていることを重ねて警告した。このランド報告書の筋書きに乗せられたかのように、六月二一日にワシントンDCで開かれた日米の「2＋2」会議（両国外務・防衛大臣会合）で、日米は「中国が公海上の軍事活動を活発化し、中国が東シナ海や南シナ海などで国際航路の安全確保を阻害しうる状況になっている」ことを批判し、日米が東南アジア、韓国、豪州などと組んで中国包囲網を強化する方向性で合意した。

つまり、「公海における航行の自由」を大義名分に掲げ、「航路の安全確保」を日米が主張すれば、中国は「アクセス・デナイアル・ゾーン」（ADZ＝進入拒否領域）という中国にとって近未来の軍事戦略の核になるコンセプトを打ち出し、台湾海峡、尖閣諸島や沖縄周辺海域は言うに及ばず、マラッカ海峡、南シナ海まで中国が勢力圏を築き、外部の干渉を許さない、と声高だ。先に、宇宙空間での偵察衛星迎撃実験で衝撃を与え、初の空母は二〇一二年就役の予定であり、米空軍が誇るステルス戦闘機F22に対抗する最新鋭のステルス戦闘機「殲《せん》20」の飛行実験をゲーツ訪中に合わせて行なうという即応ぶりだ。

震災直後に外相が前原から松本に代わってから、「日本は地震と原発事故で手一杯」と低姿勢の外交を行ってきたが、今回の「2＋2」では、「中国を仮想敵」とする米側戦略に日本も同意させられ、前原外交が復活した形である。海洋権益の拡大を進める最近の中国の「地域覇権国的行動」は確かに際立つ。日米を軸に韓・豪・印・東南アジアなどと連携して対中包囲網を形成する戦略は、当然の対応に見える。

だが、ここで二つの問題を考慮すべきだ。一つは、ランド報告書「軍事バランス」も指摘するように、沖縄の嘉手納空軍基地や岩国の米海兵隊基地は、中国の近距離ミサイルの標的になっている事実である。これらの冷厳な事実を見極めない安全保障論議は馬鹿げている。

もう一つは、筆者が繰り返して指摘するように、米中戦略対話が着々と進展している事実を、わが親米論者は故意に無視していることだ。初戦で沖縄や岩国が攻撃された後での米中妥協ほど日本の国益を損なうものはあるまい。米国の前線基地、つまりは弾除けとされて被害だけを受ける愚劣な戦略は、絶対に避けるべきであろう。文脈は少し異なるが、米国製の原発の安全神話を鵜呑みにした親米派にまるで反省が見られないとすれば、これはかなり重症というほかない。東日本大震災に伴う「トモダチ作戦」程度の災害救援態勢を宣伝して普天間問題の解決をごまかすなどは事柄の軽重をまるで取り違えた、ためにする議論なのだ。

第3章　深まる米中対話

1　アメリカの中国観

話は「ステークホルダー」から始まる

米国のロバート・ゼーリック国務副長官は、二〇〇五年九月二一日、包括的な対中政策についての演説で「(中国が) 国際社会システムにおける責任あるステークホルダー (responsible stakeholder) となるよう促す必要がある」と言及した ('Whither China From Membership to Responsibility?' Remarks to National Committee on U.S.-China Relations, September 21, 2005, Robert B. Zoellick, Deputy Secretary of State)。「ステークホルダー」とは「賭け金や係争物の保管人、事業の出資者や利害関係者」などを意味する。米中の「利害関係」とは、何を指すのか。私は直ちにアメリカ財務省証券等の保有リストを想起した。米政府データから「対米債権保有国」(表3—1) を知りうる。

後に世界銀行総裁に就任するような国際金融のベテランが、中国の外貨準備高に着目したことは

表３－１　各国の米国証券保有額（2010 年 6 月 30 日現在、10 億ドル）

国名	総額	株式	財務省長期債務	政府機関長期債務		企業長期債務		短期債務
				資産担保証券 1)	その他	資産担保証券 1)	その他	
中国 2)	1,611	127	1,108	298	62	2	9	5
日本	1,393	224	737	106	128	16	114	69
米国	798	324	72	4	6	44	325	22
ケイマン諸島	743	290	36	23	9	99	204	82
ルクセンブルグ	622	172	49	10	8	35	267	82
カナダ	424	298	29	1	4	8	73	12
ベルギー	408	19	31	*	9	42	301	6
スイス	397	162	87	5	8	17	94	25
アイルランド	356	77	27	12	11	51	80	99
中東原油輸出国 3)	350	128	107	11	5	6	20	73
香港	293	33	60	82	13	2	14	88
国名不詳	138	1	*	*	*	*	135	2
その他諸国	3,158	959	1,000	161	109	123	411	391
総額	10,691	2,814	3,343	713	372	445	2,047	956
うち外国政府機関	4,346	426	2,617	445	276	21	77	484

*ゼロよりは大きいが、5億ドル未満。
1) 政府機関資産担保証券は主として担保により、企業資産担保証券は自動車ローン、クレジットカード、住宅商業担保、学生ローンなどにより担保される。
2) 香港とマカオを除く。
3) バーレーン、イラン、イラク、クェート、オマーン、カタール、サウジアラビア、アラブ首長国連邦。
出所）Report on Foreign Portfolio Holding of U.S.Secutities, as of June 30, 2010.

疑いない。二〇〇五年という時点は、中国の対米債権保有がイギリスを超えた年であり、伸び率からして日本を超えるのも時間の問題と見られた時期だ。オバマ政権が発足して、ゼーリックの後任ポストに就いたスタインバーグ（James Steinberg）国務副長官は、米中関係を「戦略的確約保証」（Strategic Reassurance）と述べ、安全保障用語で説明した（US Calls on China for 'Strategic Reassurance' Washington, 24 September 2009）。中華人民共和国の建国六〇周年を祝賀して、その前夜に米国務省のナンバー2は、中国に向けてどのようなメッセージを発したのか。ボイス・オブ・アメリカ（Voice of America。この放送は「A Trusted Source of News & Information since 1942」というロゴに付された説明からわかるように、米国の政府広報を目的としたラジオ放送）によれば、以下のコラムのごとくである。

「……米国は米中が一致しない争点をも含めて、グローバル、リージョナルな問題について、中国とともに解決する努力を続けたい／中国の規模と重要性が競争のリスクとライバルの裏切りのリスクを生み出すからだ／そこで必要とされるのが戦略的確約保証（strategic reassurance）だ／中国の発展とグローバルな役割の増大が他国の幸福を脅かさないように、中国は保証すべきだ／米中は最近、戦略・経済対話の水準を引き上げた／確約保証の側面には中国の軍事費について、支出額とその意図の透明性を深めることが含まれる／海上における事故や台湾への武器売却に妨げられない軍事交流が必要だ／相互不信のリスクは戦略核兵器、宇宙、サイバーの領域で喫緊である／相互保証は難しいが、冷戦期に破滅的な敵対と誤解を避ける教訓を学んだ／米国は中国の勃興を歓迎するが、中国は世界に向けて確約保証の意図を明確にすべきだ*。」

* Deputy Secretary of State James Steinberg says the United States is eager to continue to work with China to address a variety of global and regional issues, including those where the two countries disagree. But he told a conference sponsored by the Center for a New American Security that China's "size and importance" create a "risk of competition and rivalry that can thwart" such cooperation. Steinberg says what is needed is what he calls "strategic reassurance." "Strategic reassurance rests on a core, if tacit, bargain. ……China must reassure the rest of the world that its development and growing global role will not come at the expense of security and well-being of others.

Bolstering that bargain must be a priority in the U.S.-China relationship.” Steinberg said. He notes that the United States and China have recently raised the level of their Strategic and Economic Dialogue process. He said other aspects of reassurance involve greater transparency about China’s military spending and intentions, and actions on both sides to demonstrate a willingness to cooperate. He said that would include making military exchanges permanent, and not subject to interruption by incidents at sea or U.S. arms sales to Taiwan. ……“The risks of mistrust are especially acute in the arena of strategic nuclear weapons, space, and increasingly in the cyber realm. Achieving mutual reassurance in these areas is challenging, but, as we learned during the Cold War, essential to avoiding potentially catastrophic rivalry and misunderstanding.” ……He said the United States is open to China’s rise, but China must provide the world with clear reassurance about its intentions.〔下線は矢吹による〕。

外交関係において「確約保証」とはなにか。しかもそれに「戦略的」の形容句を付すのはなぜか。引用からすでに示唆されるように、これは軍事用語、核抑止力でいう「相互確証破壊戦略」（Mutual Assured Destruction, MAD）の類似コンセプトであろう。「核抑止力」の観念は、辞任直前の鳩山由紀夫首相が沖縄の普天間基地について語ったことで改めて話題になったが、これは核兵器で対峙する双方がともに「相手国が先に攻撃してきても、依然としてお互いの国を完全破壊する能力をもつ」ことで、先制攻撃を阻止する構想である（孫崎享『日本人のための戦略的思考入門』）。

事実、中国の大陸間弾道ミサイルが北米を完全に射程範囲に収め、南米の一部まで到達するようになった時点で、米中の核問題はかつての米ソ冷戦期と同じ構造になった。一九九一年に旧ソ連が解体して、冷戦体制は終焉したが、その後、二〇年を経て、ポスト冷戦期の構造に取って代わる新たな二極が生まれつつある。それが米中二極からなる「チャイメリカ構造」だと私は予想している。これは核抑止力による均衡の面では、かつての米ソ関係と酷似しているが、グローバル経済下の条件が伴うので、かつての米ソ対峙構造とは、似て非なる側面をもつ。

現代の米中関係はグローバル経済のなかで、米中の経済関係は貿易品というモノ、貿易黒字を用いて行われるさまざまの資本取引、そしてこれらの活動をになうヒトの移動を通じて、無数の網の目で結ばれている。これはかつての米ソ関係には、まったく見られなかった条件である。これらの経済関係はコマーシャルベースで取り結ばれている。しかしながら米中間の何らかの矛盾が通常の外交交渉では解決不能になったときに、両国はどのような行動をとるのか。中国は二〇〇九年六月の時点で一・五兆ドルに達する対米債権の償還を要求するであろう。

「中国は『銀行』…頭上がらぬ 米国務長官、豪首脳に吐露」と題したコラムとも報道とも区別しかねる記事をある新聞が報じた（『朝日新聞』二〇一〇年一二月二九日付）。これはワシントン発の村山祐介特派員電だが、この古新聞・古いネタを読んでみよう。

米国にとって「銀行」ともいえる中国には強く出づらい――。クリントン米国務長官が昨年三月にそんな悩みを外国首脳に吐露していたとの記載が、内部告発サイト「ウィキリークス」が暴露した米外交公電に含まれていた。民主化の進展は中国指導部の「さじ加減」を尊重する、ともとれる発言もあり、経済重視で「人権棚上げ」と批判された当時の心情がにじんでいる。公電は、昨年三月二八日に国務省が作成したもの。それによると、クリントン氏は同二四日、中国通で知られるオーストラリアのラッド首相（現・外相）とワシントン市内で会談した際、経済成長にともない国際社会での発言力を増す中国との関係について、「どうやって銀行に強く対処すればいいのか」とかじとりの難しさをこぼしたという。クリントン氏はその約一ヵ月前に国務長官として初訪中したばかり。中国は村落レベルでは民主化が「目覚ましく進展している」と評価し、「指導部が許容できるペースで民主化が進み、生活水準が向上することを望む」と述べた、とも記載されている。クリントン氏は初訪中の直前、人権問題で「金融危機などでの米中協力を損ねてはならない」と発言。滞在中の会見では、中国による米国債の大量保有に謝意を示す一方、人権問題では踏み込まず、米国内外で批判を浴びていた。

この朝日電のネタ元は、じつは二〇一〇年一二月四日付の、英『ガーディアン』だ。ワシントン駐在の同紙マカスキル（Ewen MacAskill）記者が「ヒラリー・クリントンからの問い――ペキンとどう渡り合ったらよいのか？……」（Hillary Clinton's question: how can we stand up to Beijing? Australia's ex-PM Kevin Rudd advised US secretary of state to welcome Beijing onto world stage but keep force as a last resort）という記事を書いてから、二五日後の報道であった。つまり、ウィキリークスが暴露した資料をもとに、マカスキル記者がこの記事を書いたのは一二月初め。全く同じ内容、すなわち事後の取材ゼロで、二五日後に、日本の記者がこの英語の記事を抄訳したわけだ。私自身は、たまたまこのテーマに関心があり、英紙報道をこの時点で読んでいたので、年末に『朝日新聞』に接したときには、改めて、大新聞の取材能力や社会的意義を再考した次第である。

『ガーディアン』によれば、話は二〇〇九年一一月、北京でオバマとヒラリーが胡錦濤と国宴（a state dinner）をやっていたときのエピソードに言及しつつ、当時のオーストラリア首相ケヴィン・ラッドに、二〇一〇年三月のランチの際に、ヒラリーがこう漏らしたのだ。「中国の銀行家とタフにやりあうには、どうしたらよいだろうか」（"How do you deal toughly with your banker?"）。中国通を自他ともに許すラッドは、自分は中国に対しては「徹底したリアリストだ」（a brutal realist on China）と語り、「中国を国際社会に効果的に統合していくこと、より大きな責任を示すように仕向けることが肝要だとして、うまくいかない場合は武力を展開すべきだ」と述べたと国務省電（三月二八日）が記録していることを記者が明かしたわけだ。

アメリカが際限もなく中国から借金を重ねていることの功罪を私はかねてから考えていたので、このエピソードに接して、一人うなずいた次第である。「借金も資産のうち」といった開き直りもないではないが、ベニスの商人のシャイロックのように、やはり債権者が強いのが世の常識なのだ。

中国のメディアは、当然のことだが、ヒラリーが「対中国債務のあまりにも大きいことを憂慮した」といささか得意気に伝えた。[*]

＊　希拉里担心美国債務問題　道出心中最重要角色『広州日報』二〇一〇年〇五月二七日。「問――現在中国是美国的第一債権国、您是否喜歓中国這様的第一？　希拉里――我不担心中国這個地位、我所担心的是美国債務太大、這是我担心的、而且我非常重視。従歴史的角度来看、当我的丈夫克林頓総統離任的時候、我們預算平衡、我們還有順差、当時我感覚很自豪、対美国是好的、財政方面、金融方面很負責。但是奥巴馬総統任職的時候、我們的赤字是很龐大的、債務不断地増加、又面臨了全球的経済危機、所以需要刺激措施、這些刺激措施在美国和中国都是

成功的、不過它增加了我們的赤字和債務。所以到某一個時候、我們応該把注意力転到財政負責方向、要確保預算健全、為了我們的子孫」。

クリントン長官は、「貸し手＝中国と、借り手＝米国との関係」について、自分の夫ビルが大統領を辞めた時点では、対米債務はほとんどなかったとしているが、当時は確かに二〇〇〇億ドル未満であったから、今日の八分の一程度であった。しかしながら、この米中貸借関係は、中国の改革開放路線とともに始まり、拡がり深まってきたのであり、その経緯を巧みに説明したのは、アメリカのハーバード大学で経済史を教えるスコットランド人歴史家ニーアル・ファーガソン（一九六四年グラスゴー生まれ）の分析である。金融・経済史、帝国史が専門だが、二〇〇八年に『マネーの昇騰』（*The Ascent of Money: A Financial History of the World.* 邦訳『マネーの進化史』早川書房）を出した。この本の最終章は、二一世紀世界が「アメリカ帝国から、チャイメリカへ」変わるという展望で結んでいる。かつて日本経済がジャパンアズナンバーワンなどともてはやされた一時、「ジャパメリカ」なる造語が一部で語られたが、その歴史はあまりにも似ている（加藤哲郎『ジャパメリカの時代に――現代日本の社会と国家』一九八八年）。

しかし、いま語られ始めた「チャイメリカ」は、「ジャパメリカ」とは比較にならないほどに世界に大きな影響を及ぼすことになろう。

クリントン長官の懸念する「米国にとっての、中国という銀行」

クリントン長官がいみじくも「米国にとっての、中国という銀行」と述べた一語は、現在の米中関係を規定する大きな要素の一つなのだ。にもかかわらず、「中国の対米債権は日本のそれをちょっと上回る程度か」とあたかも、日中の差は「量的なもの」にすぎないかのように理解する鈍感症が日本に蔓延している。これは国際環境にあまりにも無知な、ほとんど痴呆症ともいうべき鈍感さではないか。

ほとんど現実にはありえない仮定ではあるが、中国が万一返済を要求した場合に、アメリカは、返済不能に陥り、デフォルトを宣言せざるをえない。基軸カレンシー国としてのアメリカ帝国の崩壊だ。そのような事態を避けるため、中国がそのような行動をとらぬよう、米中関係を敵対関係に陥るのを防ぐには、さまざまな保証装置が必要だ。ずばりいえば「米中蜜月」関係の再構築だ。じつはキッシンジャーの一九七一年訪中以後、旧ソ連の解体まで間は「米中蜜月」であったことが日本人にはよく見えていないことが、日本人の判断を誤りに導いている。

中国の軍事力機能を「国際公共財」と評価したペンタゴン報告

スタインバーグが戦略的確約保証関係の目標を提起した翌年の二〇一〇年八月一六日、国防総省は米議会に「中国に関する軍事・安全保障年次報告書（Military and Security Developments Involving the People's Republic of China）を送り、巻頭の「要約」（Executive Summary）で中国の軍事力を「国際公共財」（international public goods）と評価した。これは軍事面における米中協力の第一歩を明らかにしたもので、オバマ大統領の核廃棄宣言と並んで、二一世紀世界を導く「パクス・シニカ・アメリカーナ」への移行宣言への第一歩でもあろう。このような積極評価は、おそらく朝鮮戦争以来、初めてではないか。米中協調＝結託時代が始まったことを象徴する言い方ではないかと、私は大変驚かされた。

ペンタゴン報告にいわく、「過去一〇年の中国軍の現代化の速度と拡がりとは、中国軍が自国の外交上の利益や紛争処理のために軍事力を使うばかりでなく、国際公共財を運ぶ貢献への能力を発展させた」。*

* The pace and scope of China's military modernization have increased over the past decade, enabling China's armed forces to develop capabilities to contribute to the delivery of international public goods, as well as increase China's options for using military force to gain diplomatic advantage or resolve disputes in its favor.

これは、むろん直接的には「平和維持活動や災害救助、反テロ作戦における米中協力」を評価したわけだが、話はそこにとどまるはずはない。公共財を運ぶ「軍自体」が公共財と呼ばれるに至るのは時間の問題であろう。そのような「蜜月関係」が不可避なのだ。

私は米中関係再構築のスピードに驚いたのだが、もっと驚いたのは、このペンタゴン報告が日本で読まれていない事実だ。この個所に注目した専門家のコメントや、マスコミの論評が、（管見の限りだが）皆無と感じられた。

尖閣衝突をめぐる一連の事件を通じて、日本の対中国イメージが劇的に悪化したことを示すのは、総理府「外交に関する世論調査　二〇一〇年」であり（図2―2）、これとは対照的な、アメリカの有識者に対するアンケート調査の結果（図1―2）がある。後者はわが外務省が「米国における対日世論調査」として一九七五年から継続的に行ってきたものだが、二〇一〇年二月の結果は驚くべきものであった。これによれば、アメリカの識者のうち、「アジアにおけるアメリカのパートナー」として、日本を選んだ者は三六％にすぎず、中国を選んだ者が五六％に達し、「日中は完全に逆転した」。日本では戦後六〇年を経た今日でも、かつての「鬼畜米英」はあっさり忘れられ、圧倒的なアメリカ贔屓ムードなのに、この片思いは、アメリカには通じていない。尖閣衝突以後、いよいよ「日米同盟の深化」が語られているが、甚だ危ういのではないか。

中国軍＝「国際公共財」論の背景

米国防総省（ペンタゴン）『年次報告書』（二〇一〇年八月一六日）が中国軍の役割を「国際公共財」（international public goods）と、あたかも経済学を想起させる用語で説明しているのは、否応なしに米国債の最大の保有者である中国政府と米国政府との腐れ縁を想起させるが、軍事協力に先立って外交面での協調がどのよう行われてきたかを念のために確認しておきたい。

ゼーリック国務副長官が「中国は、ステークホルダー（Stakeholder）だ」と宣言した翌年の『ペンタゴン年次報告書』（二〇〇六年版）は、中国の「平和維持活動」に二回言及した。二〇〇七年版には言及がないが、同報告書（二〇〇八年版）が再び中国の平和維持活動に一回言及した。そして二〇〇九年版、すなわちオバマ政権下初の年次報告は、スタインバーグ国務副長官の説く、米中両国は「戦略的確約保証（Strategic Reassurance）関係だ」とする認識に呼応して、その年次報告書は、平和維持活動等に一〇回言及するに至った。こうした経緯を踏まえて、年次報告書二〇一〇年版が、前述のように平和維持活動、災害救助、反テロ作戦に触れつつ、「国際公共財」と評価した次第である。

外交（例えば北朝鮮の核問題をめぐる六ヵ国会議）や経済（特に米国債の買い付け）面からスター

トした米中協調の枠組みを軍事面においても推し進める姿勢と読むのが自然であろう。中国がもし敵国ならば財務省証券の大量保有を許してはならないはずだ。このようなビジネス行為は「同じ市場経済国同士」という暗黙の前提のもとに行われている経済行為なのだ。中国がもし大量の、破壊的な「米国債売り」に出たならば、中国政府も犠牲は免れないが、それ以上に「基軸カレンシーとしてのドルの権威」は確実に崩壊する。ここまで深い腐れ縁になった米中関係を台湾への武器売却等をめぐる「疑似対立」で隠蔽するのが年次報告書のもう一つの基調である。

ペンタゴン報告書についてのNHKのニュース解説は、台湾海峡の戦闘能力比べを解説するのみで、「国際公共財」(international public goods) には一言も言及しなかった。他方「日米同盟こそが国際公共財」とする議論は、繰り返し報道され続けている。これは公正な報道とはみなしがたい。他の多くの主流メディアにも同じ偏向が見られる。

米中軍事協力の進展は不可避であり、もう後戻りはできない。「ペンタゴンと解放軍の野合」を隠す田舎芝居にだまされてはなるまい。ペンタゴン年次報告書は二〇一一年中に中国が国産空母の建造に着手する可能性があることも指摘し、中国海軍が小笠原諸島と米領グアムを結ぶ第二島嶼線を越える西太平洋まで作戦行動を拡大する動きも指摘している。つまり台湾を含む第一島嶼線はすでにあっさりと越えられたのだ。沖縄の米海兵隊のグアム移転は、中国海軍とミサイルの精度を見据えてのことだ。いまや沖縄からの米軍撤退さえも、想定内のはずだ。

2　米中戦略対話

「米中戦略対話」の前史

今回の本格的な米中対話に至るまでの前史としてどのように米中対話が行なわれてきたのかを簡単に回顧しておきたい。中国新聞網（二〇〇九年七月二七日）が掲げた「米中戦略対話と戦略経済対話大事記」（http://www.sina.com.cn）によれば、その経緯は次のごとくである。

二〇〇五年八月〜二〇〇八年一二月、米中間で六回の「戦略対話」が行なわれ、それらを踏まえて、二〇〇六年一二月〜二〇〇八年一二月に五回の「経済対話」が行なわれた。すなわち「六回の戦略対話」は、次のように行なわれた。二〇〇五年八月一日、米中間で初めての戦略対話が北京で行なわれた。双方は米中関係と共に関心をもつ重大な国際・地域問題について「率直な、深い意見交換を行なった」と発表された。二〇〇五年一二月七日〜八日、第二回戦略対話がワシントンで行なわれた。双方は率直な、深い、建設的な討論を行なったと発表された。二〇〇六年一一月八日、第三回戦略対話が北京で行なわれた。双方は率直な、深い、建設的な討論を行なったと発表された。二〇〇七年六月二〇日〜二一日、第四回戦略対話がワシントンとメリーランドで行なわれた。双方は米中関係の戦略的、長期的、全局的な問題について率直な、深い、建設的な討論を行なったと発表された。二〇〇八年一月一七日〜一八日、第五回戦略対話が貴州省貴陽市で行なわれた。二〇〇八年一二月一五日、第六回戦略対話がワシントンで行なわれた。中国国務委員戴秉国《たいへいこく》と米国国務副長官ジョン・ディミトリ・ネグロポンテが共同で対話を司会し、新時期の米中関係を長期的に安定的に発展させるために、率直な深い意見交換を行なった。この米中対話はオバマ政権の誕生を前にして終わった。

この「戦略対話」と部分的に重なる時期に「米中戦略経済対話」も五回重ねられた。すなわち、二〇〇六年一二月一四日～一五日、初めての「米中戦略経済対話」が北京で行なわれた。この会議で、中国にニューヨーク証券取引所とナスダック代表事務所を設立することが決定された。また知的財産権の保護等についての交渉が行なわれた。二〇〇七年五月二二日～二三日、第二回米中戦略経済対話がワシントンで行なわれた。双方はサービス業、投資、エネルギーと環境等を討論した。

この会議でQFIIの投資限度額の引き上げや貨物航空便の自由化などが討論された。QFIIとは、「適格海外機関投資家」(Qualified Foreign Institutional Investors)のことだ。中国は、二〇〇二年一二月に、これまで禁じていた、QFIIによる中国証券市場への投資を、条件付きで正式開放した。人民元建て中国本土株(上海A株、深圳A株)の売買を可能にする制度である。QFIIの対象となるのは、投資信託会社、保険会社、証券会社、およびその他の資産管理機関とされており、QFIIの免許取得のための資産規模には条件があるため、大手企業でなければ参入しにくい規模となっている。中国がQFIIを導入することは、次の点で意味を持つ。中国の証券市場が、本格的な対外開放への一歩を踏み出したこと、海外投資家を導入することで、上場企業の財務内容の精度が向上したり、情報開示などインフラ面が整備されることが期待できる点である。

さて二〇〇七年一二月一二日～一三日、第三回米中戦略経済対話が北京で行なわれた。この対話から、双方は一連の共通認識を得た。二〇〇八年六月一七日～一八日、第四回米中戦略経済対話がメリーランド州アナポリスで行なわれた。この対話で、双方は貿易、投資、金融、エネルギーと食品の五大領域で豊かな成果をあげ、相互理解を深めた。二〇〇八年一二月四日～五日、第五回米中戦略経済対話が北京で行なわれた。双方はマクロ経済協力と金融サービス、エネルギーと環境協力、貿易と投資、食品と産品安全および国際経済協力の五つの領域で、四〇余項の積極な成果を得た。以上の五回にわたる「戦略経済対話」は、「戦略対話」を踏まえつつ、経済のより実務的な問題について対話を深め、取り決めを行なったものであることが理解できる。

中国の第一一次駐外使節会議（二〇〇九年七月一七～二〇日）

二〇〇九年七月末に予定された大規模な米中戦略対話に先立って、中国当局は、在外大使を北京に呼び寄せて「駐外使節会議」を開いた。いうまでもなく、本格的な米中対話を控えて、どのようなスタンスでこれに臨むのか、その「底線」を明確にするために、この会議が開かれたものと見てよいであろう。二〇〇九年七月一七～二〇日、第一一次「駐外使節会議」が北京で開かれ、胡錦濤が「重要講話」を行なったと報じられた（第一一次駐外使節会議在京召開、胡錦濤発表重要講話、中広網中国之声馮悦記者、二〇〇九年七月二〇日）*。

* 「中国之声」馮悦記者によれば、同会議は一七～二〇日に北京で開かれ、中共中央総書記、国家主席、中央軍

委主席胡錦濤が「重要講話」を行ない、「党と国家領導人」呉邦国、温家宝、賈慶林、李長春、習近平、李克強、賀国強、周永康など政治局常務委員が全員出席した。このほか、王岐山、劉雲山、令計劃、王滬寧、梁光烈、馬凱も会議に出席し、温家宝、戴秉国も講話を行なった。胡錦濤は二〇〇四年「第一〇次駐外使節会議」以来の外交工作を回顧し、「当面の国際情勢の発展趨勢と主要な特徴」を深く分析したと伝えられた（中広網 二〇〇九年七月二〇日）。

胡錦濤はこう強調した。「新情勢のもとで、外交工作と国家発展の関係はより緊密になっているが、今後の一時期、外交工作は国際金融危機の沖撃に有効に対応し、保持経済の安定発展を維持し、世界経済復興のための国際協力のために各国との実務工作を積極的に推進しなければならない。その重点は大国との関係を巧みにマネージすることだ」。

ここでは、リーマン・ショック以後の国際金融危機に対処するために、大国との関係、すなわち米国との政策調整が指摘されている点が注目される。この記者は外交路線の転換については注意深く論評を避けているが、新華社電は①「政治上更有影響力」、②「経済上更有競争力」、③「形象上更有親和力」、④「道義上更有感召力」と胡錦濤の講話の核心部分を見出しに掲げている。* とはいえ、それ以上の説明は何もしていない。

* 拠新華社北京七月二〇日電――第一一次駐外使節会議一七日至二〇日在北京召開。中共中央総書記、国家主席、中央軍委主席胡錦濤在会上発表重要講話強調、堅持以鄧小平理論和「三個代表」重要思想為指導、深入貫徹落実科学発展観、高挙和平、発展、合作旗幟、堅持統籌国内国際両個大局、不断提高外交工作能力和水平、努力使我国在政治上更有影響力、経済上更有競争力、形象上更有親和力、道義上更有感召力、為全面建設小康社会、加快

推進社会主義現代化営造良好国際環境和外部条件。

この胡錦濤の四句の含意を知るには、解説論文しかない（「従韜光養晦到主動出撃的和諧世界——解読胡総在中国第一一次駐外使節会議的講話」二〇〇九年七月二一日）。

いわく、改革開放三〇年、総設計師たる鄧小平同志は、当時の中国内外の環境と条件が比較的に弱く、経済も政治も影響力が弱い事実に鑑みて、「韜光養晦、永不出頭」（韜晦を旨とし、でしゃばらない）の基本的外交原則を提起し、「埋頭苦干」（ひたすら仕事に打ち込む）努力を続けてきたが、これは一部の者には、たいへんな不満であった。その実質は、良い外交環境を勝ち取るために、互いに発展を邪魔せずに、皆が利益を得るためであった。しかしながら、この三〇年、外交は受け身・防衛的になり、「底線」を保持するのみであった。これは改革開放のために、世界の資源を中国を発展させる「核心目的」に利用するためであった——。

ここでは、天安門事件と旧ソ連解体というダブルパンチのもとで、鄧小平がひたすら対外的に「低姿勢」のスタンスをとってきたこと、それが誇り高い中国人にとって不満のタネと化したことが指摘され、いまや積極的・主導的外交に転じるべきだとする意向が示されている。その結論が、①「政治上更有影響力」、②「経済上更有競争力」、③「形象上更有親和力」、④「道義上更有感召力」の四句であった。四句のうち、とりわけ③と④が目新しい。中国の対外イメージを親しみ深いものとし、道義的にもアピール力に富む中国外交だと評価されるような内容としたい。これが外交政策転換の狙いであった。

外交政策の転換から一年余、この転換は、結果的にはまったく裏目に出たと評してよい。「親和力」も「感召力」も著しく傷つけられた。そしていま中国外交は改めて鄧小平路線の復活によって、暴走した部分の軌道修正を行なおうとしているように見える。それを示すものが戴秉国講話である（戴秉国「堅持走和平発展道路」二〇一〇年一二月六日。「本文刊登于『中共中央関于制定国民経済和社会発展第一二個五年規劃的建議』輔導読本」と説明されている）。

第一回米中戦略・経済対話（S&ED）、二〇〇九年七月二七〜二八日（ワシントン）

新華社ワシントン七月二八日電（記者 趙毅 劉麗娜 王湘江「中美関係在新起点上再出発」（http://www.sina.com.cn, 二〇〇九年七月三〇日、新華網）は、七月二七日、二八日の二日間にわたる初めての米中戦略・経済対話（S＆ＥＤ）が二八日に終わった際に、次のように報じた。

「この対話は中国国家主席胡錦濤と米国オバマ大統領が二〇〇九年四月、ロンドンで会談した際の共通認識に基づいて開かれた。世界最大の途上国と最大の先進国間で行われる重要交流であり、両国関係の再出発の新起点である。

——対話に参加する双方代表団は、地位が高く大規模である。中国は一五〇余名の代表団を派遣した。中方の団長は、胡錦濤主席の特別代表、国務院副総理王岐山と国務委員戴秉国である。オバマ政権の出席者は閣僚級が一二名である。米側の団長はオバマの特別代表、国務長官ヒラリーと財務長官ガイトナーである。

——対話の議題は、二国間問題だけでなく、リージョナル、グローバル問題にわたる。双方は今後の二国間協力、国際的反テロ、多国籍犯罪、核拡散防止等、国際的地域的にホットな問題を討論し、さらにエネルギー安全、気候変化等のグローバル問題を討論した。経済対話の部では、双方は全方位、多角的方面から、各自の経済発展と金融領域において関心のある問題を討論した。

半世紀の米中関係の発展は風雨を経てきた。当初の全面対抗から一九七九年に米中国交に至り、近年は双方の相互訪問と対話が行なわれている。ガイトナーは開幕式に中国語を用いて『風雨同舟』を語った。双方は『第一回米中戦略・経済対話連合新聞稿』(首輪中美戦略与経済対話聯合新聞稿)を発表し、オバマ大統領が胡錦濤主席の招待により年内に訪中すること、米中両軍は各級別の交流を拡大することを決定した。双方は両国教育部門が調印する『米中工作計画』の目標の達成を約束した。さらに双方は、気候変化、エネルギーと環境協力の覚書に調印し、二〇一〇年に北京で第二ラウンドの米中戦略・経済対話を行なうことを明らかにした。」

3　核心利益

スタインバーグ、ベーダー訪中(二〇一〇年三月)への憶測

『ニューズウィーク』ジョシュ・ローギン記者は、「中国政府の一貫しない対米政策は、政府内部で強硬派と穏健派が対立している証拠だ」と観測記事を書いた。

「アジア問題を担当する米政府高官二人が今週中国を訪問し、国務省が言うところの米中の緊張関係が修復に向かい始めたと歓迎された。だがオバマ政権内部の当局者たちの眼には、ここ数週

間の出来事がアメリカへの対応に中国政府が内部で苦慮していることを示す証拠に映った。」

「ジェームズ・スタインバーグ国務副長官とジェフリー・ベーダー国家安全保障会議（National Security Council, NSC）アジア上級部長が訪中した第一の目的は、イランへの新たな制裁に協力するよう中国政府を説得することであったが、今回の会談は、アメリカが①台湾への武器輸出を決め、②オバマがチベット仏教の最高指導者ダライ・ラマ一四世と面会した直後のことだった。」

「オバマ政権はこの二つの出来事が中国を刺激するのを最小限に抑えようと努めた。複数の米外交当局者が語ったところでは、中国の反応はほぼ予想通りだったという。中国は報復措置として後述のように、ゲーツ国防長官の訪中をキャンセルする一方で、米原子力空母ニミッツの香港寄港を予定通り許可した。二月初めに予定されていたスタインバーグの訪中は抗議の一部として延期されたが、中国は結局わずか数週間後にスタインバーグを歓迎した。この二つの外交問題に続いて中国が示した態度は、共産党内部で自信を高める強硬派と影響力が衰えつつある穏健派の間で意見対立が激化している証拠かもしれない。」（「米中関係・中国外交の仁義なき戦い」（Confusion in China）『ニューズウィーク』（*Newsweek*）、二〇一〇年三月五日）

スタインバーグ国務副長官と国家安全保障会議ベーダー上級部長が二〇一〇年三月一～三日訪中した際に、中国側カウンターパート戴秉国国務委員とどのような対話を行なったのかは不明だが、この対話において、戴秉国が「南シナ海と東シナ海は中国の核心利益と述べた」とする報道が七月ごろから一部で行なわれた。

発端は共同通信ワシントン電「南シナ海は『核心的利益』と中国、米高官に初表明」（二〇一〇年七月三日）あたりと見られる。

「ワシントン共同電、二〇一〇年七月三日。中国政府が二〇一〇年三月、北東アジアとインド洋を結ぶ軍事・通商上の要衝で、アジア各国による係争地域を抱える南シナ海について、中国の領土保全などにかかわる『核心的利益』に属するとの新方針を米政府高官に初めて正式に表明していたことが七月三日、わかった。中国はこれまで台湾や独立運動が続くチベット、新疆ウイグル両自治区などを『核心的利益』と位置付け、領土保全を図る上で死活的に重要な地域とみなし、他国に対する一切の妥協を拒んできた。新たに南シナ海を加えたことで、この海域の海洋権益獲得を強硬に推し進める国家意思を明確に示した。中国は南シナ海に連なる東シナ海でも、日中双方が領有権を主張する尖閣諸島＝釣魚島海域周辺での活動を活発化させており、海洋権益をめぐり日本との摩擦が激化する恐れもある。関係筋によると、中国側は三月上旬、訪中したスタインバーグ国務副長官とベーダー国家安全保障会議アジア上級部長に対し、この新方針を伝達した。両氏は北京で、戴秉国国務委員や楊潔篪外相、崔天凱外務次官らと会談しており、外交実務を統括する立場にある戴氏が米側に伝えたとみられる。」

（共同電は、新方針の伝達を三月上旬のスタインバーグ訪中時のこととしているが、そうではなく、五月末の第二回米中戦略・経済対話（S&ED）の時点での馬暁天発言が発端と推定できることは、後述する。）

そして香港の英字紙『サウス・チャイナ・モーニング・ポスト』（*South China Morning Post*）は七月七日付で共同電と同趣の記事を掲げた。*

＊ South China Sea becomes Beijing's latest 'core interest' (SCMP) July 7, 2010. ……The elevation of a strategic body of water's importance to the level of national interest on par with Tibet and Taiwan speaks volumes not just about China's increasing naval ambition but also an intensifying competition in Asia's oceans. ……Chinese officials〔戴秉国を指す〕told two visiting senior US officials, deputy secretary of state Dr James Steinberg and senior director for Asian Affairs on the National Security Council Jeffery Bader, that it considered the South China Sea as part of its "core interest" of sovereignty. This was the first time Beijing had labelled the South China Sea as a "core" national interest, meaning Beijing brooks no compromise over issues relating to it. ……

ＳＣＭＰ電と類似の解説が一〇月二日付共同電で再び掲げられた。当時は、尖閣周辺での漁船衝突事件による日中の緊張が極度に高まっていたので、七月当時は日本ではあまり注目されなかった香港発共同電が一〇月二日付のＳＣＭＰ電をキャリーした当時は、衝突事件の背景を説いた報道として日本世論に大きな影響を与えた。いわく「中国外交筋の話として、中国政府が今年に入り、沖縄県・尖閣諸島の領有権を台湾やチベット、新疆ウイグル両自治区と同列の『核心的利益』に位置付けたと報じた。尖閣諸島付近での漁船衝突事件をめぐって中国側が見せた一連の強硬な態度の背景には、この政策変更があるとの専門家の見方を伝えている」。

ところが同じ共同電は、三週間後に「ワシントン共同二〇一〇年一〇月二二日電」として「中国政府が、米政府に対し、南シナ海を台湾やチベットと並び領有権で絶対に譲らない『核心的利益』と位置付けると表明したこれまでの発言を否定し、核心的利益とする立場を事実上取り下げる姿勢を示していたことが一〇月二二日、わかった」と既報の内容を軌道修正した。

その理由を共同はこう解説した。

「中国がこの新方針を表明後、米国や東南アジア諸国連合（ＡＳＥＡＮ）の関係国が強く反発。中国国内では強硬姿勢を続けることは外交全体の柔軟性を損なうとの議論もあり、米国などに配慮する形で対外的な立場の変更を決めたとみられる。関係筋によると、中国は今年三月、訪中したスタインバーグ国務副長官らに、南シナ海を『核心的利益』とする方針を初めて伝達。さらに五月の『米中戦略・経済対話』の席で、戴秉国国務委員がクリントン国務長官に対して、政府の立場として正式に伝えたという。だが最近になって、中国側は同対話での発言について米側に対し『南シナ海を「核心的利益」とは言っていない』と否定したという」……

ＳＣＭＰ電を踏まえた「南シナ海と東シナ海の核心利益」説は、こうして、三月のスタインバーグ国務副長官らに対する説明、五月の第二回米中戦略・経済対話の場で行なわれたとする報道を、中国側の抗議を入れる形で、その発言なし、と否定報道を行なったわけである。しかし、この「誤報」はとりわけ日本内外に広く流布された。

私自身は、シンガポール八月二三日電・新加坡『聯合早報』の評論「南中国海為何成為『核心利益』？」*を読んで、南シナ海と東シナ海を「核心利益」と主張したという報道について、誤報あるいは不十分な解釈であろうと推測していた。

＊　中新網八月二三日電、新加坡『聯合早報』二三日刊出評論「南中国海為何成為『核心利益』？」、文章説、近日有媒体報道中国将対南中国海問題的表述、升級為中国的「核心利益」。北京専家予以反駁説、無確鑿出処又被広為報道的「核心利益」之説、是個有待澄清的誤解。美国会将之解読為中国在東亜劃定勢力範囲的信号、是極不明智。您認為、現階段中国有無必要将南海明確為「核心利益」？　将南海明確為「核心利益」是否有助于維護主権？

果たして、新日中友好二一世紀委員会第二回会合（二〇一〇年一〇月三〇〜一一月二日、東京と新潟）を終えて帰国した陳健委員（元駐日本大使）は、北京で日本記者団と会見して、次のように述べた。

南シナ海は中国の核心利益「である」（原文「是」）というのは、正しくない。南シナ海には中国の核心利益がある（原文「有」）というのが正しい。「是」ならば、南シナ海全体が中国の核心利益になる。だが、われわれの領土ではない部分も多い。さらに南シナ海は国際公海であり、航行の自由がある。それゆえ南シナ海が中国の核心利益「である」というのは間違いだ。南シナ海には中国の核心利益も「ある」（含まれる）と言うべきだ。「有」とすべきところを、「是」と述べた「一字の違い」が大きな誤解をまねいた。

陳健元大使の解説は当然であろう。すなわち南沙諸島（図3―1）の場合、現在は、ベトナム二二、中国一〇、台湾一、フィリピン八、マレーシア三、ブルネイ一の島嶼を各国が実効支配している（表3―2）。この現状を無視して、「すべての島嶼を中国が実効支配する」などと解する言説は、荒唐無稽なのだ。尖閣諸島の場合は、日本が実効支配を行い、中国も主権を主張している点で南シナ海のケースと似ている。そして米国の立場は南シナ海・東シナ海問題のいずれも、どちらにも与しない立場（takes no position）を、沖縄返還当時以来貫いている。

では、中国の立場はなぜ誤解されたのか。この点について陳健元大使は、『環球時報』の羅援少将

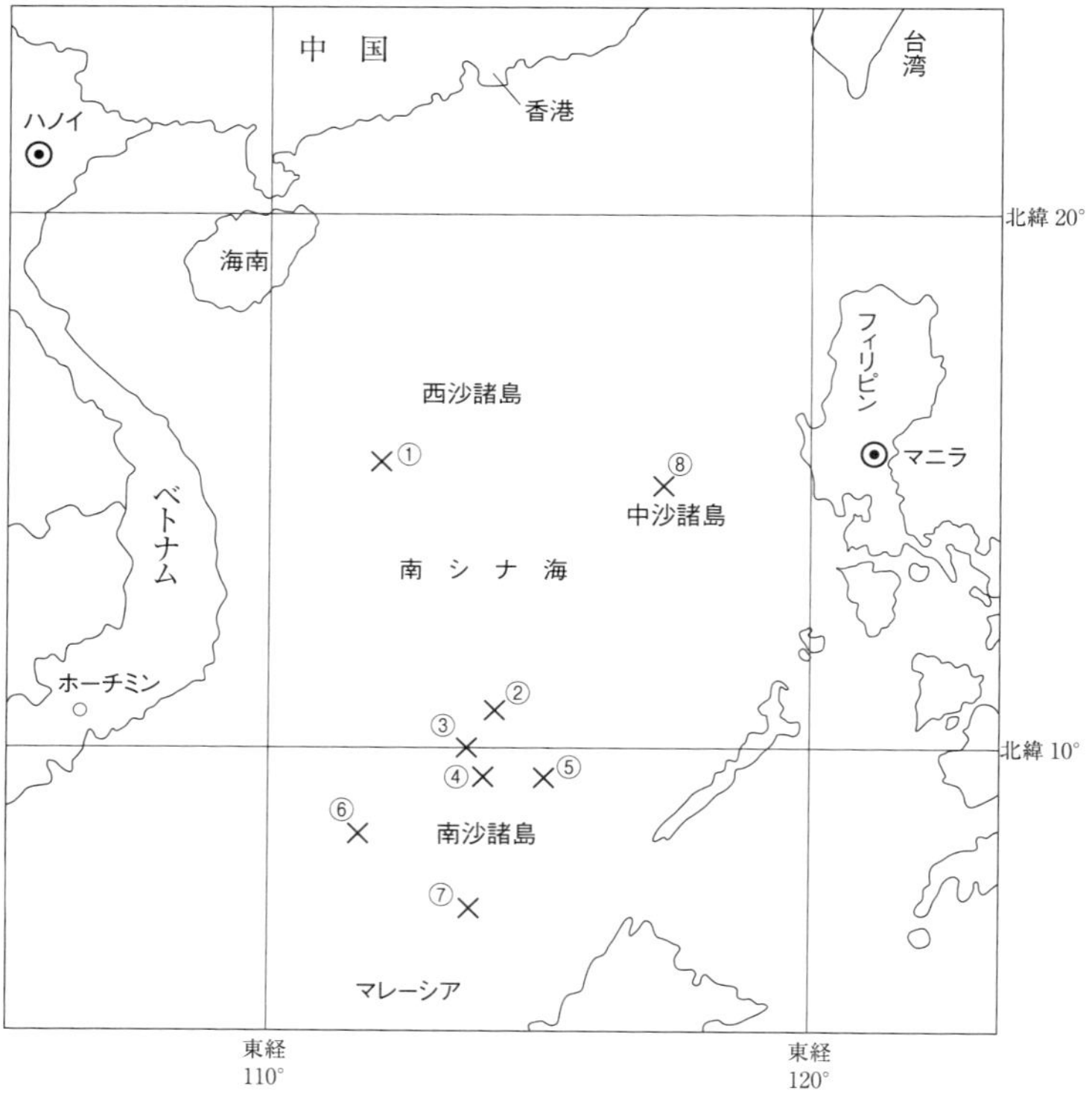

西沙諸島
① Woody Island（永興）〔中国〕
南沙諸島
② Thitu Island（Pagasa 中業）〔フィリピン〕
③ Itu Aba Island（太平）〔台湾〕
④ Johnson South Reef（赤瓜）〔中国〕
⑤ Mischief Reef（美済）〔中国〕
⑥ Spratly Island（南威）〔ベトナム〕
⑦ Swallow Reef（Terumbu Layang Layang　弾丸）〔マレーシア〕
中沙諸島
⑧ Panatag Reef（黄岩）〔フィリピン／中国〕

図３―１　南沙諸島

表3－2　南沙諸島の実効支配（1999年）

要求国	実効支配	権利主張	軍事施設等	駐屯兵員
中国	7	南沙全体	ヘリポート	260
フィリピン	8	60	1300m 滑走路	595
ベトナム	27	南沙全体	600m 滑走路	600
マレーシア	3	12	600m 滑走路	70
台湾	1	南沙全体	ヘリポート	112
ブルネイ	0	0	なし	0
計	46			1637

資　料）Christpher C. Joyner, The Spratly Islands, Dispute in the South China Sea : Problems, Policies, and Prospects for Diplomatic Accommodation.

の論文「米国空母がもし黄海に入るならば、中国の民意を激怒させる」（羅援「美航母若進黄海　将激怒中国民意」二〇一〇年八月一〇日『環球時報』。羅は軍事科学学会副秘書長、元中央調査部長・羅青長の子）と書いたのを名指しして、南シナ海が中国の核心利益だとした「一部の人々の見方」を批判している。

すなわち南沙、西沙等は中国が実効支配しているが、ベトナムも主権を主張中である。西沙のうち赤瓜礁（Johnson South Reef）は、一九八八年三月一四日の赤瓜礁海戦を通じて、中国がベトナムから奪い、実効支配しているもので、これは趙紫陽が八七年一一月、軍事委員会副主席就任四ヵ月後に行なわれたことが、『劉華清回憶録』（解放軍出版社、二〇〇四年）に記されている。これらの島嶼問題において「争いの存在を認める」のが中国の立場である。

中国はベトナム、フィリピン、マレーシア、ブルネイと「争いの存在」を認め、その争いは平和的交渉を通じて解決すべきだとするのが中国の立場だ。ところが日本は、尖閣諸島について「争いの存在」を認めていない。そこが中国の不満だと陳健元大使は言う。中国の立場は日本の実効支配に直ちに実力で挑戦するものではなく、中国が主権を主張している事実を認めよというにとどまる。陳健がここで、『環球時報』の羅援少将論文を批判しているのは、じつは「桑を指して、槐を罵る」の類である。後述のように、同じ趣旨の発言が二〇一〇年五月二四日午前の米中非公開対話で馬暁天副総参謀長によって行なわれたことがより重要であり、羅援少将論文は、七月一日の馬暁天インタビューの趣旨を敷衍したにすぎないからだ。

〔コラム〕 南沙諸島の実効支配

戦後吉田内閣時代に日本が台湾に亡命した蔣介石政府との間で結んだ日華平和条約の第二条には、「日本国は、一九五一年九月八日にアメリカ合衆国のサン・フランシスコ市で署名された日本国との平和条約（以下「サン・フランシスコ条約」という）第二条に基き、台湾及び澎湖諸島並びに新南群島及び西沙群島に対するすべての権利、権原および請求権を放棄したことが承認される」と書かれている。西沙群島とは、現在も使われている地名なのでこれがパラセル群島を指すことは、容易に分かる。

だが「新南群島」とは何かを直ちに答えられる人は少ないかもしれない。ところが、この日華条約第二条の英訳*を見ると、一目瞭然、「新南群島」とはスプラトリー諸島である。

* Article 2. It is recognised that under Article 2 of the Treaty of Peace which Japan signed at the city of San Francisco on 8 September 1951 (hereinafter referred to as the San Francisco Treaty), Japan has renounced all right(権利), title(権原), and claim(請求権) to Taiwan Formosa and Penghu the Pescadores as well as the Spratley Islands and the Paracel Islands.

つまり南シナ海に位置するスプラトリー＝南沙諸島はいま大きな国際問題となっているが、原点は日華条約第二条にある。ただし、この第二条の根拠は、サン・フランシスコ条約であり、そこにはこう書かれている。

「第二条a　日本国は、朝鮮の独立を承認して、済州島、巨文島及び鬱陵島を含む朝鮮に対するすべての権利、権原及び請求権を放棄する。b　日本国は、台湾及び澎湖諸島に対するすべての権利、権原及び請求権を放棄する。c　日本国は、千島列島並びに日本国が一九〇五年九月五日のポーツマス条約の結果として主権を獲得した樺太の一部及びこれに近接する諸島に対するすべての権利、権原及び請求権を放棄する。d　日本国は、国際連盟の委任統治制度に関連するすべての権利、権原及び請求権を放棄し、且つ、以前に日本国の委任統治の下にあつた太平洋の諸島に信託統治制度を及ぼす一九四七年四月二日の国際連合安全保障理事会の行動を受諾する。e　日本国は、日本国民の活動に由来するか又は他に由来するかを問わず、南極地域のいずれの部分に対する権利若しくは権原又はいずれの部分に関する利益についても、すべての請求権を放棄する。f　日本国は、新南群島及び西沙群島に対するすべての権利、権原及び請求権を放棄する。」

こうして日華条約第二条が典拠としたのは、サンフランシスコ条約第二条f項であった。

日本が放棄した（放棄させられた）後、これらの島嶼は誰が支配したのか。西沙諸島（パラセル群島、中――西沙群岛、越――Quần đảo Hoàng Sa、英――Paracel Islands）は、旧宗主国のフランスが去ってから、南ベトナムが同諸島の西半分Crescent Group（トリトン島、Triton Island、Đảo Tri Tôn、中建島、北緯一五度四七分、東経一一一度一二分）を占領した。東半分Amphitrite Group（ウッディー島、

Woody Island、Đảo Phú Lâm、永興島、北緯一六度五〇分、東経一一二度二〇分およびツリー島、Đảo Cây、Tree Island、趙述島、北緯一六度五九分、東経一一二度一六分）は、中国が五六年に占領したので、以後一八年にわたって、南ベトナム軍と中国軍の対峙が続いた。ベトナム戦争（一九六五～七五年）末期の一九七四年一月一九日、中国軍が西半分に侵攻して、崩壊寸前の南ベトナム軍を排除して諸島全体を占領したので、同諸島はそれ以後、中国の実効支配下にある。

西沙諸島は、西半分（Crescent Group）も東半分（Amphitrite Group）も中国一ヵ国が実効支配しているのに対して、南沙諸島はモザイクのように実効支配国が入り組んで複雑だ。南沙諸島の実効支配がどのように進展したかを見ると、大きな島から順に各国が占拠していった過程がよく分かる。

Tizard Reefs（鄭和群礁）の一角をなす南沙最大の太平島（Itu Aba Island、北緯一〇度二二分、東経一一四度二二分）でさえも、その面積は〇・四四平方キロにすぎず、一平方キロの半分に満たないことから、礁群の小ささがよく分かる。太平島は、一九四六年に国民政府海軍「太平号」が日本軍から一九四六年に接収したことで、これが通称となった。国民政府はその後台湾に亡命したが、太平島を今日まで実効支配している。台湾の実効支配はこれだけである。

マレーシアの実効支配

Swallow Reef（北緯七度二四分、東経一一三度五〇分、Terumbu Layang Layang）の面積は〇・三五平方キロ、太平島に次ぐ第二の大きさだ。南沙諸島のなかで最も南に位置する。マレーシアが一九七九年に占領し、海軍基地を設けた。漢字名は弾丸礁あるいは燕子島。マレーシアはこれを中核として、Mariveles Reef（北緯七度五六分、東経一一三度五三分、Terumbu Mantanani）と Ardasier Reef（北緯七度三七分、東経一一三度五六分、Terumbu Ubi）、都合三つを実効支配している。

フィリピンの実効支配

Thitu Island（Pagasa）は、北緯一一度〇一分、東経一一四度一一分にあり、面積〇・三三平方公里、南沙諸島第三の大きさである。飲用可能な井戸がある。フィリピンが一九七一年に占領して以来、実効支配を続けている。滑走路あり。漢字の表記は、国民政府軍の「中業号」の接収にちなみ、中業島と呼ぶ。フィリピンはこのほか、Loaita Island（北緯一〇度四〇分、東経一一四度二五分 Kota）、Nansham Island（北緯一〇度四四分、東経一一五度四八分 Lawak）、West York Island（北緯一一度〇五分、東経一一五度〇二分 Likas）、Lamkian Cay（北緯一〇度四三分、東経一一四度三一分 Panata）、North East Cay（北緯一一度二七分、東経一一四度二一分 Parola）、Flat Island（北緯一〇度四九分、東経一一五度五〇分 Patag）、Commodore Reef（北緯八度二二分、東経一一五度一一分 Rizal）の七つ、計八つを実効支配している。

ベトナムの実効支配

ベトナムが一九七四年以来実効支配を続けている Dao Truong Sa（長沙島）が、いわゆるスプラトリー Spratly Island（南威島、北緯八度三九分、東経一一一度五五分）にあり、面積〇・一五平方キロ、南沙諸島で第四の島である。狭義のスプラトリー（単数形）はこの小さな島を指し、広義では、南沙諸島全体を指す（複数形 Spratly Islands）。ここは珍しく古くから井戸があるため、全体の呼称としても用いられたのであろう。ベトナムはこのほか二〇すなわち、①Alison Reef、②Amboyan Reef、③Barque Canada Reef、④Central London Reef、⑤Cornwallis South Reef、⑥Da Gri-san、⑦Da Hi Gen、⑧East

London Reef、⑨Great Discovery Reef、⑩Ladd Reef、⑪Landsdowne Reef、⑫Namyit Island、⑬Pearson Reef、⑭Petley Reef、⑮Sand Cay、⑯Sin Cowe Island、⑰South Reef、⑱South West Cay、⑲Tennent Reef、⑳West London Reef、を実効支配している。

中国の実効支配

中国の実効支配は、台湾、フィリピン、ベトナム、マレーシアと比べて最も遅かった。赤瓜礁（ジョンソン南礁、Johnson South Reef、Đá Gạc Ma、Mabini）は、北緯九度四二分、東経一一四度一七分にあり、南沙諸島西北部の群礁（このグループを英語でUnion Banks and Reef、中国語では九章群礁と呼ぶ）の中核である。一九八八年三月一四日、ベトナムが統治していた赤瓜礁を中国が攻撃し、占領した。これを赤瓜礁海戦（越――Hải chiến Trường Sa、中――赤瓜礁海战、Spratly Islands naval battle）と呼ぶ。中国は当初木造の小屋を建てその後コンクリートに改築し、「中国赤瓜」を書いた。この海戦で赤瓜礁の西に位置する①永暑礁（Fiery Cross Reef、Da Chu Thap 北緯九度三〇分、東経一一二度五三分）、②華陽礁（Cuarteron Reef、Da Chau Vien 北緯八度五一分、東経一一二度五〇分）を占領し、③東の東門礁（Kennan Reef 北緯八度四八分、東経一一一度三四分）を占領し（九章群礁の一角）、④南薫礁（Gaven Reef、Da Gaven 北緯一〇度一三分、東経一一四度一二分）、⑤渚碧礁（Subi Reef、Da Subi 北緯一〇度五四分、東経一一四度〇四分）などの岩礁・珊瑚礁を手に入れた。この戦闘でベトナム水兵七〇名以上が死亡した。

赤瓜礁海戦はなぜ発生したのか。一つの契機は一九八二年ロサンゼルスで開かれた国連海洋法会議だ。ここで新領海基法と排他的経済水域（ＥＥＺ、専属経済区劃分）が定められたので、ＥＥＺ線引き騒ぎがもち上がった。加えて、一九八五年からユネスコ政府間海洋学委員会（ＩＯＣ）が推進している全球的な海面水位監視ネットワーク「全球海面水位観測システム」（GLOSS = Global Sea Level Observing System）が動き出し、全世界で約三〇〇の検潮所が登録された。これらの検潮所で得られた海面水位データを、海面水位の長期変動監視や海洋研究等の目的で利用する計画だ。中国は、五個の検潮所を引き受けることになり、うち二つは西沙と南沙に各一個設けられることになった。

中国はこれを奇貨とし、南沙に海洋観測站を建設する名目で、海軍艦艇の編隊を南沙群島に巡航させた。一九八八年一月三一日南海艦隊護衛艦五五二号「宜賓」は、永暑礁に第七四号海洋観測站の建設のため上陸し、五星紅旗を掲げた。三月一四日中国海軍五三一号「鷹潭」と五五六号「湘潭」が到着、ベトナム軍六〇四号武装運輸船からも四三名が赤瓜礁に上陸しベトナム国旗を掲げたので、先に上陸していた中国軍五八人とにらみ合い、まもなく銃撃戦となった。砲撃を受けたベトナム軍六〇四輸送船が沈没し、帰路を失ったベトナムの上陸兵士は投降し、五〇五上陸艦も白旗を掲げた。この海戦勝利により、中国は九章群礁周辺の六個の礁を占拠し、南沙諸島に軍事拠点を構築することに成功した。

その後、一九九五年二月二日フィリピン軍偵察機とパトロール艦がミスチーフ礁（北緯九度五二分、東経一一五度三〇分）に中国が建築物を作っていることを発見し、九二年アセアン会議で採択された「南シナ海宣言」に違反すると抗議の覚書を中国につきつけた。中国側は「軍事施設ではなく、漁民を守るための生産施設だ」と弁解した。同年一一月二九日フィリピン海軍は仙娥礁（Alicia Annie Reef、北緯九度二五分、東経一一五度二六分）附近で漁業に従事していた中国漁民二〇名を拘留し、投獄した。九八年後半から九九年初にかけて、ミスチーフには鉄筋コンクリート建て三階の建築物が四楼作られ、江湖級護衛艦が防衛している。

こうして中国は、八〇年代の赤瓜礁海戦でベトナムから獲得した六個およびフィリピンから獲得したミスチーフ（美済）、計七個を実効支配している。

4　米中戦略・経済対話

第二回米中戦略・経済対話（北京）二〇一〇年五月

第二回米中戦略・経済対話（S&ED）は二〇一〇年五月二四日・二五日、北京で開かれた。これには米国側からヒラリー・クリントン国務長官以下二〇〇名の大代表団がワシントンから北京入りして、「国務省の大移動」とさえ、マスコミははやしたてた。*

* 国務省のホームページによると、クリントン国務長官のアジア訪問日程は以下のごとくであった。

Secretary of State Hillary Rodham Clinton traveled to Japan, China, and Korea, having departed Washington, DC, on May 20. Secretary Clinton visited Tokyo (May 21), Shanghai (May 21-23), Beijing (May 23-26), and Seoul (May 26). Secretary Clinton traveled to Tokyo on May 21 to discuss regional and global issues with our Japanese ally. In Shanghai, Secretary Clinton visited the 2010 Shanghai Expo. While at the Expo, she attended a dinner in honor of the USA Pavilion sponsors and others who helped develop the USA Pavilion. On May 23, she participated in a commercial diplomacy event to highlight the importance of U.S. market access and job creation. In Beijing, Secretary Clinton and Treasury Secretary Timothy F. Geithner joined their respective Chinese Co-Chairs, State Councilor Dai Bingguo and Vice Premier Wang Qishan, for the second joint meeting of the U.S.-China Strategic and Economic Dialogue. Over a dozen U.S. cabinet members and agency heads made up the U.S. delegation. On May 26, the Secretary traveled to the Republic of Korea and met senior government officials to discuss regional stability and other issues with our Korean ally. The Secretary returned to Washington, DC, on May 2.

クリントン長官は、北京に先立って東京には三時間立ち寄り、辞任直前の鳩山由紀夫首相と会談したが、彼女の中国滞在は五日間（五月二一～二五日）に及んだ。「三時間と五日間」の対比は、米国の対中スタンスを象徴するように見受けられる。五月一九日の国務省スペシャル・ブリーフィングで、キャンベル次官補は、「二〇〇名の役人が対話に参加すること、国防総省と太平洋軍司令部を含め、事実上米国政府のすべての部門を含む」と説明した。*

* This is one of the largest groups of cabinet and subcabinet officials from the United States ever to visit China. We'll have a total group of almost 200 officials that will be there during this two-day session. It includes virtually all elements of the U.S. Government, also key players from the Department of Defense and U.S. Pacific Command as well.

米国側が軍関係の「国防総省と太平洋軍司令部」に言及したのに対して、中国側はカウンターパートを明らかにしなかった。解放軍は間違いなく対話の相手役を出席させたはずだが、出席者名と発言内容は伏せられている。しかし個別の報道から、馬暁天副総参謀長の出席と発言要旨は確認できる。「第二回米中戦略・経済対話の枠組みのもとで開かれる経済対話」の米中双方のメンバーはまさに、両政府のすべての部門を含むものであった。*

* 中国側の出席者は次のごとくである（軍関係を除く）。
財政部長・謝旭人、発展改革委主任・張平、商務部長・陳徳銘、衛生部長・陳竺、人民銀行行長・周小川、質

検総局局長・王勇、銀監会主席・劉明康、証監会主席・尚福林、保監会主席・呉定富、中国駐美大使・張業遂、国務院副秘書長・畢井泉、中央財経工作領導小組辦公室副主任・劉鶴、外交部副部長・崔天凱、発展改革委副主任・張暁強、科技部副部長・曹健林、工業和信息化部副部長・婁勤倹、財政部副部長・朱光耀、交通運輸部副部長・徐祖遠、農業部副部長・牛盾、人民銀行副行長・易綱、海関総署副署長・孫毅彪、法制辦副主任・袁曙宏、進出口銀行行長・李若穀。

米国側の出席者は Second Meeting of the U.S.-China Strategic & Economic Dialogue Joint U.S.-China Economic Track Fact Sheet, Dept.of Treasury によれば、次のごとくである。

Secretary of the Treasury Tim Geithner, • U.S. Ambassador to China Jon Huntsman, • Secretary of Commerce Gary F. Locke, • Secretary of Health and Human Services Kathleen Sebelius, • U.S. Trade Representative Ronald Kirk, • Chair of the Council of Economic Advisors Christina Romer, • Director of the Office of Science & Technology Policy John P. Holdren, • Chairman of the Federal Reserve Ben Bernanke, • President of the U.S. Export-Import Bank Fred P. Hochberg, • Chairman of the Federal Deposit Insurance Corporation Sheila C. Bair, • Director of the U.S. Trade & Development Agency Leocadia Zak, • Administrator of the Energy Information Administration Richard Newell, • Under Secretary for International Affairs of the Department of Treasury Lael Brainard, • Under Secretary for Economic, Energy and Agricultural Affairs of the Department of State Robert D. Hormats, • Under Secretary for Farm and Foreign Agricultural Services of the Department of Agriculture Jim Miller, • Special Assistant to the President for International Economics and Senior Director of the National Security Council David Lipton, • Deputy Under Secretary for International Affairs, Department of Labor Sandra Polaski, • Assistant Secretary for Policy and International Affairs, Department of Energy David B. Sandalow, • Director of the Office of International Affairs of the Securities and Exchange Commission Ethiopis Tafara, • Director of the Office of International Affairs of the Commodity Futures Trading Commission Jacqueline Mesa, • Deputy Assistant Secretary of the Department of Transportation Susan McDermott, • Department of Justice Antitrust Division Economics Director of Enforcement Kenneth

Heyer, • Iowa State Insurance Commissioner Susan Voss.

米中対話は「戦略対話」と「経済対話」からなる。前者は、米中双方が米中関係、リージョナル問題、グローバル問題について深い討論を行なった。「戦略対話」の枠組みの下で、両国の関係部門は、エネルギーと安全、気候変化、国連の平和維持活動、反テロリズム等の問題をそれぞれの担当者が協議するとともに、米中双方の会談を行なったと報じられた。

北京発新華社電は二〇一〇年五月二四日、中国側のスポークスマン馬朝旭によるとして、米中戦略対話初日におけるイラン・北朝鮮核問題に触れて、戴秉国とヒラリーが議長を務める午前の非公開会議は一時間行なわれた、と伝えた。*

* China says consultation should be kept up with U.S. on nuclear issues 2010-05-25. "Prior in the morning, the two countries' delegates held an hour-long close door meeting of the strategic track. Chinese State Councilor Dai Bingguo and U.S. Secretary of State Hillary Clinton co-chaired the talks."

なぜ非公開なのか。台湾問題、軍事問題に関わるデリケートなトピックのためだ。五月二五日発新華社電はこう伝えている。解放軍副総参謀長馬暁天が、米国太平洋軍ロバート・ウィラード司令官、国防総省アジア太平洋地区担当ウォーレス・グレグソン次官補に対して、台湾への六四億ドル相当の武器売却が米中対話への障害になっていると指摘した、と。*

* Arms sales to Taiwan remain "biggest" obstacle to China-U.S. military ties: Chinese military official 2010-05-25— A

senior Chinese military official said Tuesday 25 that U.S. arms sales to Taiwan remain the biggest obstacle to China-U.S. military ties. At the request of the U.S., Ma Xiaotian, deputy chief of the General Staff of the Chinese People's Liberation Army made the remarks when meeting with U.S. Commander-in-Chief of Pacific Command Robert Willard and Wallace Gregson, Assistant Secretary of Defense for Asian and Pacific security affairs, who are attending the second round of China-U.S. strategic and economic dialogues in Beijing.

とはいえ、台湾への武器売却に中国が一貫して抗議し続けてきたことは周知の事実であり、これを特に秘す理由はあるまい。では、何が問題なのか。

馬暁天は「中国の核心利益と主な関心事を米国が尊重するように求めた」と報じられたが（U.S. respect for China's core interests and major concerns was the key to the resumption of sound and steadily developing bilateral military ties, Ma said）、ここで「中国の核心利益」として、台湾・チベット問題に加えて、南シナ海にも言及した可能性が伝えられている。どのような文脈における、どのような表現であったのか、真相は藪の中である。

しかし、米国側はこれに対して、即座に反論し、激論になったことは、容易に推測できる。というのは、この米中対話を直接的契機として予定されていたゲーツ国防長官の訪中受入れ拒否が米側に通告されたからだ（ＡＦＰ通信は六月二日、米国防省の匿名の関係者一人の話をもとに、「中国が今はゲーツ長官の訪中に適した時期ではないと伝えてきた」と報じた。ＡＰ通信も、ゲーツ長官の匿名の側近を引用し、同じ発言を伝えた。これに対して中国外交部はコメントを拒否した、と報じた）。

ゲーツ国防長官の訪中受入れ

ただし、拒否事件が報道された直後、中国国防省当局者は、ワシントンで一二月一〇日開かれた米中防衛協議で、ゲーツ国防長官が二〇一一年一月一〇日から訪中することで両国が合意したことを明らかにした（二〇一〇年一二月一一日の新華社電）。さらに中国人民解放軍の陳炳徳総参謀長も二〇一一年訪米する意向と報道された。ゲーツ長官の訪中は一月一〇～一四日まで五日間の日程で、中国国防省当局者は「ゲーツ氏訪中で中米両国軍の理解が深まり、両軍関係の健全で安定した発展に積極的な役割を果たすことを希望する」と述べたと共同電が報じた。二〇一〇年六月五日にシンガポールで行われた通称シャングリラ会合（各国の軍関係者の集まる第九回ＩＩＳＳアジア安全保障会議＝シャングリラ会合。日本からは北沢防衛相が出席して、「国際公共財としての海洋と我が国の施策」と題した演説を二〇一〇年六月五日に行なった）での、ゲーツ国防長官と中国解放軍の馬暁天副総参謀長や国防大学の朱成虎少将*との激論のしこりは修復された。

* 朱徳の外孫、現国防大学教授。「軍内のタカ派」として知られる。二〇〇五年に香港での「中台間の紛争に米国が介入したら、我々は米国に対して核の使用をいとわない」(In 2005, Zhu said China would use nuclear weapons against the US if Washington intervened militarily in a conflict between Beijing and Taipei) という発言が物議をかもしたことがある。この発言は、新聞に大きく取り上げられた（"Sino-US military tensions on full display," *South China Morning Post*, June 6, 2010)。

ゲーツ長官と馬暁天らは、どのような激論を交わしたのか。馬暁天は台湾への武器売却と米軍による南シナ海と東シナ海における調査活動が軍事交流再開の障害になると述べたと伝えられる（The lead PLA delegate, General Ma Xiaotian, for example, said arms sales and US surveillance operations in the South and East China Seas were obstacles to the resumption of exchanges)。これを受けてゲーツ長官は、中国の言い方は南シナ海に対する米国の憂慮を深めるものだと表明した（Gates' address made clear that Washington was not about to budge on such issues, and expressed deepening US concerns over the South China Sea)。

報じられた以上のやりとりからわかるように、中国も米国も、南シナ海の主権について直接言及しているわけではない。その後、韓国哨戒艦「天安」爆破事件で米国が空母を派遣して黄海で韓国と合同軍事演習を行なおうとしたことに対し、中国は猛反発をして、演習の真の目的は北朝鮮ではなく中国への威嚇であり封じ込めであるという論調が香港に溢れた。黄海での演習に対し最初に公開で反対を表明したのは馬暁天副参謀長で、二〇一〇年七月一日香港のフェニックス・テレビのインタビューに答えたものであった。その後外交部スポークスマンが七月八日に会見で同じ趣旨を述べ、軍当局の馬暁天発言から一週間後に外交部か追認し、これを確認する行為が行なわれた。ここには、軍内強硬派の意見が穏健な外交部をリードする構図が典型的な形で現れ、シビリアン・コントロールのゆくえに重大な危惧を抱かせるものとして注目された。

こうして米中対話から半年後に、あるオーストラリアの新聞は、シェリダン記者（Greg Sheridan）のクリントンに対するインタビューを踏まえて、戴秉国が、南シナ海全体が台湾やチベットと同様に、中国の核心利益だと語ったとするクリントン発言を紹介した。*

* *Weekend Australian*, November 13, 2010. Clinton Resolute on the Alliance, by Greg Sheridan: Clinton stressed her commitment to positive dialogue with Beijing, but then said: "We know there are the usual challenges we've had to navigate,

including Tibet and Taiwan, and in so doing we've made it clear to the Chinese that we will not agree with them. But we continue to press them." I asked Clinton about China's strenuous claim to sovereignty over the whole of the South China Sea, its furious denunciation of Japan for arresting a Chinese fishing captain who rammed a Japanese naval vessel, its apparent decision to halt rare-earth minerals exports to Japan as part of this dispute and its declaration that the US should not sail aircraft carriers in the Yellow Sea near the South Korean coast. She said: "With some of these recent activities we see it as part of the testing process that countries go through." She nominated the South China Sea dispute as an example of the US response to recent Chinese postures: "When the Chinese first told us at a meeting of the Strategic and Economic Dialogue that they view the South China Sea as a core interest, I immediately responded and said we don't agree with that." Clinton confirmed to me that it was the Chinese State Councillor responsible for foreign policy, Dai Bingguo, who described the South China Sea to her as a core interest of China. This is significant because some Chinese spokesmen have tried to cast doubt on whether this statement was made, because it generated such hostility within the region. The reason for this is because the term "core interest" elevates the frankly preposterous Beijing claim over nearly the whole South China Sea to the same level as Beijing's view of its sovereignty over Tibet and Taiwan, in both of which cases it has repeatedly said it is prepared to go to war. Clinton continued: "So they (the Chinese) were on notice that if they were in the process of extending their efforts to claim and control to the detriment of international law, freedom of navigation, maritime security, the claims of their neighbours, then it was a concerning matter."

とはいえ、この記事だけを読むと、あたかも戴秉国国務委員がクリントン国務長官に直接述べたように誤解しかねないもので、この書き方は七月三日共同電に似ている。情報源が同じことを示すものであろう。しかし、五月二四～二五日の米中対話の経緯を細かく見てきた者にとっては、この発言が馬暁天副総参謀長の発言であることは明らかであろう。そして、この発言は、戴秉国とクリントンが共同で議長を務める会議での発言であることによって、「戴秉国からクリントンに伝えられた」とする解釈が広まったものと推測できる。

すでに指摘したシンガポール紙八月二三日電、加坡『聯合早報』の評論「南中国海為何成為『核心利益』?」*が、南シナ海全体を「中国の核心利益」とみなすことの問題性に警告したのは、事実上、軍の行き過ぎに対する胡錦濤執行部の牽制と見てよいが、例えば黄海における軍事演習批判の基調においては、軍主導の方針を外交部が追認した一幕も確認できよう。

* 中新網八月二三日電、新加坡《聯合早報》二三日刊出評論《南中国海為何成為「核心利益」?》、文章説、近日有媒体報道中国将対南中国海問題的表述、升級為中国的「核心利益」。北京専家予以反駁説、無確鑿出処又被広為報道的「核心利益」之説、是個有待澄清的誤解。美国会将之解読為中国在東亜劃定勢力範囲的信号、是極不明智。您認為、現階段中国有無必要将南海明確為「核心利益」? 将南海明確為「核心利益」是否有助于維護主権?

むすび

二〇一〇年五月末の米中対話以後、年末のゲーツ訪中決定までの約半年は、台湾への武器売却と、北朝鮮の挑発的軍事行動の受け止めをめぐって、米中が厳しく対立した時期であった。まさにこの最中に、尖閣周辺での中国漁船長の拘束事件が起こったわけである。これは巨視的に見れば、米中和解・協調への対話劇という大きなドラマの幕間の渦に、日本が無自覚のうちに巻き込まれ、翻弄されたことを意味する。

この事件を通じて、「日米同盟の深化」「南西諸島への自衛隊の配備」といった、対中強硬路線に民主党政権が揺れたかにみえるのは危うい。現に、頼みの米軍はすでに米中軍事交流を復活させ、ゲーツ訪中にまで至り、「中国を敵視しない」米国のスタンスを再確認している。日本がいま日米安保をどのように見直し、中国を敵視することの是非を含めて、真剣に検討すべき時期にあることは明らかである。その場合、米中の力の均衡が「軍事力と経済力の双方」において、バランスは中国に傾斜しつつある事実を冷徹に認識することが何よりも肝要である。

第4章　日本外交を憂う――日中戦略的互恵関係のために何が必要か――

今晩の話は、「日本外交を憂う」と題しました。

二〇一〇年九月七日に尖閣諸島という無人島沖で発生したトラブルは、歴史的な視点から、そして巨視的に鳥瞰することがどうしても必要だというのが、強調したい論点の一つです。ベルリンの壁が崩れたのが一九八九年です。二〇一〇年は、東西ドイツ統一から二〇年でした。二〇一一年は、旧ソ連が解体して二〇年、冷戦体制が終り、「ポスト冷戦」期が始まって二〇年です。この二〇年の「ポスト冷戦という中間期」を経て、二一世紀の「新しいグローバル秩序」のフレームワークが、東アジアで生まれつつあります。変化を先取りして少し誇張するわけですが、一種のパラダイム転換かもしれません。東アジアの新しい国際秩序の枠が見え始めたのが今の状況だと考えています。

それを考えるうえで、二つのキーワードがあります。その一つは、中国が言っている「核心利益」(core national interest)という言葉、すなわち「さまざまな国益の中で核心部分」という意味です。最近は、日本のマスコミも、時々これを言うようになってきていますが、この言い方についていささか誤解が見られるようです。

1 国際公共財――公共財の意味が理解できていない前原外相

もう一つのキーワードは、アメリカの言っている「国際公共財」(international public goods)です。前原誠司外相は、ニューヨークでヒラリー・クリントン国務長官と会談した際に「日米同盟が公共財だ」と言いました(二〇一〇年九月二三日外務省ホームページ「日米外相会談概要」)。ところが、その二ヵ月前の八月中旬に、国防総省年次報告書がやはり「国際公共財」というキーワードを用いています。何が国際公共財なのか。国防総省報告書「中国における軍事・安全保障の展開」(Military and Security developments Involving the People's Republic of China) が言っている公共財とは、中国の人民解放軍の役割です。*

* The pace and scope of China's military modernization have increased over the past decades, enabling China's armed forces to develop capabilities to contribute to the delibery of international public goods, as well as increase china's options for using military force to gain diplomatic advantage or resolve disputes in its favor. 〔下線は矢吹〕

前原外相が強調したように、アメリカがこれまで「日米同盟を公共財」と表現してきたのは事実です。「公共財」というのは、経済学の用語ですが、日米同盟であれ、中国人民解放軍の役割であれ、これを「公共財」と呼ぶのは、政治的転用でいささかおかしいのですが、それはさておき、日本の外相が用いたこのキーワードを、米国務省が日本と対立した中国軍の行動を指して用いているのは、何と皮肉な成行きでしょうか。米国の真意はどこにあるのか、追究せざるをえないのです。

冒頭の要約（Executive Summary）の一節で、このキーワードを用いているのは、明らかにオバマ、ヒラリー路線が「勃興する中国」に向けて送ったメッセージと解すべきです。中国の軍事力の一部の機能を「国際公共財」と称したことに、私は大変驚いたのです。このような積極評価は、おそらく朝鮮戦争以来、初めてではないか。米中協調（結託）時代が始まったことを象徴する言い方ではないかと思います。

むろんこれは直接的には「平和維持活動や災害救助、反テロ作戦における米中協力」を評価したわけですが、話はそこにとどまるはずはない。それがどこに行き着くか、その行き先が問題です。じつは、私がもっと驚いたのは、前原外相の「日米同盟公共財論」は、日本のすべてのマスコミが大きく報道したにもかかわらず、ベンタゴン報告書が中国軍を公共財と称したことを報道したものは、ほとんど皆無であった事実です。これはきわめて危うい事態ですね。

2　まちがった見通し

船長逮捕は的確だったのか

日中トラブルの発端に戻ります。川田康稔さんが英『エコノミスト』（二〇一〇年九月一八日号）の記事を教えてくれました。これは、日本のマスコミ報道とは全く異なる内容です。「ある日本人役人は、『漁民が挑発的に振る舞うように、中国政府が激励したことはない』と語った」と言うのです。「もしかして船長は酔っ払いか」（A Japanese official says there is no evidence the Chinese government has been encouraging fishermen to behave provocatively. He says the captain could have been drunk.)。英『エコノミスト』誌の解釈は、いわば「酔っ払い船長の暴走」説です。酔っ払い船長が巡視艇に囲まれた後、必死に逃げようとして巨大な「よなくに」に体当たりした「海上の交通事故」と、「故意の公務執行妨害」とでは、大違いです。

〔追記〕　六分五〇秒のビデオを見せられただけの国会議員には、「衝突の局面」はわかったとしても、なぜ衝突に至ったのか、その「経緯と背景」はわからないはずです。その後、四〇分のビデオが流出したのですが、これでも、まだ全貌はわからないでしょう。「閩晋漁五一七九号」は一隻で日本領海に入ったのでしょうか。仲間とともに来て、逃げ遅れた一隻が、三隻の巡視艇に包囲されたのではないか。ビデオは一〇時間分ある由です。ビデオ撮影が何時何分に始まり、衝突がどのように繰り返され、船長がどのように逮捕されたのか。肝心のことは「編集された圧縮ビデオ」では何もわからない。衝突場面ばかりを見せられて「故意の、悪意ある衝突だ」と繰り返しているのは、対中ナショナリズムの煽動に見えます。

尖閣事件は大きく三段階に分かれ、エスカレートしました。九月七日昼の衝突から八日未明の逮捕が第一段階。二〇〇四年には無人島に上陸した中国人活動家たちを拘束しましたが、処分保留のまま強制送還しています。違法操業の漁船は追い返せば、それで終わり、それがこれまでの慣行でした。今回は「日中問題にはならない」という判断のもとに逮捕した由ですが、その見通しは明らかに間違いでした。

もう一つ、二〇〇八年に、台湾の漁船「聯合号」と日本の巡視艇がぶつかって、沈没させた。これに対しては、賠償金を払っています。今回中国側は、船長の釈放後に、「賠償金を払え」と言ってきました。あれは、「台湾には賠償を払った」事実を踏まえて、扱い方の違いを示唆したものと解されます。しかし、台湾への賠償金支払いの事実に言及したマスコミの解説は、あったでしょうか。「『船長を釈放しろ』と言うから釈放したのに、『賠償金を払え』とは何事か」と煽る論調ばかりがめだちました。台湾の釣り船に対して賠償金を払った事実（支払いが妥当かどうかは疑わしい）を中国はよく覚えていて、それをちくりと言ってきたのではないか。

判断ミスを犯した権力の空白

一一日の土曜日の夜から一二日未明の大使の呼び出しについて、日本側は「大使を深夜に呼び出すとは何事だ。無礼千万だ」と、一斉に反発しました。しかし、その後中国側から「そこに至るプロセスがあった。夕方、丹羽宇一郎大使に連絡したが本国と連絡がつかないということだった」と。「そのとき、大使は宴会のようだった」とも聞きました。仕方なく、戴秉国《たいへいこく》氏（中央外事工作領導小組弁公室主任兼中央国家安全工作領導小組弁公室主任）は岡田克也外相の携帯電話に連絡したが、岡田外相は電話を取らなかったようです（ただし、これについて日本側は、「岡田外相への直接電話はなかった」と反論したとも聞きました。藪の中です）。

中国側は大事にいたることを危惧して焦っているわけですから、その後、やむなく丹羽大使にもう一回連絡をつけ、呼び出したのが日曜日の未明でした。これも、両方の言い分が全く食い違っていて、お互いに不信感をあおっているところがあります。しかし、どちらかといえば、日本マスコミが先に、「無礼だ、無礼だ」と騒いだことは事実でしょう。岡田外相がなぜ電話を受けなかったのか（電話があったとして）理由はわかりませんが、一四日に民主党の総裁選挙が予定されており、浮足立っていたのかもしれない。誰が首相になるかわからない情況で、いわば「権力の空白」といった感じでしょうか。ここで外交レベルでの調整が完全に行き詰まり、報復措置の発動という政治問題になってきます。酔っ払い船長の交通事故や、ハプニング衝突事故としてもみ消す道が断たれたことになります。

足りない日本の外交センス

それから一〇日後、温家宝首相は、ニューヨークでの華人相手の、いわば内輪の会合で、「船長を釈放しなければ対抗措置を取る」、「さらなる行動を取る」と言明しました。温家宝首相は、政権内部ではむしろ穏健派と見られていますが、そこまで強硬発言をせざるをえない立場に追い込まれたということでしょう。さもないと「対日売国奴（漢奸）外交」と罵られる。国連総会の演説では、「主権や領土では屈服も妥協もしない。核心利益を守る」と強調しました。ただし、彼は「核心利益」というキーワードを使っただけで、この「核心利益」の中身が何かは語っていませんし、慎重に避けています。

蓮舫議員は、閣議後の記者会見で尖閣について発言しました。後で彼女は、「尖閣諸島について領土問題が存在するかのような誤解を与えたとすれば、全く本意ではないため、訂正させていただきます」と弁解した。私の理解では、領土問題は確実に存在しているのです。中国の「領海法第二条」では、「これは中国のものだ」と、はっきり言っています。先に言及した米軍の年次報告書も、一貫して「ここは紛争地域だ」と「紛争地域」(disputed territories) に数えています。

日本が「固有の領土だ」と主張するのは当然として、それだけでは外交問題の解決にはなりません。中国も「自分のものだ」と言い、アメリカは「どちらにも与しない」(United States takes no position on competing sovereignty claims) と述べている点が重要です。蓮舫氏は、発言した途端に袋だたきで、正しい問題提起が潰されたのは惜しい。中国の領海法は一九九二年から施行されています。「日本としては、中国側主張の正当性は認めないけれども、相手側がそのように主張している現実」を認めたうえで、ようやく対話ができます。しかし、「自分たちの固有のものだ」と繰り返すだけでは外交になりません。

3　核心利益を語る理由

尖閣問題は南シナ海と同列か

南シナ海の多くの島嶼の実効支配情況を見ると、ベトナム、中国、フィリピン、マレーシア、台湾、ブルネイそれぞれが主張する国境線が、入り組んでいます。

温家宝発言を報じた共同通信電に、少し文句をつけたいところがあります。「温家宝首相は、主権や核心的利益には具体的には触れていないけれども、尖閣では譲歩する考えはない」。ここまではいいとして、問題は、「核心的利益」の範囲について、南シナ海における対ベトナム紛争などを「チベット、台湾」(「蔵独」、「台独」)と同列に論じていることです。これは非常にミスリーディングです。

これは中国とアメリカの間で非常にシビアな交渉をやっている核心部分ですが、「チベット自治区、台湾省、新疆ウイグル自治区についての『独立』は絶対認めない。それは核心利益だ」と、明言しています。ところが、南シナ海や尖閣については、核心利益に入れていません。ただし、「入れよう」という軍部の強硬派はいます。それを煽る論客(朱成虎少将、羅援少将など軍内太子党)もいます。そういう中で、中国内部では、穏健派と強硬派が「核心利益の対象・範囲」をめぐって綱引き、権力闘争をしています。

今回の事件は、図らずも、そういうところへ、結果的に日本が介入するかたちになった。その結果、中国としては、いわば強硬路線で発言するように追い込まれた面があり、それゆえに中国のイメージは「北朝鮮と同じ」ところまで悪化したのです。

中国軍の公共財性を認める米軍

前原外相がヒラリー国務長官に「日米同盟は公共財である。従って、同盟の深化が必要である」と言ってもらい、得意になったことはすでに指摘しました。しかしアメリカは「中国軍の行動の一部が公共財だ」と言っているわけですから、アメリカはいわば二枚舌です。

日米安保は、過去半世紀の遺産を引きずっています。しかし、中国に「あなた方の武装力も国際公共財ですよ」と微笑を送るのは、「二一世紀の中国」に期待を寄せているわけです。アメリカは中国に、そこまでリップサービスしています。前原外相はニューヨークで、尖閣諸島は日米安保第五条の適用範囲だから、尖閣ではアメリカが日本を助けてくれるようなことを言いましたが、極めてミスリーディングと思われます。

なぜかと言いますと、日米（2＋2）は二〇〇五年に「日米同盟――未来のための変革と再編」という文書を作っています。その中では、「島嶼部への侵略は日本が対処する」となっています。「島については、日本自身が防衛する。日米安保の対象範囲内にはあるけれども、日米安保の課題ではない」と書かれている。「島の防衛ぐらいは自衛隊がやりなさい。そこまで守るのが日米安保ではない」と、はっきり言っています（Japan will defend itself and respond to situations in areas surrounding Japan, including addressing new threats and diverse contingencies such as ballistic missile attacks by guerilla and special forces, and invasion of remote islands.）

米中協調体制が世界を決める

私は、二〇〇九年二月二〇日の当協会（アジア研究懇話会）講演で、「チャイメリカ＝米中結託＝協調体制こそが、これからの世界を決めていく」と解説しました。その後、二〇〇九年七月に中国の外交政策の転換が行なわれ、米中関係も変わり始めました。中国としては、ぎりぎりの譲れないボトムライン（底線）は何かを、アメリカにはっきり伝えたいわけです。その交渉を重ねています。その「底線」が、まさに「核心利益」（コア・ナショナル・インタレスト）というキーワードの意味です。

米・中は、その交渉をどのようにしてやってきたのか。二〇〇九年七月に中国は各国に派遣した全大使を一時帰国させて大使会議をやっています。北京に世界中の大使を呼び戻し、重要な会議を開き、胡錦濤が短い演説をしたと伝えられています。

なぜ大使会議を開いたのか。七月二七～二八日に、王岐山（副総理）と戴秉国（国務委員）に率いられた中国の代表団がワシントンに行き、そこで「米中戦略・経済対話（S&ED）」をしています。この戦略対話の中では、朝鮮問題はいうまでもなく、イラン、アフガン、パキスタン情勢まで議論しています。そして、二〇一〇年三月にスタインバーグ国務副長官が中国に行っています。これは、一般に朝鮮問題のためと報道されましたが、本当は違います。台湾に武器を売ったという「台湾問題」と、オバマ大統領がダライ・ラマ一四世と「会見した」ことに伴うしこりの調整と見られます。

調整を踏まえて、二〇一〇年五月二四日・二五日に「第二回米中戦略・経済対話（S&ED）」が北京で行われた。このときにヒラリー・クリントンは、二〇〇人の国務省高官を引き連れて訪中し、密度の高いしっかりした会議を二日間やっています。日本に滞在したのはわずか三時間で、鳩山由紀夫首相と会っただけです。中国には五日間（五月二一～二五日）滞在しました。「三時間と五日間」の差だけでも、アメリカが日中どちらを重んじているかは、すぐにわかると思います。

裏目に出た胡錦濤「外交政策の転換」

二〇〇九年七月の大使会議が非常に重要だと言いました。中心は胡錦濤国家主席の演説です。「鄧小平時代を通じて、ひたすら低姿勢（韜光養晦）でやってきた。しかし、もうそろそろ実力が整い、外国からも期待されているので、『積極外交』に転じてもいい時期が到来した」というのが胡錦濤演説の趣旨でした。中国のマスコミは、「基本的な外交原則」を明らかにしたと言っています。その中身は、第一に、「政治的には影響力を強めたい。第二に経済的には競争力をつけたい」です。第三に、対外的外交イメージとしては、「親和力を持った外交」でなければいけない。第四に、道義的には「感召力（感化力、アピール力）をもった外交」です。この四つが「胡錦濤の新外交」の特質だと解説されています。

ところが、「新外交」は、日中に関する限り、全く裏目に出た。中国は対日強硬路線へ図らずも追い込まれ、レアメタル禁輸やフジタの社員を拘束するなど、今までになくエスカレートしたので、内外の対中イメージはひどく傷ついた。胡錦濤の「積極的な外交政策」に転じた意図は全く裏目に出た。最悪です。

それは中国内部で主として対米を意識して「新しい外交への転換」を模索した過程で、強硬派と穏健派の綱引きの最中に、隠れていた強硬派が表に出てしまったということです。鄧小平は「絶対にでしゃばらない」（決不出頭）を強調しました。そのために、今までは外交的に受け身になったという総括をした。しかし、「これからは、核心利益を底線として守りつつも、共同利益を求めて、より積極的に出よう」と考えたのです。

曖昧で不透明な「核心利益」

胡錦濤の新しい方針が出た直後に二〇〇九年七月の米中対話が行なわれた。王岐山は、アメリカ国債・住宅債（ファニーメイ、フレディマック）を買う対外金融担当の副総理です。戴秉国の名は、最近、日本でも話題になっていますが、戴秉国の役割は極めて重要です。この米中戦略対話に際して、中国のマスコミは、「戴秉国は『胡錦濤の特使』*としてアメリカと交渉する」と、はっきり説明しています。ということは、「外務大臣より少し上のレベル」という程度ではありません。戴秉国の発言は、「胡錦濤の代弁」として、注目しなければいけないはずでした。

＊ スタインバーグ副長官と戴秉国国務委員の数回にわたる公式・非公式の対話がウィキリークスによって確認された。個々の論点に立ち入る紙幅はないが、戴秉国の肩書について、「胡錦濤主席の特別代表」(President Hu's Special Envoy) とする説明を二〇〇九年九月二九日に訪中したスタインバーグに対して秘密会談のなかで行ない、しかもこれは「このような肩書を付さないと金正日が会見に応じないからだ」と説明した点が重要である。戴秉国は李明博韓国大統領との会談(一一月二七〜二八日)に続けて、一二月九日に金正日と会談した事実と重ねて観察すると、キーパーソン戴秉国の役割を改めて確認できよう。

ところが、その戴秉国からの電話を岡田が取らないというのは、米中密談が何を話題としているかについて全く鈍感な態度です。表の対話だけではなく、「米中秘密の対話」にまで言及されているのが今日の米中関係です。「秘密会議で、中国のコア・インタレストは何かについて徹底的に議論した」と報道されています。日本ではそのフォロー報道がほとんどないので、中米関係の内実がわからなくなっていると私は思います。繰り返しますが、二〇〇九年七月の米中対話では、朝鮮問題はもちろん、イラン、パキスタンの問題など、「どれ一つを見ても中国と合作しない限り、うまくいかない」と中国メディアは得意気に書いています。米中対話は、単なる経済対話ではありません。

そこで「核心利益」が表面に出てきました。中国側は、核心利益について多くを語らないし、語れない。内部が固まっていないからでしょう。むしろアメリカが、『自由アジア』という対外宣伝放送で、「中国は、こういう強硬論を言っています」と流した情報操作に踊らされているように見えます。柱は「一党独裁の社会主義を守る。主権と領土を守る」といったものです。これに尾ひれがついて、「中国は、南シナ海、東シナ海までを含め、核心利益を追求する」といううわさが横行しました。中国は、それを必死に否定していますが、否定しきれない。なぜかというと、それを語る強硬派もいるからです。その意味で、何が中国のいう「核心利益」で、何が「共同利益」なのか、じつに曖昧で不透明です。そういう中で、中国新外交への疑心暗鬼が世界的に広まりました。

米中衝突を避けたい中国

ポイントは、中国のいうボトムライン（底線）の内実です。「情報の非対称性」とは、現代経済学でよく使う言葉ですが、そういう言葉まで使って「誤解を避けることが肝心だ」と解説しています。要するに、米・中間でお互いに情報を密に交換して、「絶対に誤解し合うことのないように」しよう、これがホンネです。「誤解が核戦争に発展する恐れ」があるからです。中国側は、あえて中国のプライベートな情報までアメリカに与え、それによって中国として譲れる線はどこまでか、どこから先は譲れないかをアメリカに説明したと書いています。

繰り返しますが、「核心利益」を語るのは、じつは、「米中衝突を避けるため」、これが中国の真意です。ところが、一般の印象は逆で、「核心利益」の追求のために、突進していると受け取られた。二〇一〇年は、「核心利益」という言葉が外交のキーワードになるという強硬派の言い方に対して、穏健派は「その言い方は非常に問題だ。そんなことを言ったら、中国が、一方的に自分の主張だけを押し付けていることになり、国際的孤立は避けられない。むしろ中国と諸国との『共同利益』を強調して、『共同利益を守るための新しい秩序作り』を語るべきだ。やたら『核心利益』を語るのは賢明ではない」と、たしなめる論調もあります。このあたりからも、穏健派と強硬派の対立が相当シビアなことがわかります。二〇一〇年一〇月に中央委員会も終わり、習近平が軍事委員会副主席に昇格し、二〇一二年には党大会が予定されており、中国外交としては、「核心利益」をどのような範囲の概念として位置づけるかが問題です。

一つは、南シナ海の島嶼について、どこまで核心利益を語るかです。「南シナ海は全部、中国のもの」なんて言い出した途端に、中国が世界に孤立することは明らかです。しかしながら中国は「空母の建造」にすでに着手しており、それが出動する暁にどのような「砲艦外交」を展開するのか、これはまだわからない。現段階は、その事態を一部予想しつつ、憶測と現実とが交錯して相互不信が広まっています。日中だけでなく、南シナ海沿岸諸国にとっても、安全保障対話は喫緊の課題です。航海の自由（freedom of navigation）を核心としつつ、諸国の「共同利益」を拡大していくことがグローバル経済下の秩序作りのカナメとなるべきだ、と私は考えています。

4　日中協調が未来を開く

日・中関係であれ、南シナ海の中・越関係や中・比関係であれ、アメリカは、領土紛争については中立という立場を繰り返し言明しています。これは、キッシンジャー訪中、沖縄返還前後から一貫した言い方です。中国が最近強くなったからではありません。アメリカは、この立場を繰り返し明らかにしています。一九九五年五月の国務省文書は、「テークス・ノー・ポジション」を南シナ海に即して強調しています。中国側は、尖閣のような島嶼では、アメリカが日本に対してモラル・サポート以上の支援はないことを知り尽くしています。

要するに、「中国と争いになったときに、アメリカに頼む」という幻想は、もう捨てたほうがいい。アメリカは、日本を助けてやれないことを公言しており、中国はアメリカの立場をよく知っているからです。アメリカはむしろ中国との協調を考えざるを得ない「弱い、追われる立場」にあります。中国から金を借りていますし、中国は核を持つ大国です。中国問題での「米国頼み」はあり得ない選択肢なのです。これは二一世紀の大きな転換の始まりです。

では、中国のように核を持った強い国と、どう付き合えばいいのか。「平和憲法を変えない」、「日本は核武装をしない」という前提で考えるのか、それとも核武装も視野に入れるか、これが一つの判断基準であることはいうまでもありません。胡錦濤の新外交により、世界中から「親しみが持てる国、(道義的な)アピール力を持った国」と見られることを彼らは期待しています。平和憲法の枠内で考えるとすれば、「今回みたいなことをやったらマイナスではないですか」と、「中国の論理」で「中国を縛る」ことしかありません。柔よく剛を制す精神です。

もう一つは、「尖閣は固有の領土」だけを語り、日本の「核心利益」で突っ走るのではなく、中国にも「共同利益」追求派が存在し、むしろ多数派、主流派である事実を見極め、ガス田であれ、その他の地下資源、漁業資源であれ、積極的に共同開発を進めるべきです。つまり利害の衝突するところで争うのではなく、共通利益を一歩一歩拡大し、ウィン・ウィン関係を日中関係の基軸に据えることです。これによっていい雰囲気を醸成すれば、未来が切り開けます。「アメリカが助けてくれるから、中国とけんかしてもいい」と勘違いする錯覚は最悪です。そういう米中対立の時代は完全に過去のものとなったと理解すべきではないでしょうか。

尖閣衝突は小さな誤解を契機として、ナショナリズムを煽るポピュリズム政治のもとで大きな対立に発展した。禍を転じて福となす道を探るべきだと考えます。

第II部　巨人・中国はどこへ行く

第5章　世界恐慌下の米中経済関係

1　米中経済関係

米中経済関係は「鶏か卵か」？

イギリスの『エコノミスト』(*The Economist*) 二〇〇九年一月二四日号の特集は「グローバルな経済アンバランス」が主題です。「マネーフローが洪水になるとき」というキャッチコピーが面白い。日本のお寺もそうですが、天安門楼閣の屋根には竜がいます。竜は水の精、火事を守る防火栓です。そこから水が溢れ、アメリカの中産・下層階級の住宅（サブプライムローンでようやく手に入れた住宅）が流されていく。「諸悪の根源」は中国からのマネーフローにあり、という見方は、あまりにも一方的ではないか、と中国は反発していますが、一つの見方であることは確かです。

中国は二一世紀初頭、国際市場に突然飛び出して「洪水のような輸出」で黒字を貯め、その外貨をアメリカに貸し続けています。「貸す中国が悪い」のか、「借りるアメリカが悪い」のか。これは「鶏が先か卵が先か」の関係で、因果関係について、見方が異なるのは当然です。中国は「改革開放三〇年」ですが、この一〇年とりわけ勢いよく安い労賃を武器として外貨を稼ぎ、今度はその外貨を世界に貸し付けて、世界秩序を混乱させているという見方です（一昔前、日本も散々非難されました）。

『エコノミスト』によれば中国のほか、シンガポール、台湾など五つの国・地域が持つ「経常収支」黒字は九〇〇〇億ドルです。これと対照的に、アメリカの「経常収支」赤字が六〇〇〇億ドルです。中国等の黒字とアメリカの赤字が相殺し合っています。中国等の外貨準備は五兆ドル弱です。中国だけで約二兆ドル、香港、台湾、シンガポール等を加えると約五兆ドルを中国等のアジア勢が保有しています。アメリカは中国等から約二兆ドル借金しています。アメリカの経常赤字は一兆ドル弱で、この赤字を借金で埋めています。さらに一兆ドル余の資本がアメリカから流出しています。例えば日本株を買い、M&A（企業買収）をしています。アメリカが自らの経常赤字を埋め、アメリカ株よりもうかるアジア株等を買い占めるための資金となっています。要するに、中国の貯蓄率は高く消費率は小さい。中国の過剰貯蓄（マネー洪水）がアメリカの過剰消費（貿易赤字と財政赤字、双子の赤字）を支えています。

単純化すると、資本主義経済は二つのロジックで動いています。企業家は利潤率に着目します。もし利潤率が銀行貸出金利よりも高ければ、企業は銀行から借りて投資します。ところが、好況下で金利が上がり利潤率の水準を超えると、もうからない投資はやめます。この判断は「利潤率と利子率」の関係に尽きます。ここ数年アメリカは景気がよく、利潤率が高かった。景気が過熱すると金利も高くなり、投資にブレーキが掛かるはずですが、そのブレーキが掛からなかった。なぜか。中国から追加資金が到着するからです。そこで「中国から来る資金が米国の過剰消費を刺激した」という言い方になります。中国から商品や追加マネーが到着したために、①アメリカの賃金率アップを防ぎ、②金利上昇を防ぎ、③アメリカ経済の成長を持続させ、④「貯蓄をしないアメリカ人」に過剰消費を許した、というロジックです。

「卵と鶏」の因果関係をどう見るかは、議論がありますが、『エコノミスト』特集はなるほど一つの見方ですね。しかし、このインバランスをいつまでも続けるわけにはいかないことは明らかです。「最後の審判」がいずれ来ることはわかっていたのに、先延ばしで過ごしてきて、ついに破綻しました。メダルの反面は「アメリカ資本」です。自前の資金は国外に投資して、より高い利潤を得ていた。ヘッジファンドがそれです。『エコノミスト』の結論は、「貧しい中国人が豊かなアメリカ人を助けた」というものです。

「チャイメリカ」とは

次の話題は、「チャイメリカ」(Chimerica)です。「アメリカ帝国」から、「チャイメリカ」すなわち「チャイナ・プラス・アメリカ」へと構造変化しつつある。二一世紀になって中国の貯蓄率は急速に上昇し、他方アメリカの貯蓄率は一〜二％で低い。ほとんど貯蓄せず、借金で動いている経済です。

ファーガソンという経済史家が『マネーの昇騰』(*The Ascent of money* その後出た邦訳名は『マネーの進化史』)という本で、「チャイメリカ」という言い方をしました。お金はモノの売買に際してこれを裏付けます。「売買の裏」に支払い手段・交換手段としてお金が動く。ところが、表裏の関係が逆転し、マネーゲームが世界中を動かす状況に発展します。著者のいう『マネーの昇騰』です。ファーガソンは一九六四年、グラスゴー生まれ、非常に面白い本を書く人です。いまオックスフォード大学で研究中の早稲田大学の本野英一さんが教えてくれたので、読んでみました。「チャイメリカ」という言葉を使った人はほかにもいるのでしょうが、経済史家がこのキャッチコピーを使って読みやすい本を書いたので、「チャイメリカ」の言い方は今、世界中を飛び交っています。

この本では「チャイメリカ」を「驚嘆の二重経済」(wonderful dual economy) と呼びます。『不思議の国のアリス』(*Alice in Wonderland*) のような話です。まず、チャイメリカは「世界陸地の一〇分の一を占め、世界人口の四分の一を占め、世界生産の三分の一を占め、過去八年分の世界のGNPの増加分の半分を占める」。どこまで結婚が続くかは別として、さしあたりは「天国に結ばれたような結婚だ」と、皮肉を書きます。

ここで「東チャイメリカ人」(East Chimericans) と呼ばれる中国人は貯める人、「西チャイメリカ人」(West Chimericans) と呼ばれる米国人はその金を使う人です(図5―1)。中国から輸出され、アメリカが輸入するものが米国のインフレを防ぎ、中国から安い消費財・生活物資が入ることでアメリカの消費生活を安く抑え、賃金を低く維持し、インフレを抑えます。中国からマネーが入ってきますから、金利を低く抑え、金利が低ければ、利潤は高くなる。企業経営にとっては、驚くほどもうかります。かくてアメリカの繁栄ありき。これが「チャイメリカ論」です。

「チャイメリカ」のおかげで世界全体の実質金利が過去一五年にわたって三割安にとどまったと推計します。「チャイメリカ」のおかげでアメリカ企業は、二〇〇六年にはGDPの伸び率と同率の企

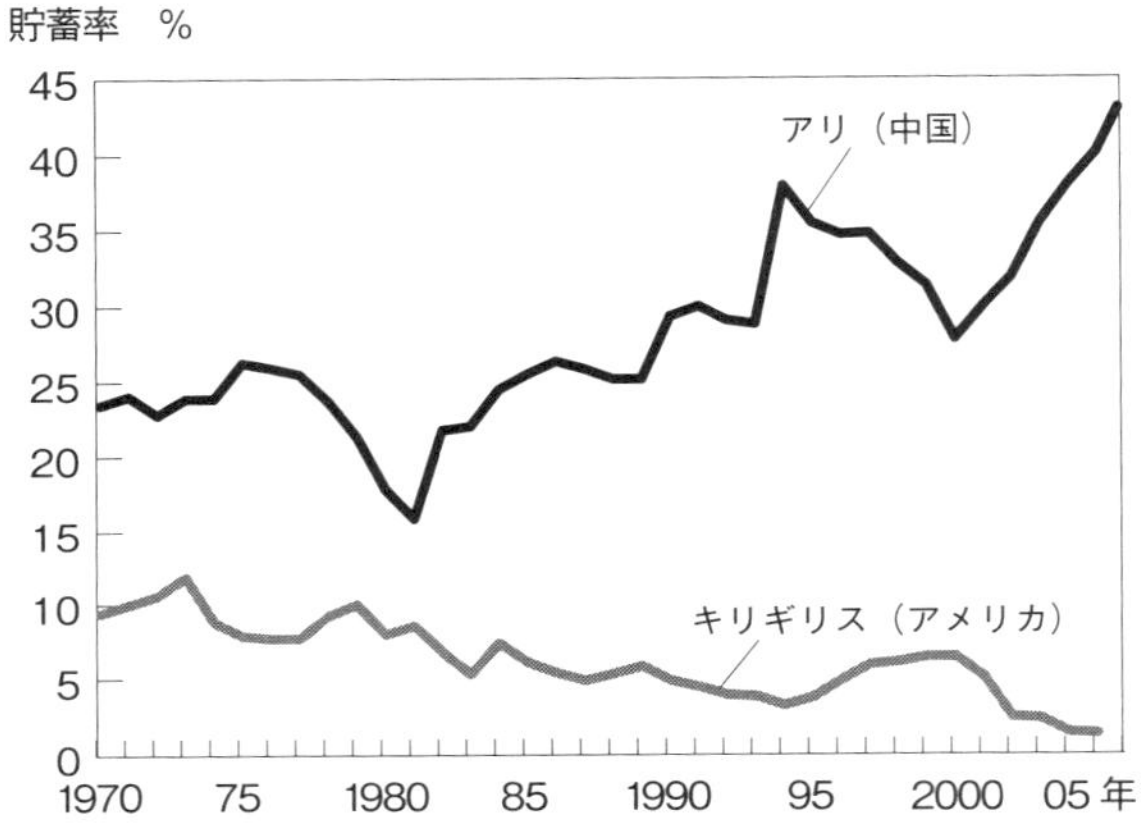

図5―1　アメリカ帝国からチャイメリカへ
貯蓄率＝純貯蓄／国民所得
出所）Niall Ferguson, *The Ascent of Money.*

業利潤を得た。「中国は、お金を貸したくてしょうがない」。アメリカは「借りたくてしょうがない」。「だから、相思相愛」、かくて「天国に結ばれた結婚」(marriage made of heaven) です。半分は皮肉でしょうが、半分は事実です。

以上がファーガソンの紹介ですが、じつは連銀総裁バーナンキも似たようなことを言いました。バーナンキの「世界的資金余剰と米国の経常赤字」(The Global Saving Glut and the US Current Account Deficit) という講演です。アメリカの担保・抵当権市場にキャッシュがあふれ、アメリカの「収入や職や資産がない人々」でさえもがマイホームを買ったり、あるいは借金つきマイホームを、再度担保に入れてマイカーを買ったり、花見酒の経済を楽しんだ。サラ金生活そのものです。しかし、バブルが弾けマイホームを差し押さえられ、ふたたびホームレスへ逆戻りです。

「チャイメリカ」と言うとき、英語世界の人たちは類似の言葉の「キメラ」(chimera)を想定するはずです。「キメラ」はギリシャ神話で、「頭がライオン、胴体がヤギで、しっぽはヘビ」という怪獣です。中国のドラゴンは水の精で、水を吐く。キメラは、火を噴く。少し違いますが、類似の怪獣です。

さて、ファーガソンの総括です。綾小路きみまろ風に言えば、「人の記憶の賞味期限、すなわち覚えている体験はせいぜい二五年」です。人々は二五年たったら絶対に忘れる。例えばウォール街でも、ロンドンのシティでも、兜町でも、人々が覚えている不況は、せいぜい二五年前のものと彼は断言します。一九二九年の世界恐慌は完全に忘れていますから、教訓にならない。

次に「恐慌の被害」は「戦争被害よりも大きい」という教訓。一九二九年の世界恐慌で失われた富、あるいは今回の恐慌で失われた富は、戦争よりも大きい。ギリシャ・ローマ史から始まる経済史家による試算ですから説得力があります。戦争被害よりも恐慌被害が大きいのです。

2 それでも基軸通貨は変わらない

今回のような恐慌が起こった背景にあるのは、旧ソ連の解体です。もしソ連が存在していたならば、アメリカの暴走に歯止めがかかったはずです。ポスト冷戦期の「米国一人勝ち」「驕れる米国」がいい気になって暴走した。「驕る米国は久しからず」ですね。とはいえ、大恐慌にもかかわらず、基軸通貨国としてのドルの地位は変わらないでしょう。代替できる通貨がないから。代替通貨がない以上、ドルが今の地位を保持する以外ない。賭場の胴元に似ています。アメリカのような軍事力はどこにもない。暴力団がなければ賭場の秩序を維持できないのと似ています。当分はアメリカの覇権は続かざるを得ません。

「貧しい中国」が懸命に稼いで、「豊かな怠け者アメリカ」に金を貸す話は、現代の「イソップ物語」です。「イソップ物語」では、冬になるとキリギリスは飢え死にしますが、アメリカはどこまで借金を増やしたら反省するのか、疑わしい。

「強い米国に金を貸す中国」といえば、「強い中国」のイメージですが、じつは中国は貧しい。アメリカのＧＤＰは一四兆ドル、日本は四兆ドルぐらい。中国はドイツを超えて第三位になり、ＧＤＰ大国です〔現在は日本を超えて第二位〕。しかし一人当たりで見ると、中国はきわめて貧しく、弱い経済です。

中国の莫大なドル保有は、人民元を信頼していないことを意味する。中国人は人民元を信頼せず、ひたすらドルにすがります。中国ナショナリズムは、むしろ弱さの証明です。愛国心を持たないので、それを強調せざるをえない。人々が人民元を信用しないのは、交換性を欠くからです。何よりもまず人民元の完全なハードカレンシー化を急ぐべきです。

そもそも外貨準備は、輸入平均月額の三～四ヵ月分で十分です。いま中国は二兆ドルも貯め込んでいますが、その一〇分の一でも多すぎる。ドルが貯まりすぎるのは、一種の「飢餓輸出」によります。「貯まり過ぎ」を防ぐには、人民元レートを切り上げればよい。輸出にブレーキがかかり、逆に輸入の購買力がついて、余裕が生まれ、生活水準が向上します。人民元を多少切り上げてもなおドルが貯まるならば、ドル減らしに意を用いて、飢餓輸出を是正し、正常な交易関係に修正すべきです。

たとえば改革開放初期に一元は一五〇円でしたが、いまはその一〇分の一以下です。どこが妥当な為替水準か。人民元を自由化すれば、おのずから答が生まれます。飢餓輸出体制を改め、内需を拡大し、人民元の購買力を強めて民衆の生活を向上させる方向への大胆な軌道修正が必要です。人民の生活水準を低いままにしておき、「バターよりも大砲を」とばかり、軍事費の拡大を図るのは、人民の不満を武力によって押さえるもので、本末転倒の愚策です。外貨準備がここまで貯まるほどの輸出偏重策から、内需拡大型へ転換ができなかった。むろん為替政策の失敗ですが、根本的原因は政治改革の欠如にあります。

経常黒字の累積と直接投資の増加、そして不法なホットマネーの流入も加えてドル貯め路線を邁進した結果が、ドル安による損失です。いまさらドルは売れない。売れば、残りのドル資産に響く。これはお金はかかりますが、実際には使えない核兵器の生産に力を入れてきた愚策と似ています。人民元を守り、中国経済を守る上で、米ドルに頼り軍事力に頼る路線は、大きな間違いではないかと考えます。

「人民元」の完全なハードカレンシー化を

香港ドル・米ドル・人民元の三者の関係も微妙です。香港ドルは、いつでも米ドルに換えてもらえる。交換性があります。人民元の交換性は部分的です。貿易決済レベルでは交換できますが資本取引は制限されており、「半人前の通貨」です。「オリンピックをやるからには、完全なハードカレンシー化が前提だ」と私は提言してきましたが、実現していません。アジア通貨危機に懲りて萎縮したままです。日本の「ＩＭＦ八条国移行」は、一九六四年であり、ここで貿易決済のレベルで「円」はハードカレンシー化しました。九年後の一九七三年に資本取引を含めて完璧なハードカレンシーとなりました。中国では一九九六年に八条国に移行できたのは、一九九四年の朱鎔基改革の成果です。以後、輸出が伸びて外貨がたまります。為替レートが安定し、直接投資も増えました。

朱鎔基改革二年後に、「八条国移行」ができたあと、遅くとも北京五輪までに、「人民元」の自由化が想定されていました。オリンピックで外国客を迎えるときに、台湾ドルや香港ドルにも劣る「半人前の人民元」では、沽券に関わると強調したのですが、結局は先送り。中国当局は人民元強化の努力を放棄して、ひたすら米国債を買い続け、危険なファンドへの投資を続けました。

中国の米国債の保有総額は二〇〇八年九月時点で初めて日本を追い越しました。九月はリーマン破産当時です。「ドルばかり貯めて損ではないか」と批判された後も買い続けました。香港と台湾を入れると、中華圏の米国債保有額は二八％です。台湾、香港を除いても二二％で、日本の一八％をはるかに上回ります。

日米中の貿易三角関係の構造を見ておきます。アメリカから見ると、中国からの輸入が二三〇〇億ドル、中国への輸出が六五二億ドルで、アメリカの対中赤字は一七〇〇億ドルです。米国が日本から買うのは一四〇〇億ドル、日本に売るのが六二八億ドル、八〇〇億ドルの対日赤字ですが、中国の半分にすぎない。

アジアから見た日中のイメージはどうか。中国の東アジアからの輸入は、三八〇〇億ドルで、輸入全体八八〇〇億ドルの半分に近づいている。日本の輸入総額五五〇〇億ドルのうち、東アジアからは二三〇〇億ドル。日中間に一五〇〇億ドルの差があり、日本はあまり頼りになりません。中国の存在感は大きい。

3　中国の国内経済

問題は出稼ぎ者の失業

中国の国内経済を見ると、一番問題なのは、農村からの出稼ぎ者の失業問題です。彼らの雇用あるいは生活が問題です。『財経』誌が、「農民工」の失業問題を特集し、徹底的に調べました。失業者たちは都市に残るのか、それとも農村に帰るのか。

陳錫文というエコノミストは、農業・農村問題の専門家で天安門事件のころに何度か会いました。まず失業農民、出稼ぎ農民はどこから来ているのか。沿海地区は、出稼ぎ農民の受け入れ先です。農民の収入全体の中で、四割ぐらいが出稼ぎ収入です。どこから出稼ぎに来ているかを見ると、「省外に出稼ぎに行く人」は約半分です。「村は出るが、同県内」が二割です。「県外出稼ぎ」が一四％、要するに、出稼ぎ者の半分が省内にとどまり、半分は他の省に出て行きます。農村・農業・農民の「三農問題」は、確かに深刻な問題ですが、問題の所在に留意して対策を怠らなければ、局地的な暴動の類はあったとしても、すぐに手当てが行なわれて、餓死者が出るような事態にはならない。政府は注意深くこの問題に対処しようとしています。今のように神経を使っているかぎり、大きな騒動にはならないという気がします。

「天安門事件から二〇周年」を迎えて

二〇〇九年は「天安門事件から二〇周年」ということで、イデオロギー論争が活発です。保守派は胡錦濤・温家宝の「普遍的な価値」尊重の路線を批判しています。他方、劉暁波に代表されるような改革派は「零八憲章」の署名運動を始めました。胡錦濤は、二〇〇八年一二月一八日に「改革開放三〇周年」の記念演説の中で、改革路線を「動揺せず」「怠りなく」「曲折なく（不折騰）」堅持せよ、と呼びかけました。習近平副主席はかつて「騰籠喚鳥」、すなわち「鳥かごを揺さぶり、鳥を入れ換えろ」と呼びかけました。これは「労働集約的な企業を追い出して、ハイテク企業と置き換えよ」という話です。

広東の汪洋書記は、それを強引に進め、温家宝の経済安定化路線と対立しています。民族派王錦思の奇怪な日本賛美論が持ち上げられたり、「毛沢東主義共産党」という「左派の結党宣言」など、百鬼夜行の趣きがあります。特に懸念されるのは、温家宝の外交論文（二〇〇七年二月二六日付）や福田・胡錦濤声明（〇八年五月）で用いられている「普遍的価値」というキーワードを中央党校（習近平校長）の『学習時報』（〇八年九月一八日号）や中央委員会機関誌（宣伝担当は李長春常務委員）『求是』（〇八年一一月一七日号）が公然と批判している事件です。胡錦濤が署名した文書が批判されるようでは、日中関係は危ういし、胡錦濤自身の地位も鼎の軽重を問われます。「胡錦濤は死に体だ、すでに「習近平への権力移行が始まった」とまで見るのは早計だとしても、これは理解に苦しむ事態です。私の結論は「天安門事件二〇周年」を迎えて、右も左も落ち着かないが、表向きは大した騒動にはなるまい。しかし内部での路線開争は激烈だという観測です。

〔追記1〕　ヒラリー・クリントン国務長官は二〇〇九年就任早々東アジアの旅に出て、米国債の主な買手である中国と日本に挨拶回りを行った。二〇〇九年一月末現在、中国の保有残高は七二七四億ドル、日本は六二六〇億ドルである。香港は七七二億ドル、台湾は七一八億ドルだから、これらを合わせると、海外保有残高の約五割になる。つまり、米ドルを支えているのは、まさに中国・日本組である。ヒラリーは「同舟共済」の故事を引いて助け合いを強調したが、日本の言い方では、まさに「呉越同舟」の構図であろう。

〔追記2〕　ここで米中貿易関係を素描しておきたい。中国の米国向け輸出は、二一世紀初頭に一〇〇〇億ドルの大台を突破し、二〇〇四年に二〇〇〇億ドルに迫り、二〇一一年には四〇〇〇億ドルに迫っている。他方、米国から中国向けの輸出は二〇一一年時点で一〇〇〇億ドルに止まっている。こうして、二〇一一年時点での米国の対中赤字は三〇〇〇億ドルに達する。二〇〇〇～二〇一一年の累計赤字額は二兆三一五〇億ドルである。

　米国の一九八九～二〇一一年の貿易赤字を見ると、九〇年代半ばは二〇〇〇億ドル未満であったが、二一世紀初頭には四〇〇〇億ドルを超え、近年は六〇〇〇～七〇〇〇億ドルの水準にある。一九八九～二〇一一年の貿易赤字累計額は、じつに九兆二九五〇億ドルに達する。二一世紀になって急増した貿易赤字は、対中国貿易で生じたものが大きな位置を占める。ピークは二〇〇九年の四五％である。

その後、世界恐慌の影響により、若干の比率低下が見られ、二〇一一年現在は、対中赤字が四〇%を占める。この大幅入超について、米国側は、中国製品のダンピングを批判したり、人民元安を「不当な通貨操作」と見て、非難を繰り返してきたが、改善は見られない。

次に、米国から見た貿易パートナーとして、日本と中国がどのようなものかを見てみる。輸出入を合計した往復額で日中を比較すると、二〇〇三年までは、日本の対米貿易が中国の対米貿易を一貫して上回っていたが、これは〇三年に逆転した。その後、日本の対米貿易はほとんど横這いだが、中国は躍進を続けた。二〇一一年現在、日米貿易は往復で二〇〇〇億ドル弱だが、米中貿易は五〇〇〇億ドルであり、二・五倍である。米国から見て、日本が頼りになるパートナー役を演じたのは、日本のいわゆる高度成長期だけであり、二一世紀は明らかに米中の絆が日米よりもはるかに強い。この事実が日本で見落とされているのは、困ったことだ。

米国から見て、日本との貿易と、中国との貿易とが大きく異なるのは、輸出入のバランスであることを示している。日米貿易において、一貫して日本の出超、米国の入超という構造には変わりがないが、米国にとっての赤字幅は、五〇〇~一〇〇〇億ドルの範囲に止まり、一〇〇〇億ドルを超えたことはない。米国の対中赤字は、二〇〇〇年に対日赤字を超え、二〇〇二年には一〇〇〇億ドルを超え、二〇〇五年には二〇〇〇億ドルを超え、二〇一一年には三〇〇〇億ドルに迫った。二〇〇九年の落ち込みはリーマン・ショックによるものだが、二〇一一年には、再度赤字拡大の基調にある。このような貿易黒字によって得た外貨を中国は、米国債や米国政府債の購入に当てているため、米国は「痛し痒し」である。

第6章　中国力の光と影

1　中国は今

驕りや腐敗あっても中国は潰れない

まず「中国力」の光と影の「光」についていえば、経済発展、つまりGDPが二〇〇七年にドイツを抜きました。二〇一〇年中に日本を抜くことは確実です。あるいは自動車販売。二〇〇九年一三六四万台。アメリカが不景気ですから抜いてしまった。そして輸出額。これまではドイツがトップだったのですが、一・二兆ドルで抜きました。さらに株式。東京証券取引所の売買金額は二〇〇九年三・九兆ドル。上海は五兆ドルですから、売買金額では超えました。アジア一位です。世界レベルでいいますと、ナスダック、ニューヨークに次いで世界三位になります。時価総額では、まだ東京はかろうじて上海の上にいるけれども、伸び率からいって、追い越されるのは時間の問題です。

光の部分は、みんなが注目しているからよくわかります。私が今日強調したいのは影の部分です。

影を強調すると、なぜ中国の悪口ばかり言うんだと誤解されるかもしれませんけれども、あえてその部分を強調したいと思います。

一つは、勝者の驕り。驕る平家は久しからず。アメリカは、ソ連が潰れて、「アメリカ独り勝ち」と言っているうちにリーマン・ショックですね。アメリカ独り勝ちの時代は意外に短かったじゃないですか。中国も、驕りに目が眩むとやばいということです。日本の場合には日露戦争で驕って、その後、日米戦争まで突っ込むことになりました。

影の二つめは、権力の腐敗です。中国の今の高度成長は、開発独裁という言葉によって一口で説明できます。開発独裁は非常に効率的に資源や人材を使うことができます。しかし、それは人権を抑圧し、多くの矛盾を抑えたまま強引にやる体制ですから、矛盾は影に蓄積されています。

問題は、そういうプロセスで経済が強くなり大きくなったために、共産党がそれに妙な自信を持って、自浄能力がほとんどなくなっていることです。共産党が権力をとる前は国民党支配だったのですけれども、それとほとんど同じ腐敗構造です。つまり共産党は一九三〇年代に野党だったときに、与党の国民党に対して、「国民党官僚資本主義、四大家族（蔣介石・宋子文・孔祥熙・陳果夫）、この人たちが中国人民を支配していて、人民の敵である、公敵である、それを覆す」ということで革命をやったのですが、今の共産党の姿は、かつての国民党とじつによく似ています。

ですから「国民党官僚資本主義」を「共産党官僚資本主義」と置き換えると、何もかもそっくりだというのが私の印象です。ただ問題は、かつては共産党が「希望の星」だった。国民党政権はむちゃくちゃだけれども、共産党は清潔で、これが権力をとれば人々は豊かになるだろうと期待をつなぐ。

そういう政党がありました。ところが、今それはありません。それはなぜか。共産党が全部野党を潰したからです。だから、自浄能力なし。独裁権力の腐敗がますます深まるだけです。ただし、腐敗が深まったら権力は潰れるか。潰れません。なぜか。潰す人がいないから。そういうところが今の中国の問題です。

さらに、あっちにもこっちにも強い中国におもねる声ばかりがあふれている。代表的な例はアメリカです。見方はいろいろあるでしょうけれども、今、アメリカがいちばん中国に迎合し、追随しています。だから、ますます問題になる。つまり中国には野党はない。情報コントロールをしている。司法の独立はない。そういう中で軍部の横行は目に余るものがあります。

大富豪の温家宝ファミリー

どなたもおそらくご存じないと思いますが、温家宝首相のファミリーの資産は一〇〇億元を超えています。一元一五円とすれば一五〇〇億円です。おそらく世界中の総理大臣レベルで比べると、世界一の金持ち宰相です。中国で見ても、過去一〇〇年間に総理大臣は何人もいますけれども、その中でいちばんの金持ちが温家宝です。温家宝のあだ名は「影帝」です。中国語で「電影」は映画のことです。それの帝王ですから、本当は映画の主役、ヒーローだという意味です。ついこの間、日本に来て、キャッチボールをしてみせたり、庶民に親しそうにいろいろパフォーマンスをやっています。

問題は温雲松（Winston Wen）という温家宝の息子のビジネスです。二〇一〇年三月二九日の『フィナンシャル・タイムズ』が「生まれながらの金持ち」（To the money born）という記事で、温雲松は温家宝の息子であること、中国生まれのヘッジファンドが今や大陸市場を席捲しつつあると書いて以来、大きな話題になっています。

温雲松は米ノースウェスタン大学のケロッグ・ビジネススクールでＭＢＡを得て帰国します。モルガンスタンレー香港に勤務したあと、優創科技（Unihub）というＩＴ関連の会社を作りますが、その資金源が疑われています。その後二〇〇五年五月に、新天域資本（New Horizon Capital）という中国本土生まれのヘッジファンドを作り、投資活動を始めました。

ヘッジファンド（Private Equity Industry）を、中国語では「私募股権投資行業」と訳しています。具体的には「新宏遠創基金」など次々に基金作りをやっている。出資者にはシンガポールのソブリン・ファンド、李顕龍夫人・何晶の主宰する淡馬錫控股公司（Temasek）や、ＪＰモルガン・チェース、ドイツ銀行、スイス銀行、日本のソフトバンク（孫正義）などが名を連ねています。

これらの資本が、温家宝首相本人を担保にしていることは明らかで、そこにこのビジネスの危うさがあります。温雲松ファンドの表に出てくる名は郭子徳（Cher Teck Quek）だけです。彼はもともとシンガポールの銀行（Greater China of United Overseas Bank）の頭取ですが、「新天域資本董事総経理」として表に出ていて、温雲松の名は一切出ていません。郭子徳によれば、同公司第三期ドル建て基金は二〇〇九年の八月～九月に募集し、一一月に三億ドルを集めた。元建てヘッジファンドはいま勃興期で、新天域の規模は当面一〇億ドル目標とされています。

平安保険の法外な経営者報酬は、だいぶ騒がれましたが、類似のケースは雇われ外国人・アメリカの深圳発展銀行董事長フランク・ニューマン（Frank Newman）の報酬です。二〇〇八年のトップ年収は、ニューマンの得た一五九八万元（二・二億円）でした。ニューマンは、サマーズが一九九五年に就任するまで財務副長官を務めた男です。日本の経営者とそれほど違わないようにみえますが、民衆の平均年収や人民元の購買力を考えると、日本の経営者よりははるかに高額の所得です。

二〇〇九年の経済倶楽部の銷夏パーティーのときに、私は五分間スピーチで、「中国の経営者たちがどのくらい金持ちか」をご紹介しました。そのときにいちばんの金持ちと紹介したのが、馬明哲です。〇九年の夏の時点では、この男がどうやってカネを作ったか、やばいということまでは言ったのですけれども、その一部が温家宝の息子に行っていることまではわからなかった。この半年ずっと調べて、ようやくわかりました。

馬明哲という男は、もともとは香港の招商局のドライバーでした。招商局というのはお役所ですけれども、学歴がなかったので、二八歳まではそこのトップの乗る車の運転手でした。その後、保険会社を作るということで、たまたま事務能力があるので事務管理を一部ゆだねられたのです。平安保険というのは、国営工商銀行と招商局が出資して作った会社です。馬自身にはまったく資本はない。たまたまマネージをしていただけです。ところが、いつの間にかオーナーになってしまう。オーナーというか、その後、従業員持株会を作って、その代表という形で、株主としてボードを握るようになった。そして、どんどん「第三者割り当て増資」をやっていく。そうすると、工商銀行と招商局は出資者としては相対的にメジャーでなくなって、従業員持株会を代表する彼がメジャーになってしまった。そして事実上、この会社を自分のポケットみたいに使い始めます。その非常に重要な部分が温家宝の息子を通じていたわけです。

その反対給付として彼は何を得ていたか。平安保険の本社は深圳にあります。銀行部門もあれば、支店もある。それを香港に上場する。そうすると、いまや「香港ドルという外資」に変身したので、いつでも逃げられる。そういう操作をやっている。これは外資と絡むから、そのためには保険のやり方についての規制が必要です。その規制緩和を温家宝に期待していたというのが、私の得た情報です。

胡錦濤・温家宝体制ができて、こういうスキャンダルが出る前は「什錦八宝飯《シーチンパーパオファン》」（五目八宝菜）と言われました。錦《チン》は胡錦濤、宝《パオ》は温家宝です。これはむしろ好意的な呼び方で、胡錦濤・温家宝体制でなんとかなるのではないかと期待を込めて言っていたのです。

ところが、まったくそのイメージが逆転します。温家宝は前回の訪日のときには野球の真似事をし、ジョギングをやり、今回もまた卓球とかいろいろやっていますね。それを中国では、テレビで逐一、放映しています。民に親しむ「親民宰相」とか、「平民宰相」とか、いろんなことを言われているのだけれども、それが芝居ならば、そのイメージは全部、逆転します。いまや「影帝」と呼ばれる。元来は、映画のヒーローの意ですが、「影の帝王」を暗示しています。ただ、これは国民全部がそう思っているというわけではなく、知る人ぞ知るという話です。

中央電視台（テレビ局）は、温家宝が日本を訪問してこういうことをやったとか、二〇〇八年、四川省で地震があったときは現場で一週間近く不眠不休で泣きながら指揮したとか、いろんなことを流していますが、それはそのままユーチューブでも見られる。それについてのコメントがすごい。たとえば温家宝の息子は、仮名を鄭建源という。汚職がひどい。鮫に似ている。影の権力だ。平安公司の馬明哲からこれだけカネをもらった。こいつの演技はなかなかいける。総理大臣にしておくのはもったいないから、ハリウッドで主役に抜擢したらどうか。オスカー賞の候補に推されないのはじつに惜しい、と。これは動画に対するコメントです。動画自体は中央電視台のものです。それをユーチューブで流しながら、視聴者が書き込みをやる。その書き込みを私は熱心に見ています。

こういうニュースを見ていると、胸くそが悪くなるから「絶対に飯の前に見るべし。飯を食ってから見たら吐き出す」というコメントもあります。これは温家宝嫌い、反対派のコメントです。これらは、あっという間に消されることが多いのだけれども、書き込みは勝手にできますから、また、誰かが書く。消したり、書いたりというイタチごっこです。情報コントロールを厳しくやっている中で、こういうイタチごっこがあります。

2　時代遅れの日米安保

北朝鮮と中国に利用された日米安保

東アジアの情勢と日米安保について話をします。日米安保については、私は賞味期限はもうとっくに切れて、今は害しかないと思っています。なぜか。

北朝鮮の金正恩は二〇一一年九月の党大会で金正日の後継者になります。鄧小平時代、中国は「金正日を金日成の後継者と認めない」立場でした。しかし、今や中国は金正日の息子まで認めるようなことになってきた。これは日米安保のせいだと私は思っています。日米安保が彼らの口実になっている。

もう一つ、中国の「軍事大国化」、あるいはずばり「軍国主義」です。私は軍国主義と言い切っています。しかもこれが産軍複合体だから、じつにややこしい。これを改革するのはほとんど不可能だと思っています。これもまた、日米安保があったから、中国はこれを口実にしてやってきた。しかもポスト冷戦期に、です。

一九九一年まで、ソ連が潰れるまでは日米安保は意味があったと思います。それがソ連が潰れたら、敵がいなくなったのだから、日米安保は変えなければいけなかった。そのときに何をやったかというと、日本政府は「周辺事態法」とか、わけのわからない法律をこねくりまわした。そういう対応を全部、北朝鮮や中国に利用されて、彼らは核武装を進め、空母建造を急いだ。ここまで来たら、もう押さえがきかない。そういう意味で私は、ポスト冷戦期の日本政治を問題にしているのです。そして「チャイメリカ」、つまり「チャイナ＋アメリカ」の結託構造が広がり、深まった。いまや中国は「チャイナ・アズ・ナンバー・ワン」という「経済力＋軍事力」の体制ができました。

中国の外貨準備高がなぜ増えたか。これは基本的に「飢餓輸出」によるものです。飢餓輸出ですから、外貨準備高があれだけ貯まったということは、喜ぶべきことではなくて、外貨政策の失敗、あるいは所得政策の失敗だと言いたい。バターよりも大砲を選んで、軍事費はやたら増大している。その裏として、労働分配率はこの一〇年、急激に下がっています。腐敗権力については、どうにもしょうがない、二〇一二年に党大会があって、習近平体制ができますけれども、これは完全に太子党、すなわち「二代目政権」になるはずです。これを中国の俗語で「官二代、富二代」といいます（「『×二代』是当代中国社会身份壁垒非常突出的现象」。『人民日報』二〇一〇年一一月一一日）。

さて、日米安保です。旧ソ連の崩壊までは役に立ったと言っていいでしょう。しかし、旧ソ連の解体以後、敵がいなくなったのだから、そこで見直さなければならなかった。そのときに、日本の政治家は何もやらなかった。あるいは世論も無為無策を許した。これは非常に問題です。つまり、その間に中国軍国主義が育ってしまったのです。

私はたまたま九七年の夏休みに、一ヵ月、台湾にいました。というのは、「九七香港返還」の「次は台湾が問題だ」ということがわかっていたから、台湾に行き、金門島の前線まで行っています。しかし現場では、中台間はどんどん密貿易をやり、じつに平和なんです。つい最近、大陸と台湾が「海峡両岸經濟合作架構協議」(Economic Cooperation Framework Agreement, ECFA) を結びましたけれども、あれは当局レベルで現実を追認しただけです。その流れは十数年前から完全にそうなっていた。私はその現場を見てきました。

ところが、日本政府はアメリカ追随一本槍で、ばかみたいな判断に基づいて「周辺事態法」を作った。あえて名指しして言いますが、そのときの秋山昌廣防衛次官が台湾から二〇〇〇万円カネをもらっていることが事後に暴露された。よその国・地域からカネをもらうような人が安全保障の責任者だったのです。それは台湾で李登輝政権が崩壊してから、「明徳基金」という形で暴露されました。そのカネはアメリカ経由です。ハーバード大学の研究員受け入れ資金に化けた。エズラ・ボーゲル教授は特に記者会見して、「われわれが直接、台湾から二〇〇〇万円もらったわけではない、あるシンクタンクからの依頼で人間を受け入れただけだ」と弁明した。ところが、日本の国会は秋山元次官を証人として呼びながら、この問題をあいまいにしてしまった。そういうのが日本の安全保障です。私はそのころから、政府や安保関係者はいったい何をやっているのかと、ものすごい不信感を抱いてきました。

なぜ私が怒るかというと、冷戦が終わったにもかかわらず、それを認識しないで、冷戦の延長線上でやった糊塗策の結果として、中国の軍国主義を育て、そのあおりで民主化への動きは潰されてしまいました。私はこの三〇年、中国の市場経済化がうまくいけば、それを踏まえて、政治の民主化が進むと期待して、見てきました。ところが、この一〇年、ほとんどホープレスであった。希望は失望に変わりました。

なぜそうなったかを一生懸命考えてみますと、日本が中国を敵視した安全保障政策をやっていたからです。「台湾独立を守る」ということを一生懸命やってきた。でも、守り切れないことは、当初から明らかでした。今日の「経済一体化」の現実は、八〇年代初頭から見えていたし、今日の姿は九〇年代の半ばにはっきり形になっていた。そういうときに逆の政策をやってきた。その誤謬の代償は取り返しがつかない。

北朝鮮問題も似ています。ついに三男金正恩の後継がほとんど決まりかけている。中国は事実上、認めています。

金正日後継に条件をつけた鄧小平の見識

香港の「フェニックス・テレビ」（鳳凰台）が北朝鮮の後継について、推測情報を流しています。「フェニックス」は、香港のテレビで唯一、大陸でも放映できるテレビ網です。大陸系というよりは解放軍が出資しており、大陸で認められているケーブルテレビです。そこが「九月の党大会で金正恩に決定か」と言っているので、私は注目しています。

鄧小平はポスト金日成の時期に、金正日が後継となることにさえ、そうとうクレームをつけていたのですよ。八二年の九月に金日成が訪中しています。そのときに鄧小平は、ほとんどフル・アテンドしています。これは異例のことです。金日成を四川省に招いています。鄧小平は四川省広安県出身ですけれども、自分の郷里へ招いたのではなくて、四川省には「国防三線建設」といって、米中戦争が始まったときの最終的なゲリラをやるための大砲等を作る軍事基地があって、それを見せた。「中国はこんな無駄な軍備投資をやっていたために、経済が遅れてしまった。こういう実例をよく見てください」と、金日成に教えようとした。われわれ中国は反省して「国防三線建設」をやめ、改革・開放に転換し、深圳特区を作った。この深圳をぜひ見てほしいと金日成に勧めたわけです。金日成は、「私はもう寿命だから、息子金正日に教訓を教えてやってほしい」と答えています。

翌八三年六月二日から一二日まで金正日が訪中し、深圳を視察します。ところが、帰国してから何を言ったかというと、「中国はついにアメリカ帝国主義に屈伏した。カネを借り、頭を下げて修正主義に堕落した。もう中国から学ぶものは何もない」と開き直ったのですね。

この話を耳にした鄧小平は烈火のごとく怒り、「もう彼らを相手にするな」と命じて、韓国との国交正常化を急いだ。皮切りは八八年ソウル・オリンピックへの参加表明です。それに対して、金正日は大韓航空機爆破事件で対抗した。韓国はまだこういう不安定な国だと濡れ衣を着せて、世界にアピールしたのです。

偶然ですけれども、私はこの辺の事情をおそらく日本人の中ではも最もよく知る一人のはず、と自負しています。たまたまソウル・オリンピックの前夜に韓国政府から呼ばれて、レクチャーしてきたのです。表向きはラッキーゴールドスター（LG）が、「一週間来てくれ」という話でした。だけど、何のことはない、夜の二次会では、韓国の北方外交担当者たちが私を質問攻めにした。

翌八九年、今度はサムスンが私に来てくれと重ねての招待です。私は「何も特別な情報はない」と断りました。「それでもいいから来てくれ」というので、ソウルで前年とまったく同じ話をしたのです。政府関係者が何を言うかというと、「矢吹先生の昨年の発言をすべて一つ一つ、一年間かけて確認した。わが政府の結論も、先生のご高見と同じ結論になりました。そこで、それを確認させていただくために、改めてご招待しました」というのです。確かめるためだけに招待とは、無駄ではありませんか、と苦笑した次第です。ずいぶんムダな投資ではないですかと私は笑ったのだけれども、それが八九年の出来事でした。

その後、翌九〇年一二月に盧戴源大使、この方はカナダ大使を辞めたばかり、現役の大使の韓国のナンバー4でしたけれども、彼が北京駐在で行くことになった。そこでもう一回あなたの話を聞きたいと、韓国大使館から連絡があって、東京で半日しゃべりました。彼が聞くことに私が答えるだけです。

私のほうから彼に聞いたのは、一つだけ。「あなたは『貿易事務所代表』の資格で訪中するけれども、看板を裏返したら、もう大使館、あなたは『大使』ですね」と、私が質したのです。そしたら盧載源は（そのときはまだ大使ではないのだけれども）、「当たり前ですよ、看板を返すまでもなく、ビザ発給の権限まで持っている、名前は貿易事務所だけれども、完全に大使館です。私は大使です」と断言しました。

なんだ、そこまで行っているんだなと実感した次第です。私はそのころ、北京にもよく行ったけれどもいろんな中国の知人が「おれはソウルへ行ってきたぞ」と自慢気に話していました。韓国の動きと北京の動きがまったく同じだから、私は両方からその動きがほとんど手にとるようにわかっていた。つまり、この前後の日本の朝鮮半島認識の間違いが問題です。

繰り返しますが、鄧小平は「金正日の後継」にものすごく厳しい条件をつけて、改革・開放を迫った。西側と協調する開放経済なら認めるけれども、そうでない鎖国と認めないということで、いろいろ圧力をかけていた。ただ、実際には「金日成の死去と後継体制の確立」の課題があり、政策転換はうまくいかなかった。

こうして時間を無駄にした結果、九〇年代と二一世紀初めの一〇年、この二〇年を無駄にして、ついに金日成の孫（金正恩）が権力をとるところまで来てしまった。これは相手が悪いと言えば悪いのだけれども、しかし、それを周辺諸国がただ放任してきたということです。

私はたまたま九九年にハンガリーのブダペストに四〇日滞在し、ポスト冷戦期のＥＵにポーランド、チェコ、ハンガリーが加わる、その辺のことをずっと調べていました。これは、そのときハンガリー大使で、もともと経団連の専務理事だった、私と親しい糠澤和夫さんが、「君もアジアばかり見ていないで、ヨーロッパも勉強したらどうか」と誘ってくれたのです。それで、冷戦後のＥＵと東欧圏のことは、素人勉強ですけれども、非常によくわかりました。ハンガリーだけでなく、ポーランド等にも行ったし、あちこち行きました。

知識人たちと対話すると、「東アジアの政治家はいったい何をやっているんだ」とみな私を相手に、不満を語るんですね。「金大中になぜノーベル賞を与えようとしているか、あなたわかりますか」とナゾをかける。東アジアでは、金大中だけがポスト冷戦の対応を模索している。それをわれわれは支持している、ノーベル賞候補はそういうメッセージですよ。その意味がどうもアジアの人々には何もわかっていないみたいだと、痛烈に批判していました。

帰国後、この話をいろいろな方にしても、日本は安保ぼけというか、平和ぼけというか、全然だめで、反応ゼロでした。

3　米中結託へ

台湾は中国と一体化して東の窓口に

最近、ロバート・カプラン、モートン・ハルペリン両氏の安全保障論が話題になっています。要するに台湾が中国封じ込めの一角から消えたら危ないから、それを強化しろという議論です。しかし、私に言わせるともう遅い。ソロバンをはじくことを知らない安全保障専門家の危機感をよそに、現実に進行していたのは、むしろ「台湾放棄論」なのだ。*

＊　米『ニューヨーク・タイムズ』（二〇一一年一一月一〇日付）におかしな投書が掲載された。「わが経済を救うためには台湾をすてよう」（To Save Our Economy, Ditch Taiwan）、筆者はポール・ケイン（Paul V. Kane）という。

投書の趣旨は「中国は米国に対して有している一兆ドルに上る債権を放棄する」。その見返りに、「米国は台湾政権への支持を止める。すなわち台湾を中国に売り渡してはどうか」という提案だ。筆者は「イラク戦争に参戦経験」をもち「ハーバード大学で学術研究員として勤務した経験」があり、国際安全保障問題に取り組んだ人物という。「米国が台湾を軍事的に支援するのをやめることは、米国の国益に反するものではない」と論じる現実感覚はまともである。他方中国も「台湾関連で毎年三〇〇億ドルから五〇〇億ドルの軍事予算を割り当てている」負担から免れ、米中双方の軍縮にも役立つという。だが、このような取引で売られる台湾の人々の気持ちを考えれば、アメリカ民主主義が泣くであろう。

ところで、これに悪のりする冗談も現れた。米インターネット新聞ハフィントン・ポストに書かれた「台湾を売るくらいなら、日本や韓国を売れば良い」とする書き込みだ。これらの単細胞的アメリカ人によれば、「日本も韓国も台湾も米国の資産」にすぎないらしい。彼らの傲慢に腹を立てるのは当然だが、彼らがここまで驕るのは、それを許してきた歴代日本政府の卑屈きわまる、尊厳をかなぐり捨てた対米追随外交にほかならない。じつは、私がこの単細胞的投書を紹介するのは、その一節に引かれた、元統合参謀本部議長マイケル・マレンの言葉が意味深長だからだ。マレンいわく、米国にとっての「最大の安全保障上の脅威」は、「米国が外国に対して負う債務」である。なるほどマレンは以下のように発言していた。

DETROIT, Aug. 27, 2010 ——The single biggest threat to national security is the national debt, the chairman of the Joint Chiefs of Staff said yesterday, underscoring the importance of good fiscal stewardship and a need to stimulate economic growth. American taxpayers are going to pay an estimated $600 billion in interest on the national debt in 2012, Navy Adm. Mike Mullen told local leaders and university students here.

超大国のスーパー軍事力も、外国の借金には勝てない。これが経済の論理というものだ。

台湾封じ込めという段階ではない。封じ込め強化はむしろ逆効果だったと。中国の市場経済の後に、政治をゆっくりと民主化に促すということではなくて、日米安保、軍事力が逆に使われて、中国の軍国主義化を助けてしまった。これは決定的な時期にそうなってしまったのだということをこれから申し上げたい。

島嶼線（図2―1参照）で、第一島嶼線、第二島嶼線という言い方は中国が言っているもので、自分たちがこういう形で包囲されているということで、こういう線を描いたのです。しかし、第一島嶼線はもう超えられています。経済の話ですけれども、台湾はもう中国と一体化して「東の窓口」になっている。昔は香港が「南の玄関」でした。そうすると、もうこの第一島嶼線は中国としては完全に突破した。これで封じ込めようなどというのは、こういうことを考えた時点から、すでに有効ではない。それは私が九七年当時すでに金門島で実感しています。けれどもそれを強引にやってきて、ついに完全に破綻した。この話は、キーティング大将が米太平洋軍司令官に就任して二〇〇八年に中国を訪問し、会談したときに始まっています。中国側の一部の若手将校が、ハワイを真ん中にして、太平洋をアメリカと中国で分けたらどうかと言い出した。とんでもない、そんな話には乗れないということをキーティングはその後、上院で証言し、アメリカの新聞が騒いで、中国を抑えなければいけないという議論が出てくる。これが二〜三年前の話です。その後、経済の面で状況が急速に変わります。

〔追記〕オバマ大統領は二〇一二年二月一三日、二〇一三年度の予算編成方針を示す予算教書を議会に提出し、国防予算を二〇一二年度より六％余り減らし、六一四〇億ドルと発表した。その一環として、沖縄の海兵隊をグアムに移転するための予算は、既存の飛行場の整備費として二六〇〇万ドルにとどめ、八割以上減額した。これは米中の縄張りが事実上、第二島嶼線をめぐる攻防に移ることを含意すると見てよい。マレン前統合参謀本部議長が述べたように、米太平洋軍は一方では国防予算の圧縮という内なる敵と、他方で、中国の海軍力との対峙という二つの敵に悩まされ、二〇〇六年の日米協議（日米のロードマップ）を堅持できなくなった。

私は二〇一〇年六月末にアモイから山間部の客家《ハッカ》の村に行ったのですが、そこへは台湾嘉義《かぎ》の黄氏一族がバス七台二〇〇余人の大部隊でやって来ていました。台湾と大陸がつながっているのは、昔から当たり前の事実です。それなのに、台湾を切り離して独立を支援して、防衛しようなんて、とんでもない間違い。だけど、日本で安保を考える人は、そういうばかなことを考えていた。

じつに皮肉だと思いますが、普天間問題で鳩山さんがいじめられ、右往左往して、ついに二〇一〇年六月に辞めました。たかが普天間という一つの基地のために。そのころアメリカは何をやっていたか。アメリカ政府は、二〇〇人の国務省の役人と閣僚クラス一〇人近くが中国へ行って、ものすごい議論をしていたんです。代表はヒラリー国務長官とガイトナー財務長官。ガイトナーは北京語ができ、いくらでも密談ができる。彼は若いですけれども、北京大学で中国語を勉強しています。ヒラリーは五日間中国にいました。鳩山と東京で話をしたのは何十分間かでした。しかも米中戦略・経済対話で経済が中心だったけれども、南アジア、インド、パキスタン、イランのことまでヒラリーは中国と話している。その辺のことは、もう中国と話をするしかしょうがないと。そういうときに辺野古云々で、日本の内閣は自滅している。いったいどういうことか。

私は日本が世界中の笑い物になっているのではないかと恐れます。軍事費はアメリカが圧倒的ですから、それと比べたら小さいのだけれども、中国はナンバー2です。経済力だけでなく、軍事費もナンバー2。アメリカとしては、核を持っている中国ですから、アジアの問題については中国と話をして、つまり「米中結託」で話を収めようというのははっきりしています。そういうときに沖縄の基地がどうだというのか、日本の新聞を見ていると、日本だけがアメリカの盟友みたいな書き方ばかりで、私はおかしくてしょうがないのです。これまでは沖縄は「不沈空母」扱いされてきましたが、中国の海軍力が第一島嶼線を越えると、沖縄の戦略的価値は変化せざるをえないし、いわんや県民の基地反対が表面化した以上、基地の存在価値はだいぶ揺らいできたと見ないわけにはいかないでしょう。

4　飢餓輸出と成金

労働の成果を安売りした飢餓輸出

中国の成金はピラミッド状です。頂上の資産一〇〇億元（一三〇〇億円）以上が中国全体で一四〇人くらい。平均年齢は五〇歳。その下、資産一〇億元以上だと一九〇〇人いる。一億元以上だと五万五〇〇〇人。資産一〇〇〇万元というと一億三〇〇〇万円で、購買力を考えたらもっと多い。それ以上の人が八七万人。つまり、ざっと一〇〇万人は資産一〇〇〇万元以上ですね。これが中国の新しい支配階級です。

中国の外貨準備高は今、日本の二倍ですが、二〇〇六年から急増しています。このときに中国は政策を間違えた。貯めた外貨は何に使っているか。一つはアメリカの国債を持つことです。一〇年前は問題にならないくらいで、一〇〇〇億ドル以下でした。それが二〇〇七年から急カーブで増え、日本は頭打ちです。

では、なぜ外貨準備が増えたか。貿易黒字がたまってきます。それから直接投資でも入ってくる。その累計です。本当はそれが外貨準備になるはずなのに、実際にはそんなには増えていない。ホットマネーとして外へ出てしまう。貿易や直接投資で入るものはきちんと押さえています。ところが、イリーガル（違法）な形で出てしまうものはわからない。ところが、二〇〇九年から流出が止まったように見えます。いや、実際には流出は続いているのです。しかし、それよりは入るほうが多い。不動産を買うカネ、株式を買うカネ、あるいは人民元は切り上げの方向しかありえないからとにかく人民元にしておいて儲けようというホットマネーとか、いろんな形です。

しかし、貯めればいいというものではなくて、貯めたのは中国のような国にとってマイナスですね。なぜ貯まったかというと、人民元を安くして、労働の成果を安売りしていた。飢餓輸出です。今、日本の議論は、これから先、ドルに対して何％上がるかといった議論ばかりしているから、まったく事柄の真実が見えない。いちばん大事なのは八五年のプラザ合意。そこから考えることです。人民元は、八五年から九四年にかけて三分の一まで下げてきていたのです（図1―4参照）。

このレートはオフィシャルなレートで、九五年まで発行されていた外貨兌換券のレートではありません。当時は、オフィシャルレートと兌換券とで五割から三割もギャップがありました。

元安に決めているから外貨が貯まる

朱鎔基の偉いところは、人民元がいちばん安い兌換券のレートこそが真実の実力であるというので、思い切って、ばしっとそこまで下げたことです。そうしたら完全に安定して、貿易黒字が貯まるようになった。通貨が安定して、貿易黒字が貯まっていけば、直接投資しても返済に問題はないだろうと、外資側が安心してどんどん投資する。それで貿易黒字がますます貯まる。直接投資はますます入る。そういう形で外貨準備高が積み上がっていきました。

長期的に見ると、人民元は八五年を一〇〇として、その後の一〇年間に三分の一の水準まで切り下げ、その後ずっと三分の一で来て、八五年をベースにすると、今、やっと四割をちょっと超えたところにいます。これを、五割くらいまで上げる（現状より二割程度の元高）のを当面の課題として設定すべきだし、ゆくゆくは七〜八割まで戻して当然です。急にやったら混乱するけれども、緩やかな元高なら輸出は少し減る程度でしょう。その代わり、元の購買力が強まるから消費者のプラスになるし、内需拡大は自然にできる。そういうふうに、この五年の外貨が貯まりすぎた過程で少しずつ軌道修正していくべきだった。しかし、一切やりませんでした。

その結果、今、あちこちで労働争議が起きていますが、それは当たり前です。賃金を徹底的に安くして、さらに、またそれを安いレートで安売りしてきた。本当は賃金を上げなくたって、元を高くしたら、同じ月給の額でも購買力は強くなりますね。そして外国の商品がたくさん安く入れば、同じ賃金だって、中国の労働者は十分豊かになれます。そういうことを一切やらないで、労働力については中国国内にいわば植民地を作った。農民工（出稼ぎ農民）というのは植民地労働の搾取形態です。彼らは出稼ぎには出て来られるけれども、都市の市民にはなれない。これは中国の「内なる植民地」です。そういう構造を前提として、低賃金労働の搾取を続けていた。それが第一。

第二に、人民元を安くすることによって、中国人の労働を安く売り渡した。そこで貯まったのが外貨です。それで米国債を買うなんていうのは愚の骨頂で、中国はまだ金利生活なんかやる余裕はない。そのカネは金利稼ぎでなく、国内に投資すべきです。あるいは労働者に分配すべきです。そうしない所得・為替政策はまったくでたらめで、これは経済学のイロハです。交換手段、支払い手段として黒字はもちろん必要ですが、せいぜい輸入額の半年分あれば十二分です。

それから価値尺度も問題です。価値尺度は今、恣意的に決めています。元安に決めている。だから外貨が貯まる。しかし貯まればいいというものではない。貯めるということは富、すなわち労働力を切り売りしていることを意味する。これは強制貯蓄です。こういうことはやってはいけないのです。余裕があるなら構いませんよ。まだ貧乏な国がこういうことをやるというのは、中国には、まともなエコノミストは一人もいないのかと言いたくなります。一〇年前までは中国の政策は割合まともだったのです。おかしくなってきたのはこの一〇年です。それから価値保蔵という問題もある。その意味でドルを持つ者はいないですね。ドルはこの先、安くなるだけです。急にアメリカが崩壊するとは思いませんが、ドルが強くなることはありえない。

こういう問題の意味が、中国のエコノミストはまるでわかっていない。アメリカが人民元を切り上げろと言ってくるので、要求を突っぱねることが国益を守ることだと錯覚している。これは政治レベルの話ではないのです。元を切り上げることは、ドルを貯める代わりに、人民元を強くし、国内の生活を良くすることです。そういう発想が全然ない。

マネーゲームばかりやっている

しかし、それは理由があるんです。外貨を自由化しないで、自分で管理しておくことは、管理する人にとってものすごく有利になる。それをヘッジファンドとして使えるからです。そういう方向で政策が動いているということが問題です。中国は「人民元しか使えない階級」と「ドルを使える階級」と二つの階級に分裂しています。人民元を交換性のない「半人前」の通貨のままにしておくのは大国として恥ずかしいはずなのに、「ドルを使える階級」から見ると、これが蓄財に最も便利なシステムなのです。飢餓輸出をやめて、輸出指向型経済を内需指向型経済に変えなければいけない。そういうことをやらないで、マネーゲームばかりやっている。なぜこういうことになってきたか。結論だけ言います。

要するに計画経済・社会主義経済から市場経済への移行期で、計画経済から市場経済へ向かったはずが、この数年「国進民退」である。つまり国有セクターの前進、民営部門の後退という話です。たとえば内需拡大に四兆元を投じるという話があったけれども、あれはほとんど国営部門に行っている。じゃぶじゃぶになって、株に回り、不動産投資に回り、今、インフレ傾向になっている。せっかく市場経済部門が発展してきたのに、逆転して、国営部門がカムバックしています。このことと経済政策は関係があります。

クローニー・キャピタリズム（crony capitalism 仲間内資本主義）というのはアメリカ人が言ったこ

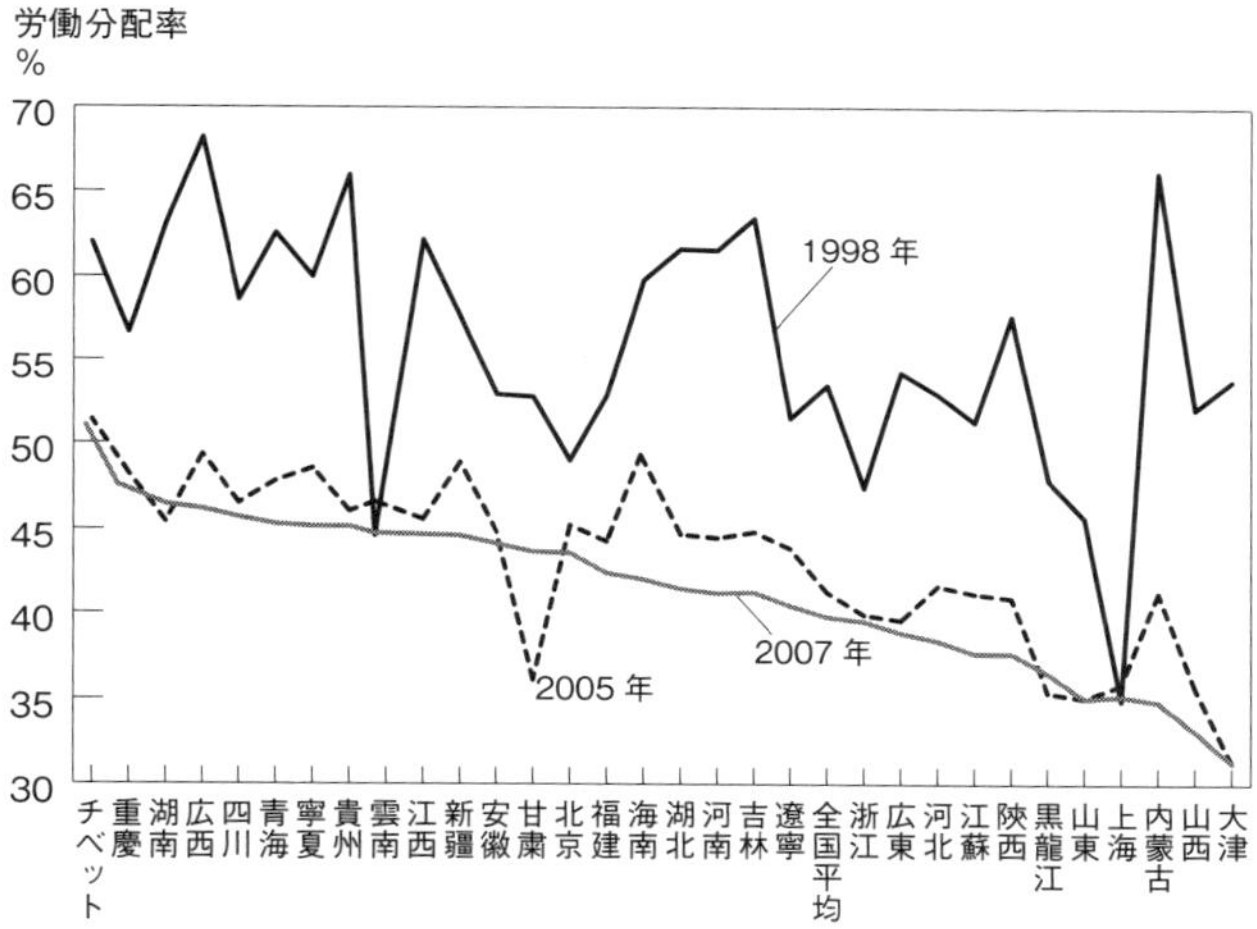

図6―1　和諧社会の現実――労働分配率の激減（1998年→2007年）
資料）『中国統計年鑑』各年版。

とで、中国では「権貴」資本主義（特権階級資本主義）という言い方があります。ただ、冒頭に言ったように「共産党官僚資本主義」、あるいは「国家資本主義」「一族資本主義」などというほうがわかりやすいのではないか。

発展の利益が労働に回っていない

元安で、やみくもに輸出して、国民の作った富をドルのような形で持っていることは、結局、金利はともかく、その部分は有効には使われていない。つまり労働への分配を低く押さえていることを意味します。それが図6―1にはっきりと出ています。上の線は九八年で一〇年前。下の線が一〇年後です。どの地域を見ても労働分配率はすべて下がっているじゃないですか。

非常に皮肉です。胡錦濤・温家宝体制のもとでは、それまでの高度成長のひずみを消して、「和諧社会」（調和のとれた社会）を作ろうということを二〇〇二年秋の党大会、〇三年春の全人代で発表したわけです。

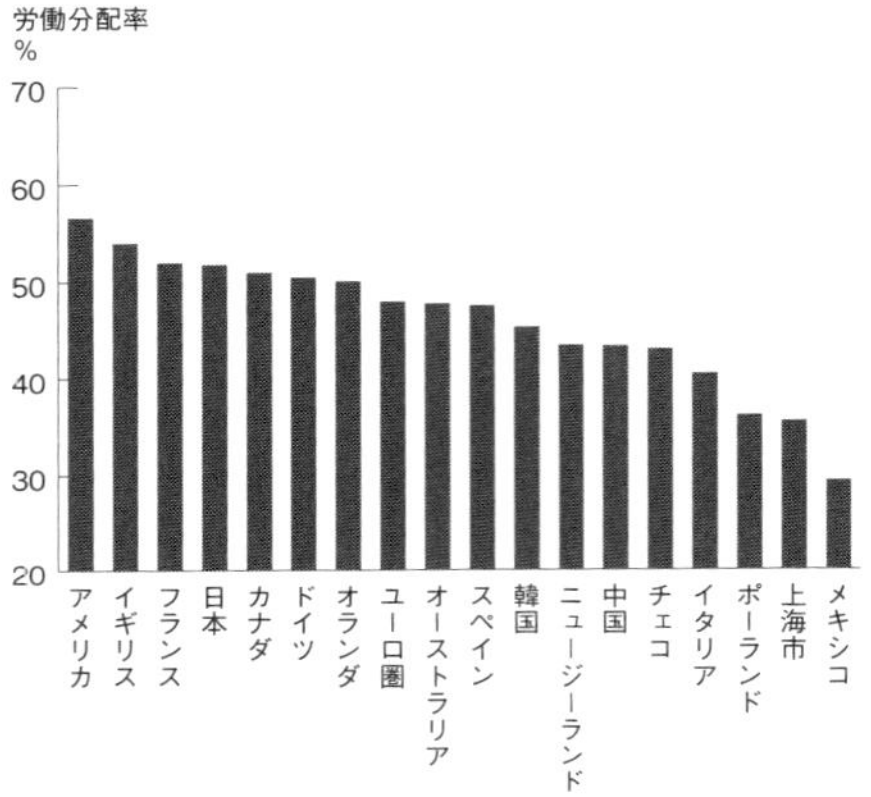

図6—2　労働分配率の国際比較（2004年）
注）中国は2004年のデータを公表していないので、2003年と2005年の平均値で代用した。
資料）OECD, OLIS Database.

ところが、実際にやったことはまったく逆でした。労働分配率をこんなにドラスチックに下げることをやっていたのです。ただ、自分で下げようと思って下げたのではなく、わかっていなかった。調べてみたら下がっていたのです。

つまり、元を安くして、飢餓輸出をやっていれば、労働分配率は減るわけです。富をドルの形で遊ばせておくわけですから。そんな余裕は中国には一切ないはずなので、どんどん投資しなければいけない。労働分配率から、今の政策が本当によくわかると思います。

図6—2はOECDの数字です。先進国で労働分配率が高いのは当然として、上海市がこんなに低い。常識で考えたら、上海市は中国でいちばん豊かですから、中国の平均より上に来て当然のはずなのに、そうなっていない。中国の統計の問題もあるかとは思うけれども、上海が低いのは明らかです。むしろ問題は、同じようなやり方でやって、この一〇年に激減している点です。労働分配率はマクロの数字ですから、そう急に変わるようなものではない。それが図6—1のように減っているということは、経済が発展しているときに、その利益は労働者のほうにはまったく回らなくて、全部ほかに回っていたということを意味します。

第7章　巨人・中国はどこへ行く

「打倒孔家店」から「孔子学院」の海外展開へ

中国共産党は一九二一年にコミンテルンの中国支部として誕生し、二〇一一年に建党九〇年を祝った。建党記念日は七月一日と定められており、これは当時の最高指導者・陳独秀たちが、この日に上海で建党宣言をしたからだとされるが、肝心の陳独秀に対する評価はいぜん「論定まる」とはいいがたい状況である。それだけではない。中国共産党の母体は、「賽先生」と「徳先生」に学ぶことを提唱した五四運動だが、「賽先生」は賽因斯（Science）すなわち科学尊重の精神であり、「徳先生」は徳莫克拉西（Democracy）の訳語であり、「科学と民主」が、いわゆる新文化運動の二大精神であった。孔子学説こそが中国の長きにわたる封建社会で形成された精神・道徳・文化体系であり、人民を精神的に奴隷化してきた元凶だから、これを打倒すること、すなわち「打倒孔家店」のスローガンが当時の時代的風潮であった。知識人たちは、ロシアの十月革命が送り届けてくれたボリシェビズムに鼓舞されて、革命に決起したのであった。

その後、九〇年にわたる曲折を経て、中国のイデオロギーは完全に逆転した。ストックホルム大学アジア太平洋研究所所長準教授池上雅子（『中央公論』二〇一〇年四月号）によれば、中国政府は世界中の大学内に孔子学院をつくることで、海外における中国研究教育を北京政府がコントロールする体制を整えつつあり、中国政府による孔子学院海外展開の手法は、一九三〇年代ファシスト・イタリア政府が自国の宣伝と外国人教化の目的を狙ってアメリカの学校に「イタリア語プログラム」を国費で大量に設けた「ムッソリーニ・モデル」に酷似している。すなわち特定の社会的価値観やイデオロギーの浸透が覇権安定に必要であり、国内的には情報操作・世論工作、対外的にはソフトパワーが重要なのだと池上は指摘している。

「打倒孔家店」から出発した中国共産党の革命運動が、「孔子学院」の海外展開に発展して今日に至るとは、鬼胎が鬼子を産み落としたものというほかない。共産主義運動・共産党イデオロギーの破産が明らかになったとき、伝統思想に回帰するほかない事情は、理解できないわけではないが、それにしてもこれほどの自家撞着に無頓着な精神構造は、普通の常識人の理解を逸脱したものである。海外に孔子学院が設けられた嚆矢は二〇〇四年一一月韓国ソウル市に設けられたものと伝えられるが、日本にもすでに少なくとも一二の孔子学院が存在する。

1　建党九〇周年と習近平体制・獄中の劉暁波

「五つのやらない」は政治改革の無期延期宣言

さて「賽先生」すなわち科学技術の発展についていえば、中国共産党政治局の顔触れの大部分が理工系大学の卒業生であり、この分野での取組みで成果を挙げていることは、さまざまな実績から明らかだ。「第一二次五ヵ年計画要綱」の項では、新世代情報技術産業、バイオ産業、ハイエンド産業、新エネルギー、新素材などにおける先端部門への取組みを紹介している。これらの例を一瞥するだけでも、九〇年間の科学技術における成功は理解できる。では、もう一つの「徳先生」はどうか。二〇一一年三月の全人代で呉邦国委員長は「五つのやらない」（五個不搞）を強調した。

①複数政党による政権交代はやらない（不搞多党轮流執政）。
②指導思想の多元化はやらない（不搞指导思想多元化）。
③「三権分立」と両院制はやらない（不搞三権鼎立和両院制）。
④連邦制はやらない（不搞联邦制）。
⑤私有化はやらない（不搞私有化）。

これらの五ヵ条については、従来から政治改革の課題として話題になってきたものであり、個々のトピックについてさまざまな議論が行なわれてきたが、一一年の全人代でこれらをまとめて「五つのやらない」を強調したのは、注目すべきだ。それは二〇一二年に開かれる第一八回党大会を控えて、政治改革の方向を基本的に否定したものと受け取れるからだ。呉邦国は政治局常務委員会において胡錦濤に次ぐナンバー2の位置にいる。胡錦濤に代わってナンバー2の高官が第一八回党大会における政治改革の無期延期を宣言したに等しいと筆者は受け止めて、一方では中国共産党の苦境の現れと理解し、他方でこの種の強圧路線の行方を危ぶむ次第である。

中国がリーマン・ショック以後の世界不況のなかで、高度成長を堅持して世界中から頼りにされていること自体は慶賀すべきだが、その統治のウラは薄氷踏むがごとき、累卵の危機にあることを「五つのやらない」は告白したに等しい、と読むのである。

劉暁波の「非暴力の思想」

以上のような危機感は、一人の人物に象徴される。二〇一〇年にノーベル平和賞を得た劉暁波である。劉暁波という男は、ノーベル平和賞を得たことで脚光を浴びたが、それだけなら一過性で終わる。むしろ中国当局が出国を許さず、「本人か家族限定」で手渡すルールの賞金を未だに入手できない不条理によっていっそう有名になったと見てよい。人々は、授賞式への出席すら許容できない中国政治の現実を改めて思い知らされた形である。

受賞の直接的契機は二〇〇八年暮、仲間を募ってメールで呼びかけた「零八憲章」（二〇〇八年アピールの意）である。憲章を読んだ友人から「新しいことが何も書いていない、どこがノーベル賞級の発言なのか、教えてほしい」と問われたので、著者はこう答えた。その通り。劉暁波はあまりにも当たり前のことを主張しているにすぎない。フランス革命など近代の欧米社会を中心に発展してきた人権尊重の価値観を中国でも、「人類の普遍的価値」として尊重しよう、と呼びかけただけである。とびきり独創的な思想や難解な哲学を語ったものではない、と答えたところ、ではなぜそれが平和賞なのか、と重ねて問われた。

中国当局が「普遍的価値」に背を向け、「人権」よりも「国権」が必要だ、など時代錯誤の強圧政策を続けているからではないか。天安門事件が発生した一九八九年六月四日未明、劉暁波はハンスト四人組の仲間とともに広場制圧を指揮する戒厳部隊の政治将校と交渉し学生の逃げ道を用意させ、広場撤退局面での流血を回避した。これは火中の栗を拾うきわめて勇気ある行動で、劉暁波の名はこのとき、人々の脳裏に刻み込まれ、第一の劉暁波伝説が生まれた。広場の制圧後、少なからぬ有名知識人や学生指導者たちが亡命したが、劉暁波は国内に留まり秦城監獄に投獄され、ここで第二の劉暁波伝説が生まれた。亡命の根無し草化を予期しての国内居残りか。

劉暁波が「広場ハンスト宣言」以来一貫して語りつづけているのは「私には敵はいない」という思想であり、授賞式ではノルウェーの女優リブ・ウルマンが代読した。「私には敵はいない」という思想とは、何を意味するのか。

中国共産党は長いゲリラ闘争を経て「銃口から政権が生まれる」という暴力革命で政権を得た。その政治的暴力はさらなる暴力支配を生み、中国共産党の統治全体が血塗られ、今日に至る。劉暁波はこの「暴力の連鎖」を見据えて「非暴力の思想」を対置したのではないか。劉暁波の「非暴力の思想」がガンジーやキング牧師の非暴力と重なることは明らかだが、これは単なる模倣ではない。文化大革命期に中学・高校に進学する機会を奪われた紅衛兵世代が、自らの痛切な体験を通じて獲得した思想と解してよい。こうして劉暁波は現代中国の政治的暴力を根源的に否定し、中国共産党の握る政権の支配の正統性に疑問を提起しつづけている。彼の主張は「非暴力の思想」により「社会を変え、政権を変えよう」という穏健きわまるものだ。秘密結社を呼びかけたり、政治テロを主張したものではない。にもかかわらず、彼は「国家反逆罪」の重刑を受けたのであった。

劉暁波裁判とは、建党九〇周年の前年に中国共産党が行なった裁判だが、この裁判は建党百年あたりの時点では、堅持されようが、建党一五〇年史、あるいは建党二〇〇年史（現実にこの党が存在するか否かはさておき）では、どのような姿であろうか。おそらく、そのとき劉暁波ではなく、国家反逆罪として一人の市民を裁いた国家自体が被告席にいるのではないか。

2　第一一次五ヵ年計画実績と第一二次五ヵ年計画目標

第一一次五ヵ年計画（二〇〇六〜二〇一〇年）の実績

まず第一一次五ヵ年計画（二〇〇六〜二〇一〇年）の実績をみておく。目標は年率七・五％と設定されたが、実績はこれをはるかに上回る一一・二％であった。これにより二〇〇五年時点で一八五兆元であったGDPは三九八兆元に増え、日本のそれを上回ったことは、二〇一〇年に大きな話題になった通りである。とはいえ、一人当たりGDPを見ると、二〇〇五年一万四一八五元から二〇一〇年二万九七四八元に増えたものの、依然発展途上国レベルである。

これだけのGDPを生産するために用いたエネルギーをどれほど節約できたかを見る「GDP原単位（一万元）当たりのエネルギー消費削減率」は二〇％を目標としたが、実績は一九・一％にとどまり、目標に及ばなかった。中国経済は依然エネルギー多消費型、「質よりも量を」追求している姿がここに浮かぶ。「工業付加価値の原単位（一万元）当たり水消費量削減率」は、目標三〇％に対して実績は三六・七％で、目標を上回った。これはむろん大いに歓迎すべき成果だが、その内実を見ると、華北における水資源不足のために、やむなく節約を迫られた形である。つまり、華北地区の水資源不足はいよいよ深刻なことがわかる。

都市の登記失業率は、五％を目標としていたが、実績は四・四％であり、達成した。ただし、「登記失業率」は現実の失業者の約半分をカバーするにすぎないとみるのが労働経済学者の常識であり、実際の失業者は約一割程度とみてよい。近年は労働力需給のミスマッチがしばしば指摘されている。一方で、失業者の求職難が語られる反面（特に非有名大学卒者）、企業からは求人難の苦情も多い。産業構造の転換に伴う摩擦失業者も少なくない。

とはいえ、基本的には中国経済は高度成長を続けており、雇用は旺盛であり、先進国の低成長経済とは、体質が異なる。都市住民一人当たり可処分所得は、年率五％増目標を超える八・七％の実績となり、一万九一〇九元（為替レートで二四六万円）となった。ＧＤＰの成長率一一・二％と比べると二・五ポイント低い。農民の一人当たり純収入は二〇一〇年五九一九元（同上七六万円）であり、年率八・九％の伸びであった。伸び率では都市所得をわずかに上回ったが、都市は農村と比べて三・二倍の格差であり、この格差はほとんど固定している。

こうしたなかで、雇用者所得は二〇〇三〜二〇〇七年に極端に落ちこんでいる。二〇〇八〜〇九年には若干の回復が見られるものの、〇九年時点で四六・六％にとどまっており、九〇年代後半の五〇〜五一％水準さえ回復していない。①為替政策における人民元安という「飢餓輸出」路線と、②高度成長の過程で所得政策に対する配慮を欠いていたことにより、中国の広範な勤労階級は、高度成長の果実の分け前を十分に享受できなかったことが、労働分配率の低下傾向からわかる。

高度成長により中国の庶民生活が改善されたことは事実であり、これを否定すべきではない。問題は、これだけの高度成長があれば、成長の果実はもっと勤労階級に均霑できるはずだという話である。

第一二次五ヵ年計画（二〇一一～二〇一五年）の成長目標

では、この第一一次五ヵ年計画を踏まえて、二〇一一年からスタートした第一二次五ヵ年計画（二〇一一～二〇一五年）の概要をみておくことにしよう。経済発展から国民生活まで四分類二四項目からなる。「属性」を見ると、「予測性指標」一三項目と「拘束性指標」一四項目に分けられる。計画経済体制のもとでの五ヵ年計画は、すべて「拘束性」指標から構成されていたが、市場経済体制への移行に伴い、多くの指標が計画当局の命令により、執行を強制する「拘束指標」から、市場経済の発展見通しを展望するガイドポストに性格を変えたのである。当局の命令によってではなく、市場動向を分析して、個々の経済主体が動くシステムへの転換が行なわれ、それに対応して、およそ半分の指標が「拘束性」を失い、「予測性指標」となった。

では、市場経済システムへの移行後もなお残る「拘束性」とはなにか。たとえば九年制義務教育の達成率九三％に拘束目標を課している。また省エネや環境汚染物質の排出に対する規制は、中国経済の体質改善や地球環境保護に対する国際的義務の履行を意図してのことだ。人民生活では、社会保険への加入目標を義務として課していることがわかる。

こうして行政が規制すべきは規制しつつ、それ以外の経済活動については市場動向を踏まえて、というのが市場経済導入以後の中国のガイドポスト型経済計画のやり方である。つまり、五ヵ年計画という名称は、これまでと同じだが、計画の中身は大きく変貌している。その自由度こそが高度成長を

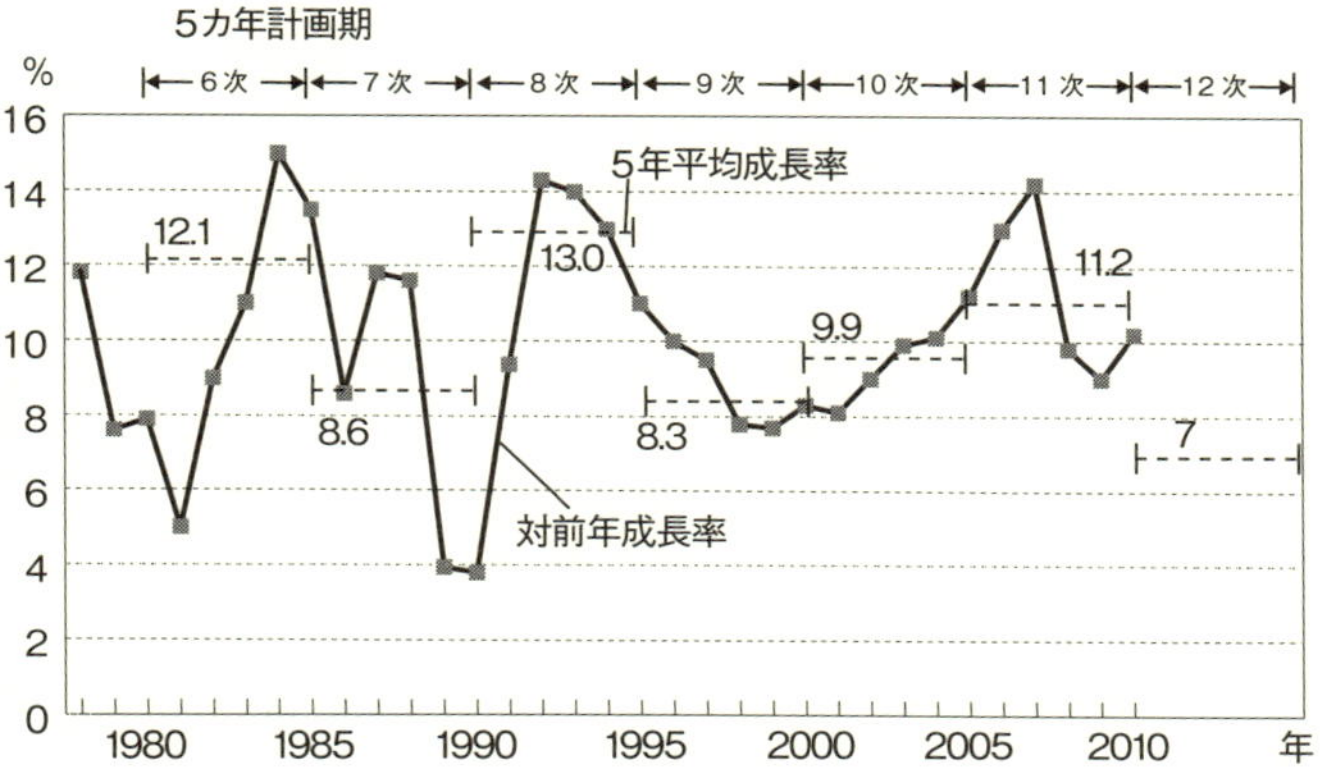

図7―1　過去の5ヵ年計画期のGDP成長率と12－5計画の目標
資料）『中国統計摘要』2011年版。

支えている。説明の順序を少し変えたのは、「予測性・拘束性」の意味を説くためであった。第一二次五ヵ年計画の全体像を概括するには、図7―1が便利であろう。第一二次五ヵ年計画を歴次の五ヵ年計画に位置づけてみよう。

改革・開放期の最初の五ヵ年計画は、第六次五ヵ年計画（一九八一～八五年、年平均成長率一二・一％）であった。ついで第七次五ヵ年計画（一九八六～九〇年、年平均成長率八・六％）、第八次五ヵ年計画（一九九一～九五年、年平均成長率一三・〇％）、第九次五ヵ年計画（一九九六～二〇〇〇年、年平均成長率八・三％）、第一〇次五ヵ年計画（二〇〇一～〇五年、年平均成長率九・九％）、第一一次五ヵ年計画（二〇〇六～一〇年、年平均成長率一一・二％）と続き、今回の第一二次五ヵ年計画を迎えた。

ピークは第六～八次計画であり、第一一次はこれらに次ぐ高度成長である。これらの循環を眺めると、第一二次五ヵ年計画の七％目標はきわめて控え目なものであることは、容易に察せられよう。控え目な目標を設定して、計画四年目あたりで、「五ヵ年分を達成」とブチあげるのは、中国共産党の御家芸化している。

なぜこのような形になるのか。答えは「官僚主義」のためである。省レベルの党書記や省長たちを任命したのは中共中央組織部である。だから彼らは中央組織部の勤務評定のために働く。制度からいえば、彼らは省レベルの党委員会や人民代表大会で選ばれるが、これは形式に留まる。実質的には中央組織部によって派遣され、その部門が勤務評定を行なっているから、そこへ向けて成果を自己宣伝しなければならない。この場合、「目標を何％超えた」という数字が成績を計る最も簡便な方法になっている。むろんＧＤＰの数字一本槍ではよくない。「グリーンＧＤＰ」のような環境保護を折り込んだ指標の必要性も語られるが、実際にはやはり旧来の何％超過達成が有力なモノサシである。

世界金融危機以後での五ヵ年計画

第一二次五ヵ年計画の正式名称は「中華人民共和国国民経済和《と》社会発展第十二個五年規画綱要」である。ちなみに、中国語で「規画」とは、日本語の中期計画、長期計画に相当する。すなわち、中国語の「計画」とは、予算の裏付けが確定している「年度計画」であり、これを超える「五ヵ年計画」「一〇ヵ年計画」を中国では「規画」と呼ぶ習慣があり、これは第一次五年計画（一九五三～五七年）をソ連から導入して以来のものだ。

「五ヵ年計画」の編制工作は、およそ次の四段階からなる。①期調査研究、②編制起草、③論証衔接（整合性の点検）、④審批（審査批准すなわち許可）発布の四段階である。各部委省市区は二〇〇九年下期に初歩的に「当該領域、当該地区」の規画をまとめて統一したものを国務院に送り、全国の「十二五規画」を編制する。そして二〇一〇年下期に、中共一七期五中全会で「建議稿」を討論する。これは党レベルで意見をまとめて、それを全人代および政協に「建議する」ものであるから「建議稿」と呼ぶ。二〇一一年三月の全人代および政協で審議し、採択し、実施する段取りになる。

経過を顧みると、二〇〇八年一一月六日、国家発展計画委員会は「新聞通気会」を開き、同委員会規画司李守信司長が、スケジュールを三点語った。第一は、「前期重大問題研究」である。これは第一一次五ヵ年計画において特に重視すべき重要ポイントを指摘したものである。第一七回党大会（二〇〇七年）や国連ミレニアム計画、そして「小康社会建設」などのかねての目標を再確認するとともに、計画の「科学性、有効性、権威性」などを論じたものであった。第二は、「八領域三九題目」からなる「十二五規画前期重大問題」を示したことである。第三は、国家発展改革委の「十二五規画前期重大問題研究についての公告」を発表し、全国の大専院校、科研院所、大型企業、行業協会、国際組織などに対して「課題研究」を呼びかけたことである。国家発改委副秘書長楊偉民は、これについて重点ポイントを指摘し、①構造調整を主な目標とすること、②「富民」の任務を突出させること、などを挙げた。

さらに第一二次五ヵ年計画は建国後六〇年を経て、新たな六〇年へのスタート地点に立つこと、国際的には世界金融危機以後の世界経済の構造変化後、初めての五ヵ年計画であることが意識されている。さらに中国の一人当たりＧＤＰは現在三二〇〇ドルに達しており、一人当たり三〇〇〇ドルという水準は「工業化の中後期」段階であり、これまでの離陸期とは異なる段階であることも認識されて

表7－1　「規画区域の戦略布局の輪廓」の八項目39ヵ条のテーマ

八項目	39ヵ条
一　発展環境	1　世界経済の趨勢と中国への影響
	2　中国のマクロ経済の趨勢と発展方向
二　考え方の目標	3　「十二五規画」総体の研究
	4　「十二五規画」発展目標の研究
	5　経済発展方式の考え方と対策の研究
三　産業構造	6　産業構造高度化の研究
	7　中国産業競争力の研究
	8　現代サービス業発展の研究
	9　中国的特色をもつ農業現代化の研究
	10　食糧安全問題の研究
	11　エネルギー発展戦略の研究
	12　交通運輸発展の戦略研究
四　都市・農村地域発展	13　地域の協調発展促進の研究
	14　中国的特色をもつ都市化の研究
	15　都市・農村の統一的発展の研究
	16　生産力布局の合理化戦略の研究
	17　主体機能規画のメカニズムと政策の研究
五　科学教育文化	18　イノベーション能力の研究
	19　人的資源強化対策の研究
	20　ソフト力戦略の研究
六　改革開放	21　経済体制改革深化の総体的道筋
	22　国有経済改革の研究
	23　現代市場体系の研究
	24　行政管理体制改革の研究
	25　社会管理体制改革の研究
	26　資源の要素価格改革の研究
	27　財税体制改革の研究
	28　金融体系と金融リスク防止の研究
	29　対外開放の新枠組みの研究
七　人民生活	30　居民生活水平向上の研究
	31　収入分配制度改革の研究
	32　社会保障体系の研究
	33　住宅保障体系の対策
	34　就業拡大戦略の研究
八　資源環境	35　生態文明建設戦略の研究
	36　省エネと排出削減問題の研究
	37　循環経済発展の戦略研究
	38　生態環境と資源補償メカニズムの研究
	39　災害応急体系の研究

いる。『瞭望』（二〇一〇年六月五日号）によると、「規画区域の戦略布局の輪廓」の八項目三九ヵ条のテーマは、表7―1のようなものである。

ここで特に紹介しておきたいのは、「地域戦略布局」の輪郭である。①長江デルタ、②珠江デルタ、③北京・天津・河北省は、今後「三大成長極点」となる。中国改革開放期の三〇年には、「諸侯割拠」的に、デタラメ発展も行なわれたが、今後は「科学的発展」、「持続可能な発展」に力を入れる。合わせてこれまでの西部開発、東北地区振興、中部地区開発、海峡西岸経済区にも力を入れる。

3　産業構造高度化の課題

「ローエンドの産業」からの脱却

中共中央政治局は二〇一一年五月三〇日午後、戦略的新興産業の育成について第二九回集団学習を行った、と新華社電が伝えた。これによると、胡錦濤総書記は科学技術成果の「産業化」を強化し「戦略的新興産業」の「急速で健全な発展」を促すと強調した。この学習会では清華大学公共管理学院の薛瀾教授、国務院発展研究センター産業経済研究部の馮飛研究員がこの問題を解説したと報じられた。この短い記事からもわかるように、「戦略的新興産業」は第一二次五ヵ年計画期における産業政策のキーワードの一つである。

この学習会を終えた六月七日、新華社電は、中国国家発展改革委員会の関係者の言として、当局が「外資投資産業指導目録」の内容を修正し、国が定める戦略的新興産業への外資の参入を支援すると決定している。その背景は、商務省研究院によれば、戦略的新興産業と現代サービス業への「外資の参入」を促すことは、国内産業の水準向上の方針に合致し、産業構造の調整に有利に働くからだと説明している。

情報技術、バイオ、ハイエンド装備を「基幹産業」に

顧みると、国務院が「戦略的新興産業の加速育成に関する決定」を行なったのは、二〇一〇年一〇月であり、これによると、二〇一五年には「戦略的新興産業のGDPに占める比率」を八％前後に高め、さらに二〇二〇年には一五％前後に高める目標が提起されている。

ここで「決定」から核心部分を確認しておきたい。重点は①省エネ・環境保護、②新世代情報技術、③バイオ、④ハイエンド機械設備製造、⑤新エネルギー、⑥新素材、⑦新エネルギー自動車、以上七大産業の育成と発展を明確にしている。そして二〇二〇年には、②新世代情報技術、③バイオ、④ハイエンド機械設備製造が国民経済の「基幹産業」となり、⑤新エネルギー、⑥新素材、⑦新エネルギー自動車が「先導産業」になるという展望を示している。

「中国はGDP強国」になるだけでなく、「現代産業強国」になり、「ローエンドの産業連鎖から脱却する」――これが中国の戦略である。七大新興産業の主要な任務のうち、たとえば新エネルギー産業については、次世代原子力技術と先進的原子炉の研究開発を確定し、多元的な太陽光発電、太陽熱発電市場を開拓すること、風力発電の技術と装備のレベルを高め、風力発電の大規模化を進める方向も提起している。政府の支援策として、「決定」は、医薬、新エネルギー、資源的製品については「価

格形成の仕組みの革新」と「課税による調整の仕組み」を打ち出している。すなわち新エネルギーの割当制、新エネルギー発電全量買取保障制度、電力体制改革などを構想している。「一五％という数値目標」から、中国の戦略的新興産業に対する支援はかつてなく強化される、実施細則もほどなく制定される、という見方が行なわれている（『北京商報』二〇一〇年一〇月一九日）。

戦略的新興産業の基礎はどのようにうち立てられるか

「国務院の戦略的新興産業の育成・発展の加速に関する決定」では、二〇年の時間（二〇一一〜二〇三〇年）をかけて、省エネ・環境保護、次世代通信技術などの七つの戦略的新興産業を世界のトップレベルに引き上げる目標をうち出した。二〇一一年は第一二次五ヵ年計画が始まる年であり、戦略的新興産業の基礎をどのようにうち立てるかが、各界の注目する焦点となっていると『国際金融報』（北京二〇一〇年一〇月一八日発新華社電）が伝えた。

(1)　新エネルギー産業──変化の年

政策による後押しを受けることや、国内・海外市場の好転により、二〇一〇年の中国新エネルギー産業は「百花斉放」の様相を呈したが、二〇一一年には調整期を迎えよう。業界の予測によると、二〇一一年には中国の風力エネルギー産業と太陽電池産業の発展ペースは鈍化し、原子力エネルギーをめぐる建設が目立って加速する見込みだ〔その後、福島原発事故を踏まえて一定の見直しが行なわれようが、基本方向が転換する可能性はほとんどない──筆者注〕。風力エネルギー産業は、第一一次五ヵ年計画期間に毎年一〇〇％を超える成長率で市場が拡大し、二〇一〇年には明らかに転換点を迎えた。二〇一〇年の風力発電設備の年間増加率は五〇%に上るとみられ、二〇一一～一二年には三〇%に鈍化する見込みだ。

中国の太陽電池産業は、過去二年間に急速な成長を遂げ、二〇一〇年の太陽電池生産量は八ギガワット（GW）に達し、世界の生産量全体の五〇%を占めた。だが中国企業の生産能力が拡大を続ける一方で、欧州市場は飽和状態に近づいた。海外市場の萎縮により、需要側は総合力の高い太陽電池メーカーにより多くの注文を出さざるを得なくなり、二〇一一年には中国太陽電池メーカーに、強い者はより強く、大きい者が小さい者を飲み込む形の市場調整が進められよう。原子力エネルギー産業は、二〇一一年は急速拡大の年になる。国の「原子力発電中・長期発展計画」によると、原子力発電の発展目標は、二〇年に稼働する設備容量を八〇〇〇万キロワットに引き上げるというものであり、原子力発電所の建設周期が四～五年であることを考えると、一五年の設備容量目標は一五〇〇万キロワットを超える。この目標を達成するには、二〇一一年に十分な量の原子力発電所の着工を確保しなければならない。そこで国内の専門家は、新エネルギー政策の後押しを受けて、二〇一一年には国内の原子力発電所建設が急ピッチで進められるとの見方を示している。

(2)　ハイエンド設備製造業――「スマート化」の年

設備製造業は中国の戦略的産業、製造業の基礎であり、中核的競争力でもある。現在の設備自給率は八五%だが、ハイエンド機械設備製造はまだ輸入にほとんどを頼っている。ハイエンド設備製造業が国の七大戦略的新興産業の一つに定められたことにより、今後は国民経済における地位がかつてないほど高まることが予想される。また中国の経済発展プロセスにおける都市化プロセスや経済発展モデルの転換プロセスにおいて拡大する国内需要も、ハイエンド設備製造業の発展に大きな可能性を切り開く。こうしたプラス要因の後押しを受けて、ハイエンド設備製造業が第一二次五ヵ年計画スタートの年に発展ペースを加速させることは確実だ。ハイエンド設備製造業を代表し、大きな戦略的意義をもつのは航空宇宙産業である。また高速鉄道もハイエンド設備製造の発展における「スター」だ。中国製造業が二〇一一年から「スマート化」の時代へと大きな一歩を踏み出す。

(3) 新エネルギー車産業――技術挑戦の年

二〇一一年は新エネルギー車が実質的な発展をスタートする年になる可能性が強い。自動車の農村部での普及政策や買い換えへの補助金政策は二〇一〇年一二月三一日で終了したが、二〇一一年も財政補助金の形で省エネ自動車や新エネルギー車の普及を引き続き推進する。中国の新エネルギー自動車産業は依然として関連設備の不足、中核技術を掌握していないこと、非常に高価な価格といった発展のボトルネックに直面しており、このためウォーレン・バフェットの支持する比亜迪（BYD）汽車であれ、先手必勝がモットーの北京汽車、吉利汽車、奇瑞汽車であれ、「ナショナル・チーム」である中央企業（中央政府直属の国有企業）連盟であれ、しばらくは商業化の道を切り開くことは難しい。こうした問題が解決されなければ、新エネルギー自動車産業は伝統的な自動車工業と拮抗することはできまい。

(4) 環境保護産業――戦略モデル転換の年

「国務院の戦略的新興産業の育成発展の加速に関する決定」は省エネ環境保護産業を七大新興産業の首位に置く。国家発展改革委員会のデータによると、今後長期間にわたり、環境保護産業は年平均一五〜二〇％の成長ペースを維持することが予想される。第一二次五ヵ年計画期間中、省エネ環境保護産業は戦略的新興産業として、第一一次五ヵ年計画期間の二倍以上に相当する三兆元を超える投資を必要とし、徐々に世界最大規模の省エネ・環境保護産業に成長するとみられる。省エネ・環境保護産業は空前のチャンスを迎え、今後三〜五年間には第一一次五ヵ年計画が重点的に支援した新エネルギー産業に取って代わって爆発的な発展を遂げよう。省エネとは主に工業分野の省エネと建築分野の省エネを指し、環境保護とは主に汚水処理、固形廃棄物処理、脱硫、脱硝酸、粉塵除去などを指す。中国の省エネ・環境保護産業を俯瞰すると、各環節の競争やグレードアップが産業チェーン全体の競争になっていると同時に、企業はプロジェクト主導型の収益モデルから産業チェーン主導型の収益モデルへと移行しつつある。

(5) 情報技術産業——三網融合の年

二〇一一年は次世代通信技術産業にとって、政策面でも技術面でも好材料がそろう最善の年になる。次世代通信産業とは、次世代通信ネットワーク、物流網、三網融合（電気通信ネットワーク、ラジオテレビ・ネットワーク、インターネットの三つのネットワークの融合）、新型平面ディスプレイ、高性能集積回路、ハイエンドソフトウェアなどを網羅する。三網融合についていえば、二〇一一年は有線ネットワークの省レベルネットワークの調整、地域をまたがった合併買収、大規模な三網融合の新業務の推進を完了する重要な年になる。現在、全国で有線ネットワークの整備が完了した省・自治区・直轄市は一四ヵ所にすぎず、県や郷のレベルではほとんど整備が進んでいない。残りの一七省・自治区・直轄市では整備が進行中で、その進展状況に応じて、二〇一一年には有線ネットワークキャリアの利用者数が倍々成長を遂げよう（「人民網日本語版」二〇一一年一月一〇日）。

4　懸念されるインフレと従属人口の増大

デマンド・プル型インフレからコスト・プッシュ型インフレへの転換

二〇世紀から二一世紀への転換時に、中国経済はデフレに悩まされていた。ところが二一世紀最初の一〇年の後半期はインフレが庶民の生活を直撃している。このインフレについて、二〇〇八年秋のリーマン・ショックに対応すべく中国当局が打ち出した四兆元緊急支出がインフレの原因だと見る見方が少なくない。改革開放期の二つのインフレは、いずれも過剰な通貨供給が招いたインフレであるところから、その類推で二〇〇七年以降のインフレの原因を通貨供給に求める見方が出てくるのは、無理からぬところがある。

しかしながら、図7―2Cからわかるように、二〇〇九年におけるマネーサプライ（M2＝現金通貨＋預金合計）の激増とこの年における物価の対前年伸び率マイナスは際立った対照を見せている。このことから判断して、M2の増加が物価値上がりの犯人とは、到底いえまい。二〇〇六年を底として二〇〇七〜〇八年の物価は都市・農村ともに値上がり基調であり、リーマン・ショックのために、二〇〇九年は一時的に対前年マイナスを記録したものの、二〇一〇年には値上がり基調に戻していることが読み取れよう。ここから二〇〇七年以降のインフレは従来の需要超過型インフレではなく、むしろ災害や外国輸入資源など供給サイドの要因に起因するコスト・プッシュ型インフレと見るのが妥

A　1978 年～ 92 年——80 年代央の貸出増が天安門期のデマンド・インフレを作った

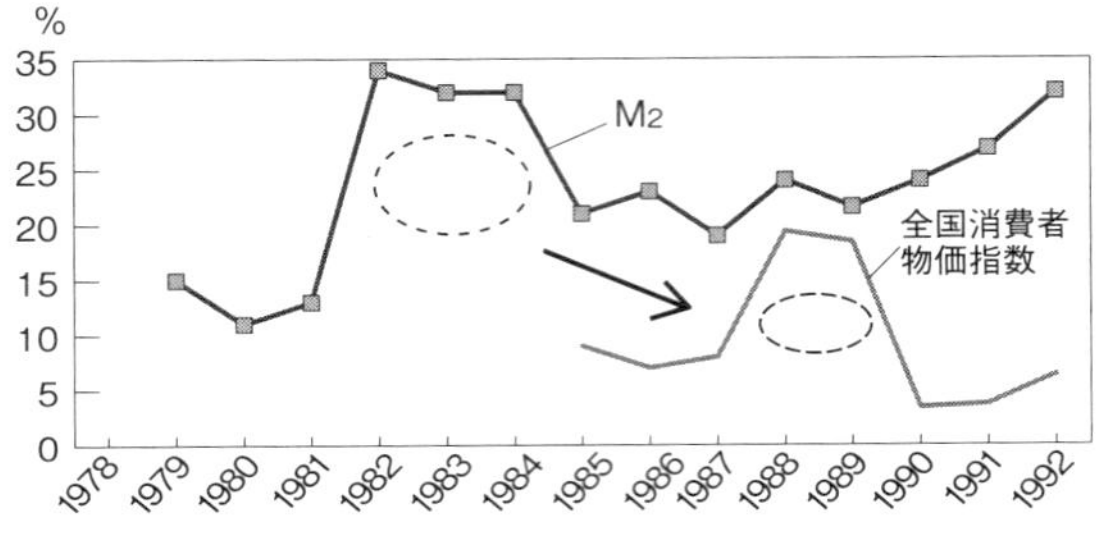

B　1988 年～ 2000 年——1992 ～ 93 年の南巡講話が招いたデマンド・プル・インフレ

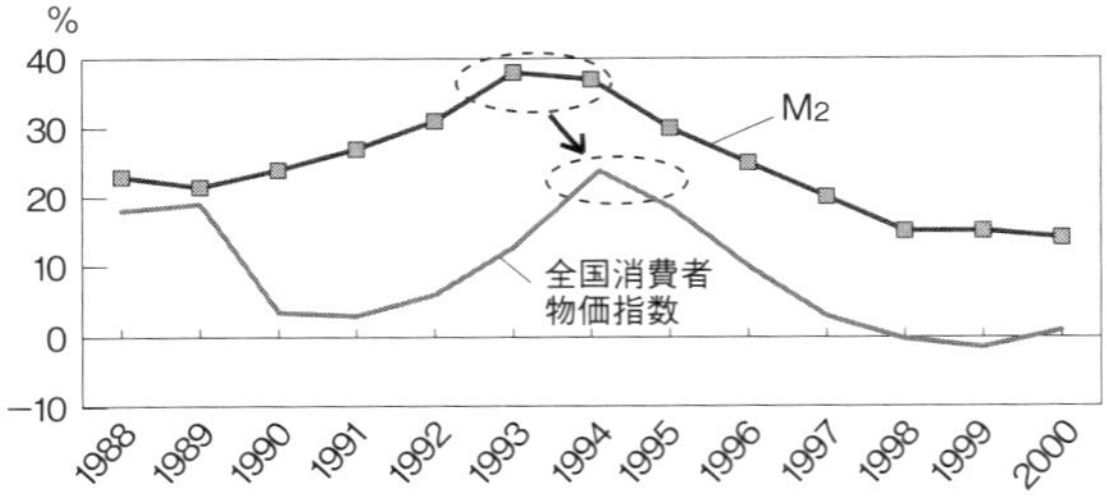

C　2001 年～ 2010 年——2007 ～ 08 年以降のインフレはコスト・プッシュ型

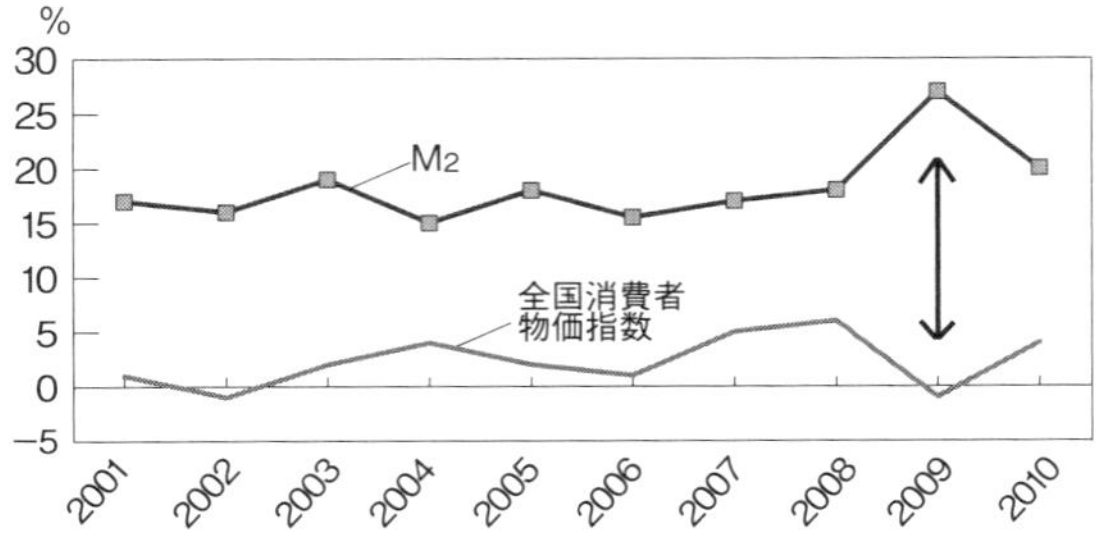

図 7—2　マネーサプライ（M2）と消費者物価指数（1978 年—2010 年）

資料）『中国統計年鑑』各年版。

当だという話になる。

今回のインフレは八〇年代、九〇年代のそれと異なる

中国人民銀行および国家統計局がマネーサプライ（M２）のデータを定期的に出すようになったのは一九九一年以降であり、八〇年代はそのデータが得られない。そこでこの期については、『金融安定報告』各年版から銀行貸出を調べて、その「貸出増」をもって、M２の対前年伸び率の代わりに用いる。こうして「代替M２」（じつは銀行貸出増）と物価値上がりの関係をみると、明白な因果関係が浮かび上がる（図7―2A）。すなわち、一九八二～八四年のいわゆる改革躍進に伴う通貨供給増が、三年遅れて一九八八～八九年の狂乱物価現象をもたらし、それが人々の心理を動かし、天安門広場へ駆り立てたのであった。「官倒」（すなわち官僚ブローカー）が目の敵にされた。本来公定の市場に回すべき自転車などの生活品をヤミ市場に密かに回して暴利をむさぼる役人が怨嗟の的になった。当時は、丈夫で長持ちする自転車が庶民の憧れの的であり、現在のマイカー・ブームとは、まさに様変わりの市場風景だ。

次に、一九九一年の旧ソ連解体に危機感を抱いて、鄧小平が改革の死守を訴えた九二年の南巡講話が、デマンド・インフレを招いた（図7―2B）。鄧小平の呼びかけに呼応する形で、一九九二～九三年の中国経済は、天安門事件後の逼塞状況から一挙に改革の春を迎えた。一九九一年後半から増え始めたM２は九三年にピークを迎えた。これを後追いするかのように、物価は九四年にピークを迎え、やがて一九九七～九八年のアジア通貨危機の時期につながる。先行するM２に導かれる形のインフレ

は、基本的な構図において八〇年代と同じパターンである。ここから八〇年代と九〇年代の中国のインフレはいずれも先行するM２に導かれたデマンド・インフレだと結論してよい。

このパターンと、二〇〇七年以降のパターン（図7―2C）は、明らかに異質である。これは八〇年代、九〇年代の高度成長を経て、中国経済に供給面での隘路が生まれ、この経済構造の転型に伴う原材料、労働力などの供給摩擦が今日のインフレをもたらしていると見てよい。八〇年代から二〇一〇年に至る三〇年の高度成長が中国経済の基底を大きく変貌させつつあることは、明らかな事実であり、このような構造変化を踏まえて第一二次五ヵ年計画が推進されることになる。

「人口オーナス時代」の負担を一人っ子が支えきれるか

経済発展を支えるさまざまの要素のうち、最も重要な要素が人口すなわち労働力であることはいうまでもない。エコノミスト藻谷浩介の書いた『デフレの正体――経済は「人口の波」で動く』は、タイトルそのままに、日本経済を襲っているデフレの正体は、少子高齢化が原因なのだと説いて大きな話題を呼んだ。なるほど、バブルが弾けて以後長く続く日本経済の低迷と、躍進する中国経済の最も際立った特徴が若い労働力人口の豊かさにあることは、誰もが実感しているところである。藻谷浩介流の観点によれば、中国のこれからの労働力需給展望は、大きな関心の的になることはいうまでもない。

図7―3、図7―4は、『国連世界人口展望』（二〇一〇年版）に基づく。中国はこれまで子供と老人が少なく、生産年齢人口の多い「人口ボーナス」状況をフルに活用してきた。それどころか、これ

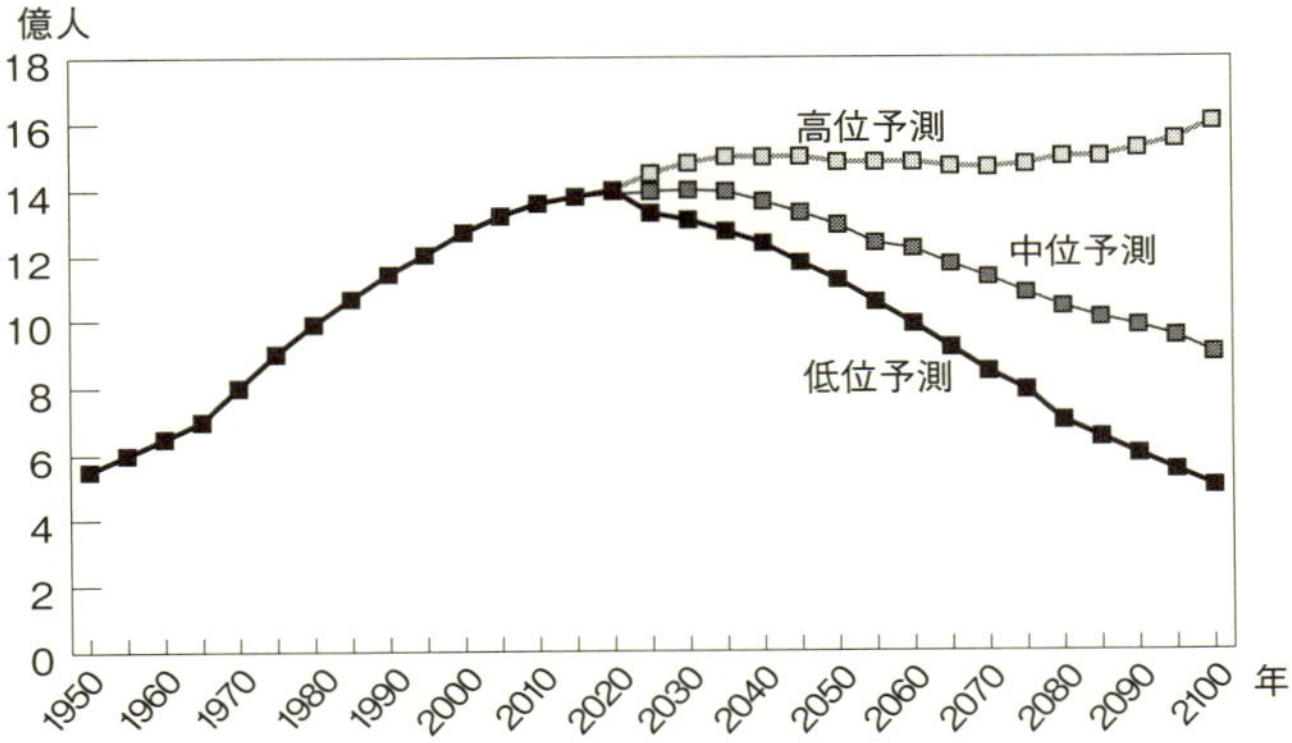

図7—3　中国人口の推移と予測（1950年～2100年）

資料）World Population Prospects: The 2010 Review.

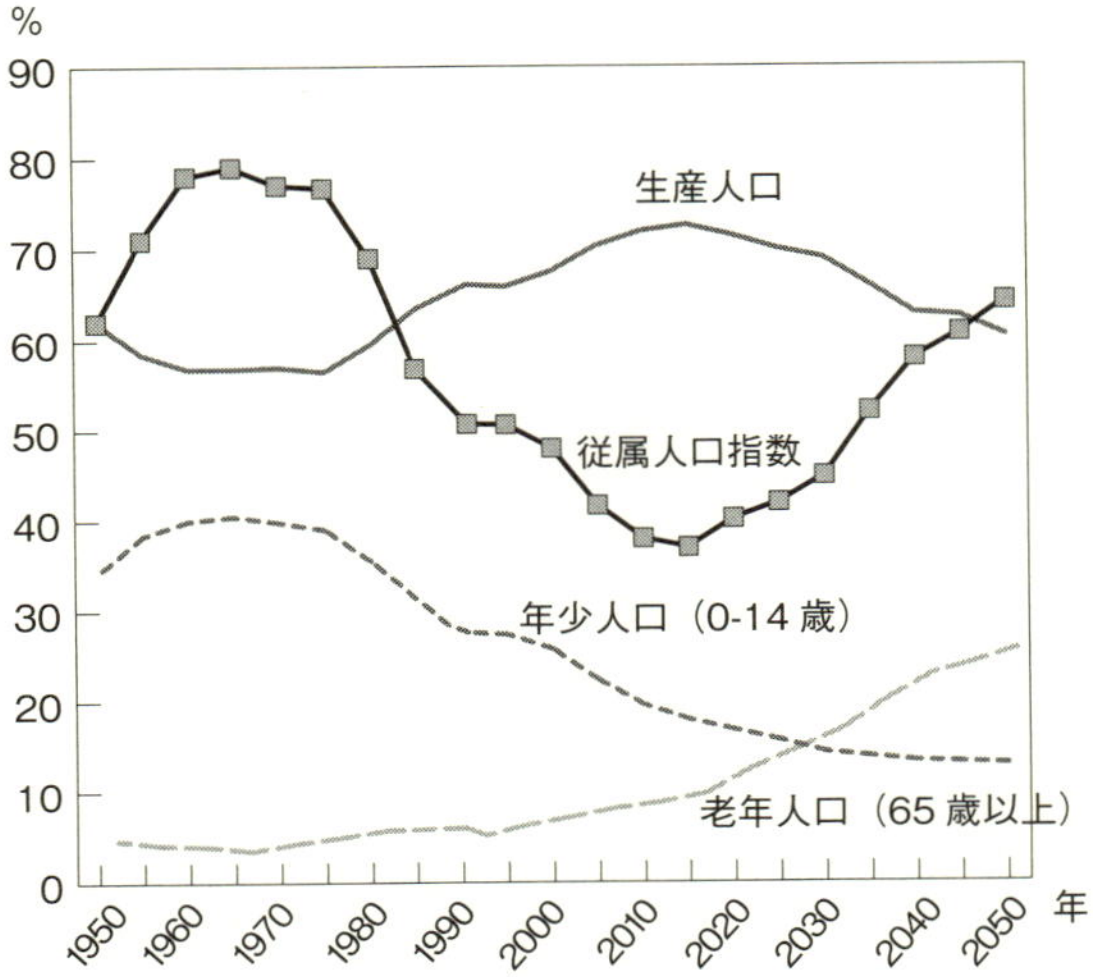

図7—4　中国は人口ボーナス時代から人口オーナス時代へ

従属人口指数＝（年少人口＋老年人口）／生産人口

資料）World Population Prospects: The 2010 Review.

まで「最低限七％の経済成長が必要だ」と繰り返してきたのは、毎年生産年齢人口として労働市場に新入りする若者の雇用確保のために必要な措置として、ほとんど至上命令扱いされてきたのである。中国の人口ボーナスを象徴する出来事であった。

ところが、一人っ子政策を三〇年続けてきた結果、人口ボーナス時代は終り、従属人口が多数を占める人口オーナスの時代に確実に移行しつつある。中国の人口構成において、一人っ子世代が生産年齢人口になり、これが減少する反面、高齢人口は、日本の後を急いで追うかのごとく急増しつつある。甘やかされて育った一人っ子が果たして、日本よりもっと急速に高齢化する親たちを扶養できるのか。図７―４からわかるように、一九八〇～二〇一〇年の三〇年間、「従属人口指数」は一貫して低下した。この指数は分母に生産人口をとり、分子は「年少人口＋老年人口」をとる。中国の場合、分子が小さくなり、分母が増えたことによって、「従属人口指数」は低下したわけだ。

しかし、この傾向は、まさに第一二次五ヵ年計画の目標年である二〇一五年あたりを境に反転する。生産年齢人口が減少し、彼らが支える「年少人口＋老年人口」、特に後者が急激に増加する。今後一〇年間は、まさにその転換点に位置する。このような人口構造の転換が経済発展にどのような影響を与えるかは、ある程度の予想がつくとはいえ、実際にはさまざまの予想を超える事態も生まれよう。

とはいえ、従属人口指数の変化にもかかわらず、量としては生産年齢人口は依然他の諸国と比べてきわめて大きいので、比率だけではなく、「絶対数で考慮すべき」ことも確かである。他方、労働力の不足現象が生まれて初めて労働節約技術が発展する側面も大きいはずだ。こうして中国にとって第一二次五ヵ年計画期はこれまでの量的経済発展から質的経済成長、循環型の経済成長を模索する大きな転換点になるものと見られる。

むすび

二〇一一年七月一日、中国共産党は建党九〇周年を祝賀したが、祝賀ムードから透けて見えるのは、以後二〜三ヵ月、社会の治安維持のために全力を挙げる方針を繰り返し、伝達している姿である。そのキーワードは、半年前すなわち二〇一一年二月に行なわれた胡錦濤講話（「扎扎実実提高社会管理科学化水平建没中国特色社会主义社会管理体制」『人民日報』二〇一一年二月二〇日）でにわかに注目された「社会管理」の四文字である。「社会管理」というキーワードは、第一二次五ヵ年計画要綱にも書かれているが、これは中国の直面する重大な社会問題群、たとえば①流動人口、②インターネット言論の活発化、③都市・農村境界付近の社会治安問題、④犯罪者の管理、⑤ＮＧＯ・ＮＰＯ等社会組織の管理などに対して、「管理」を旨とする方針を指す。

この事実から明らかなように、中南海はいま「下からの政治体制改革」はあらゆる手段を駆使して徹底的に封じ込めて、代わりに「上からの社会管理」に特別の努力を傾注している。市場経済システムの導入のもとで、経済活動に関するかぎり一定の自由化が進展したが、その背後で着実に進展してきたのは「管理社会」の構築にはかならない。市場経済が生み出した社会問題群を中南海がどこまで管理しきれるか見物である。

第8章　労働争議の発生と中国経済

アイパッド製造工場であいつぐ自殺

　中国では二〇一一年から第一二次五ヵ年計画がスタートした。その具体的な輪郭や構想はあとで触れるが、当面する大きな課題を考えてみよう。二〇一〇年五月二八日、日本でも、行列騒ぎのなかで米アップル社の新型マルチメディア端末「iPad（アイパッド）」が発売された。アイパッドの人気ぶりは予約注文してから製品待ち数週間という品不足に象徴されるが、この品不足の背景をあぶり出したのが製造工場における女子工員の連続飛び降り自殺事件である。

　香港紙の報道によると、中国広東省深圳市の台湾系の富士康（フォックスコン。電子機器の生産を請け負う世界最大の電子機器受託生産（EMS））の従業員の自殺が相次いだ問題で、胡錦濤国家主席と温家宝首相の指示で、広東省党委書記汪洋（党政治局委員）が二〇一〇年五月二七日、同社を視察した。また、党中央政法委員会の王楽泉副書記（同政治局委員）も二五～二六日、深圳で開かれた治安関係会議でこの問題を取り上げた。一企業の労務管理問題で中央指導部が指示したり、複数の政治局員による現地入りは異例だと香港紙はコメントしている。自殺多発の背景に社会矛盾もあると見られ、事態拡大を懸念したようだ。

富士康に生産委託している米アップル社は、下請け加工賃の引き上げを検討し始めたと報じられ、また中国当局は、メディアに対し、この問題で報道を抑制するよう、規制を加えた。すなわち中共中央宣伝部は二〇一〇年五月末、国内メディアに対し「類似の事案も含め報道を禁止する」と通知し、違反すれば責任者らの処分を検討するとの厳しい方針を出していたことが一ヵ月後の六月二三日に明らかになった。

富士康（フォックスコン）の女子工員

「最先端のマルチメディア端末」が「女工哀史」そのものによって支えられている姿は、筆者が本書全体で強調してきた「チャイメリカの矛盾」を象徴するものと読むことができよう。アメリカの過剰消費を支えるものが中国の過少消費であり、中国の誇る世界一の外貨準備高とは、飢餓輸出による女工たちの血と汗の結晶である事実を、アイパッド女工哀史物語は、何よりも雄弁に語り尽くしている。

これらのトラブルに直面して、「当地の最低賃金の九〇〇元（約一万二〇〇〇円）で働く工員の場合は三三％引き上げて一二〇〇元とし、基本給が九〇〇〇元を超える工員は一律三〇％昇給させる。賃上げ前の収入を維持しながら残業を減らすことも可能になる見込みと共同電が伝えている。

あいつぐ賃上げスト

事柄はむろん、アイパッドだけではない。広東省でのホンダ系部品工場のストライキも同じ構図である。広東省仏山市のホンダ系自動車部品メーカーでは五月三一日、経営側を支持してスト回避に動いた労働組合員（中国の「工会」は、基本的に御用組合である。ただし経営側の御用を務めるのではなく、中国政府の御用であることに注目されたい）と、スト続行を主張する従業員合わせて数百人が工場内で乱闘となり、七～八人の従業員が負傷するトラブルも演じられた。これは通常業務に復帰しようとした御用組合員が、スト続行を主張する従業員をビデオで撮影したところ、従業員側が「労組（工会）は労働者の代表ではないのか」「中国人ではなく日本人（経営側）の肩を持つのか」などと抗議して顔に殴りかかって、流血の騒ぎになったという。この部品工場では変速機を生産しているが、五月一七日からのストで部品供給が止まり、ホンダの中国の完成車四工場が相次ぎ操業停止に追い込まれていた。部品工場では賃上げなどの条件に同意した労働組合員らが職場に復帰していた。

筆者は二〇一〇年六月二四～二七日福建省アモイを訪問し、瀋陽・海口高速をアモイから汕頭に向けて一走りしたが、広東から上海に向かう完成自動車を陸送する大型トラックとすれ違い、生産再開を実感し、印象深かった。

激減する労働分配率

農民工を搾取する残酷物語は、マクロ統計も雄弁に物語っている。労働分配率の一九九七年から二〇〇七年に至る激減傾向を各省レベルで見ると、どの省も過去一〇年間に激減している（図6—1参照）。これは異様な数字だ。安定した経済においては、労働分配率はそれほど大きな変化を見せないのが経済史の教える常識だ。中国のGDPが世界一のスピードで成長し、パイが大きくなる過程で、労働への配分はほとんど増加しなかったために、全体としてのパイの分け前は、労働の側に極端に不利に傾いたことをこのグラフは象徴する。中国の経済政策はこのグラフを一つ見ただけでも、大失敗であったことがわかる。

労働者、とりわけ農民工は、極端な低賃金で搾取され、その富は、一方では「バターか大砲か」の選択において、軍事費に用いられた。他方では「外貨準備」のように、ドルで蓄積され、一部は米国債の金利稼ぎで運用され、一部は太子党（Princelings）の作るヘッジファンドに用いられ、彼らの私腹を肥やした。農民工の年収と、太子党や政府高官の日本をはるかに上回る高額報酬を比較すると、「和諧社会」の内実が透けて見える。

労働分配率の計算において、経営者への報酬も「労働所得」に加えるかどうかで、数字は異なるが、OECDは、一つの基準に基づいて国際比較統計を発表している。比較対象について、問題がないわけではないが、中国の労働分配率の低さを確認するには十分であろう。中国では最も所得水準が高い上海市の数字を見ると、中国平均よりも一〇ポイント近く低い。一般には、所得水準の高い国、高い地域は、労働分配率は高い傾向が見られる。所得水準の高い上海で、分配率が中国平均よりも低い事実は、中国の所得政策の失敗を裏付けるもう一つの傍証になる（図6―2参照）。

中国では、いま「所得倍増計画」が改めて検討されている。それは当然のことだが、顧みると、鄧小平の「四倍増計画」はもともと二五〇ドルの一人当たり所得を一〇〇〇ドルに引き上げ、ついで一〇〇〇ドルの所得を四〇〇〇ドルに引き上げるという「所得倍増」計画なのであった。鄧小平が池田勇人内閣の官房長官を務めた大平正芳の訪中に際して、一九七九年一二月六日に所得倍増計画を話し合い、この着想を固めたことは、鄧小平自身の証言から明らかだ。ところが、この着想がいつのまにかGNP、GDP四倍増にすり替えられ、国力増大、軍事力増大に変質していった。その帰結が労働分配率の極端な低下であり、産軍複合体（military-industry complex）の形成である。

いま改めて「所得倍増」「四倍増」に目覚めたのは、悪いことではないが、すでに特権階級、すなわち共産党官僚資本主義が形成され、彼らの既得権益擁護の立場は強固なので、彼らの所得を奪い貧民に再配分するのは、きわめて困難と予想される。胡錦濤・温家宝体制が和諧社会のスローガンを掲げたなかで、このような労働分配率の激減が生じた事実は、既得権益に抵触する所得政策の難しさを示唆していよう。筆者自身は、「もはや手遅れ」の印象を抱いている。

最下層の都市労働者――農民工第二世代

二〇〇九年現在、流動人口の総数は二・一一億人である。ここで「流動人口」とは、いわゆる農民工と都市労働者の双方を含むが、大部分はいわゆる農民工である。帰郷すべき農村を失った「農民工第二世代」は、一見、都市労働者に見えるが、彼らは最下層の都市労働者だ。都市戸籍を持たないからだ。彼らの多くは農村を離れて雇用の多い都市部へ出稼ぎに行き、出稼ぎ先に平均五・三年滞在する。その平均年齢は二七・三歳であるから、概して二二歳前後に出稼ぎ労働を始めたことになる。彼らが生まれたのは一九八〇年以後であり、これらの若手を「八〇後」（バーリンホウ）と呼ぶことが広く行われている。すなわち三〇歳未満の若者たち、の意味である。彼らは週五八・二時間働く。仮に日曜日だけが休みとすれば、月曜から土曜日まで毎日九・七時間働く。一日八時間労働と仮定すれば、毎日二時間近くの「残業」を、土曜日も含めて行う計算になる。

「流動人口」すなわち主に農民工がどこからどこへ向かうのかを見てみよう。①北京市の場合、周辺の河北、河南、山東省から出稼ぎに来る者が五〇・九％を占める。②山西省の場合、省都太原に出稼ぎに来る若者の六二・五％が省内から、残りは省外からの出稼ぎである。③上海市の場合、江蘇、安徽省からの出稼ぎが五二・一％を占める。④四川省の場合、省都成都へ集まる出稼ぎ者は八七％が省内からやってきたものだ。⑤深圳市の場合はどうか。広東省内からの出稼ぎは一四・八％にとどまる。隣の湖南省からの出稼ぎが三三・八％を占める。

このように出稼ぎ工、農民工がどこからやってきたのか、その出身地を見ると、それぞれの地域の事情を反映していることが読み取れる。内陸の成都には、やはり省内からやってきた者が九割弱と圧倒的である。改革・開放の尖兵深圳市の場合は、広東省とお隣の湖南省を合わせても、五割弱にとどまる。深圳には意欲のある若者が全国から集まる。

第９章　中国共産党人事の行方
――第一八回党大会の指導部人事展望――

幹部人事のルールと見通し

二〇一二年秋の第一八回党大会では最高指導部のトップ九名（中央政治局常務委員）以下の幹部人事が決定される。中国の主要人事が五年ごとに開かれる党大会で決定されることは常識であろうが、二〇一二年に正式決定される人事の骨格は、すでに固まっている。なぜそれがわかるのか。政治局常務委員九名のうち、七名は以下の理由により、引退必至である。

一つは、二期一〇年務めた場合、すなわち三選禁止に抵触するケース。二つは年齢が六八歳を超えた場合の年齢制限である。

九名のうち五名、すなわち胡錦濤総書記（二期引退）、呉邦国全人代委員長（二期引退）、温家宝総理（二期引退）、賈慶林政協主席（二期引退）、李長春宣伝担当（二期引退）の五名は、「同じポストを二期一〇年務めた」ことに伴う引退規定に縛られている。周永康治安担当（一期引退）、賀国強紀律検査書記（一期引退）の両人は、まだ一期しか務めていないが「六八歳という年齢基準」のために引退する。こうして常務委員ポストに留任できるのは、当年五九歳の習近平（一九五三年六月生まれ）、五七歳の李克強（一九五五年七月生まれ）だけになる。こうして政治局常務委員のポストは、七つが空席になる。

この常務委員ポストに昇格できるのは、現在政治局にポストを持っている一六名に限られる（年齢は二〇一二年現在）。中国の官僚システムは強固であり、いまや「二階級特進」は基本的には、ありえない。ポスト文革期には実力者鄧小平が人事の大幅若返りのためにこれを行ったこともあるが、鄧のような実力者はなく、整った官僚制（ビューロクラシー）が機能しているから、今回の場合、例外はありえない。中国は官僚国家なのだ。由来、科挙という世界に冠たる官僚制の歴史をもつ国だから、共産党官僚制もその伝統に深く根ざしている。

現在の政治局委員は、次の一六名である。王楽泉（二期引退、六八歳）、王兆国（二期引退、七一歳）、回良玉（二期引退、六八歳）、劉淇（二期引退、七〇歳）、劉雲山（二期昇格か、六五歳）、張徳江（二期昇格か、六六歳）、兪正声（二期昇格か、六七歳）、郭伯雄（二期引退、七〇歳）、汪洋（一期、昇格確実、五七歳）、劉延東（一期、昇格か留任か、六七歳）、薄熙来（一期、六三歳）、王岐山（一期、昇格確実、六四歳）、李源潮（一期、昇格確実、六二歳）、徐才厚（一期引退、六九歳）、張高麗（一期、昇格か留任か、六六歳）、王剛（二期引退、七〇歳）。

ここから「二期引退組」六名および「六八歳以上の高齢組」一名を除くと、次の九名が残る。すなわち劉雲山、張徳江、兪正声、汪洋、劉延東、薄熙来、王岐山、李源潮、張高麗である。このうち二名だけが常務委員になれず、残りの七名が昇格する形の椅子とりゲームになる。劉雲山、張徳江、兪

表9－1　18期政治局常務委員予想

名前	生年	2012年年齢	政治局入りとポスト		出身	現ポスト	予想されるポスト
1 習近平	1953年6月	59歳	07年	常務委員	太子党	国家副主席	国家主席
2 李克強	1955年7月	57歳	07年	常務委員	共青団	筆頭副首相	首相
3 汪洋	1955年7月	57歳	07年	政治局委員	共青団	広東省書記	政法委員会書記か
4 李源潮	1950年11月	62歳	07年	政治局委員	共青団 太子党	党中央組織部長	国家副主席か
5 薄熙来	1949年7月	63歳	07年	政治局委員	太子党	重慶市書記＊	4月9日失脚
6 王岐山	1948年7月	64歳	07年	政治局委員	太子党	副首相・金融	常務副首相
7 劉雲山	1947年7月	65歳	02年	政治局委員	太子党	党中央宣伝部長	宣伝イデオロギー担当
8 張徳江	1946年11月	66歳	02年	政治局委員	太子党	副首相・新幹線事故対応	規律検査委員会書記か
9 張高麗	1946年11月	66歳	07年	政治局委員	太子党	天津市書記、石油派	政協主席か
10 劉延東	1945年11月	67歳	07年	政治局委員	共青団 太子党	党統一戦線部長	昇格微妙、留任可能
11 兪正声	1945年4月	67歳	02年	政治局委員	太子党	上海市書記	全人代委員長か

＊　薄熙来は、2012年3月15日、重慶市書記を解任され、4月9日に政治局員の職務を停止され、完全失脚した。

正声はすでに二期務めているので、留任はありえず、昇格か引退かの二者択一だ。汪洋、劉延東、薄熙来、王岐山、李源潮、張高麗の六名は昇格か留任かの二者択一だ。この六名のうち年齢の若い汪洋、李源潮、王岐山は、その任務分担と合わせて考えると昇格の可能性が強い。

以上のように分析を進めると、鄧小平時代に成立したルールが厳守されていることからして、常務委員ポストの大枠は、すでに確定していることがわかる（表9―1）。

となると、次の課題は、政治局委員のポストである。候補を含めて一六のポストのうち、七名が引退し、七名が昇格すると、一四のポストが空く。このポストを誰が埋めるか、この人事予想は、可能性が広がるので、むずかしい。まず地方代表、すなわち北京市、上海市、天津市、重慶市、広東省などの書記は、いわば政治局に指定席をもつことが多い。ついで国務院の有力部長（閣僚）や党中央各部長も当然候補に入る。さらに軍代表もこれまでの慣例に従い、政治局に二つのポストを確保するであろう。ここで、政治局入りできる者は、当然の必要条件として中央委員（少なくとも中央候補委員）の活動を少なくとも二期一〇年続けていることが求められる。このような有資格者のなかから選ばれるわけだが、そのような資格を持つ者は、すでにしかるべき党務あるいは政務に就いているわけだ。以上の文脈から、われわれが着目すべき省・市・自治区レベルのトップ指導者を発見できよう。

国務院の部長級（閣僚級）および省レベルの書記・省長はいずれも六〇歳前後の者から選ばれる決まりは固く守られている。たとえば河南省委書記を務めた徐光春（一九四四年生まれ）、内蒙古自治区党書記を務めた儲波（一九四四年生まれ）、遼寧省書記を務めた張文岳（一九四四年生まれ）は、いずれも六五歳で引退した。六五歳までに五年間務めて引退するためには、六〇歳前後で省長や部長に就任しなければならない。こうした「年齢基準」は、動かしようのない事実なので、幹部選考において、ほとんど最大の制約条件の観を呈しており、いま「六〇後」（リュウリンホウ）の部長や書記が話題を集めているのは、そのような事情によるわけだ。

ここで着目すべきなのは、党大会を控えて行なわれている省・市・自治区レベルのトップ指導者の交代人事である。福建、河南、遼寧、内蒙古、新疆、湖南の六省・自治区ではナンバーワン党書記が、重慶市ではナンバーツーの市長が、そして吉林省ではナンバーワンの書記とナンバーツーの省長がともに交代している。すなわち福建省委には孫春蘭書記が総工会書記から転出し、吉林省委には孫政才書記が国務院農業部長から転出した。いずれも党中央・国務院から地方書記への転出だ。河南省委には盧展工書記が福建省書記から横滑り、遼寧省委には王珉書記が吉林省書記から横滑り、内蒙古自治区には胡春華書記が河北省長から昇格し、新疆ウイグル自治区には張春賢書記が湖南省書記から転出した。これら四人は地方レベルでの交代の形をとった。湖南省委では周強書記が湖南省長から昇格し(ナンバーツーからナンバーワンへ)、重慶市では黄奇帆市長が副書記から昇格した(この場合は、ナンバースリーからナンバーツーへ)。吉林省では王儒林省長が副書記から昇格した(ナンバースリーからナンバーツーへ)。これらはいずれも省内・市内における内部昇格であった。

〔コラム〕薄熙来騒動

ここで焦点は薄熙来の処分問題である。

中共中央は二〇一二年四月九日に政治局会議を開き、次の処分を決定するとともに、胡錦濤総書記が薄熙来問題の徹底調査を命じた。「薄熙来同志の重大な紀律違反に鑑み、中共中央は『中国共産党規約』および中共紀律検査機関の『案件検査工作条例』に基づき、政治局委員および中央委員の職務を停止し、中共中央紀律検査委員会が立件し調査することを決定した」と。

薄熙来の「重大な紀律違反」とはなにか。『人民日報』評論員論文はこう指摘している。①王立軍事件は、国内外に悪劣な影響をもたらす「重大な政治事件」である。②ニール・ヘイウッドの死亡案件は、党と国家領導者の「親属と身辺工作人員」による重大な「刑事案件」であり、③薄熙来の重大な紀律違反問題は、「党と国家のイメージに大きな損害を与えた」と。そしてこの処分によって生ずる中共中央指導部の亀裂を修復するために、「胡錦濤同志を総書記とする党中央の周囲に緊密に団結すること」をよびかけた。

これによって王立軍の米領事館駆け込み騒動以来およそ二ヵ月の政治劇は一区切りつけられた形である。評論員論文は、三ヵ条の問題を指摘したので、それぞれの意味を検討してみよう。

まず重慶市副市長で公安（警察）担当の王立軍が成都の英領事館と連絡をとり、そこには現れず、二月六日米国領事館に女装して駆け込み訴えを行い、これを阻止しようとする重慶市当局の装甲車が米領事館を囲む白昼の騒動が演じられた。このことは、米議会外交委員会委員長イリーナ・レーチネン議員（共和党、フロリダ）のオバマ政権に対する調査要求を、ビル・ガーツ記者が二月一五日に情報サイト〈ワシントン・フリー・ビーコン〉でスクープしたことから世界中に伝えられ、大ニュースとなった（*Washington Free Beacon*, Bill Gertz, February 15, 2012）。しかもこれは習近平訪米（二月一三〜一七日）の直前のことであったことで、世界の耳目を集めた。『人民日報』が「国内外に悪劣な影響」と書いているのは、そのことだ。ガーツ記者はまた「三月七日に開かれた会議」に言及し、そこで厳しい調査を要求したのが、一九九七年に江沢民と対立しつつ引退した元政治局常務委員（中央紀律検査委員会担当書記）喬石であることも示唆し、薄熙来騒動のカゲに喬石ありと話題になっていた。

次にニール・ヘイウッドの死亡案件は、党と国家領導者の「親属と身辺工作人員」による重大な「刑事案件」だと明記したのは、いかなる意味か。四一歳の英ビジネスマン・ヘイウッドは、弁護士事務所を開く薄熙来夫人の谷開来を通じて大連市長時代から薄熙来ファミリーと親交があり、一人息子薄瓜瓜の英ハロー校、オクスフォード大学留学等の手続きを代行したことで知られる。この変死について中国・中央テレビは、より具体的に「殺人事件」だとして四月一〇日にこう報じた(http://news.cntv.cn/china/20120410/123647.html)。

すなわち王立軍の報告(原文＝反映)によると、二〇一一年一一月一五日に起こったニール・ヘイウッド(＝尼尔・伍德)の死亡事件は、「薄熙来同志の妻・薄谷開来〔中国では結婚しても姓を変えないのが普通だが、「薄熙来夫人としての谷開来」の意味で、「薄谷 Bogu」と複姓表記する場合もある〕とその子〔薄瓜瓜を指すが、名前は伏せている〕が、経済的利益の問題で矛盾が生まれ、不断に激化した」、「ヘイウッドの『他殺』について、薄谷開来と薄家の勤務人員張暁軍に重大な嫌疑がある」、「薄谷開来と張暁軍は、『故意の殺人容疑』ですでに司法機関に移送された」と。ここから「親属と身辺工作人員」とは、谷開来と張暁軍を指し、重大な「刑事案件」とは、ヘイウッドの毒殺事件を指すことが分かる。

残る疑問は、その動機だ。「経済的利益の問題」としては、ヘイウッドが薄熙来ファミリーの資産の海外移送に関わったとか、谷開来がヘイウッドと性的関係にあったとか、重慶市南岸区区委書記夏徳良は、副市長昇格への猟官工作のために三〇〇〇万元を谷開来に届けるなど、谷開来の受け取った賄賂は一〇億元に上るという話もあるが(博訊 boxun.com)、真相は不明だ。ただし、薄瓜瓜の英国留学費用がどこから出ているかは、薄熙来家の賄賂問題の一つの焦点である。

実は、ヘイウッドの暗殺の動機がカネの話かどうかは疑わしいところもある。『ウォール・ストリート・ジャーナル』誌三月二七日付が報じたところによると、ヘイウッドは、英諜報機関ＭＩ６の経営する会社ハクルート（Hakluyt）社と関わりのある人物だという。薄熙来家を通じて、政治局レベルの極秘情報がヘイウッドの手によって英国側に流れていたとすれば、これはカネの話では済まされない。「国家機密の漏洩」という国際スキャンダルになる。

最後の論点は、薄熙来の「重大な紀律違反」が「党と国家のイメージに大きな損害を与えた」という指摘である。一つは、薄熙来が右腕として使ってきた副市長王立軍が米領事館に駆け込んだことで、これは少なくとも監督責任は免れないが、その理由が薄熙来夫人の殺人容疑に関わるとすれば、「部下への監督責任」のレベルをはるかに超える。もう一つは、暗殺されたヘイウッドのＭＩ６疑惑である。外国の諜報機関と関わりをもつ人物と二〇年近くにわたって親密交際を続けてきたことが事実とすれば、中国共産党のトップ二五名からなる政治局委員としては、重大なミスであろう。その事実を脅迫されてこの人物を抹殺し、口封じを図ったとしたら、これまた余りにも乱暴な対応だ。

薄熙来の政治生命は、三月中旬に重慶市書記を解任されただけで、政治局委員の肩書を保留した時点では、常務委員への昇格の可能性は消えたとしても、まだ完全失脚ではなかった。ヒラの政治局委員として留任する道が残されていたからだ。しかしながら、今回政治局委員および中央委員の資格を停止されたことで、薄熙来の政治生命は完全に終わった。いまや外国人を暗殺した「殺人犯を妻に持つ男」であり、所得源泉の「曖昧なカネで子息薄瓜瓜を英国や米国に留学させた父親」にすぎない。

薄熙来の父薄一波（一九〇八～二〇〇七）は、鄧小平時代に経済政策の元締めとして大きな職権を行使した典型的な太子党黒幕であり、深圳経済特区に一度も足を踏み入れなかった保守派の元老・陳雲とともに、既得権益層の大きな山脈の一角だ。陳雲の死去後、支えを失った子息陳元が薄一波に庇護を求めたヒトコマもよく知られている。

このような背景をもつ大物・薄熙来の凋落は、秋の第一八回党大会人事に対して深刻な衝撃波を与えることは明らかだ。この間、薄熙来と政治的行動をともにして薄熙来応援団長のイメージの周永康常務委員は、引退は規定通りだが、大きく傷ついたことによって後継者推薦において発言権を失ったとみてよい。

常務委員の空席七つに対して、椅子とりゲームにも似た昇格競争から薄熙来が脱落して、現在の政治局委員八名（王岐山、劉雲山、劉延東、李源潮、汪洋、張高麗、張徳江、兪正声）のうち一人だけが昇格できないことになる。それが一つの問題であることは、従来と変わらない。影響が最も大きいのは、太子党の有力な一員である薄熙来の影響力が政治局から完全に消えることだ。これは二つの側面から見ることができよう。一つは、太子党陣営の弱体化である。これは見やすい道理であろう。

もう一つは、逆説的だが、習近平太子党政権にとっては、統一集中を強める効果を与えるかもしれない。というのは、薄熙来がかりに一派をなして、お山の大将ぶりを発揮するならば、習近平はその扱いに手を焼く局面もありえたからだ。このような勢力が事前に排除されたことは、習近平の統一にとっては有利な条件に転ずる可能性がある。

ちなみに、胡錦濤と王兆国とは、同じ共青団出身であり、当初は王兆国のほうが出世競争において、一歩先を歩いていた。しかし胡錦濤がトップに選ばれるや、王兆国の政治力は日に日に削減され、胡錦濤への集中が強められた。ただし、胡錦濤の場合は、江沢民が露骨な居残り作戦を最後まで固執したために、十分な影響力を発揮することなく引退を迎える。「王兆国と胡錦濤」のケースを「習近平と薄熙来」に対比すると、習近平（五九歳）と薄熙来（六三歳）は微妙なライバル関係であり、薄熙来は習近平から見て目障りな兄貴分と映る局面もある。この文脈で薄熙来の失脚は、習近平の体制固めにとって有利に働く可能性もある。

いずれにせよ薄熙来騒動によって、江沢民遺制の解体が表面化した。中国共産党の指導部をここまで腐敗・堕落させた元凶は、江沢民長期政権とその遺制である。薄熙来事件とは、江沢民が調整能力を失い、その贔屓を期待できなくなった薄熙来の「一人芝居、悪あがき」が生み出した悲喜劇と読むのが妥当ではないか。温家宝は三月一四日の記者会見で、文革の悲劇をもたらさないための政治改革を訴えたが、薄熙来失脚を契機として政治改革が進展する見通しはほとんどない。支配階級の内部で利害の「配分調整」が行なわれるだけにとどまり、それ以上の改革に進む展望は、遺憾ながらほとんど見えない。

「六〇後」

習近平、李克強らの第五世代に次ぐ第六世代の若手としては、「六〇後」（リュウリンホウ）と俗称される、六〇年代に生まれ、当年五〇歳前後の幹部が、次世代のホープとして焦点となっている。たとえば周強（一九六〇年四月生まれ、共青団第一書記を経て現在湖南省書記）、胡春華（一九六三年四月生まれ、共青団第一書記を経て現在内蒙古自治区書記）、孫政才（一九六三年九月生まれ、現在吉林省書記）、陸昊（一九六七年六月生まれ、現在共青団第一書記）らである。彼らが政治局入りすることは疑いない。

これらの「六〇後」世代は、秋には政治局入りして、今後活躍することが期待される有力候補だ。というのは、五〇歳前後で閣僚級（党レベルでは中央委員・候補委員の肩書をもち、国務院各部や地方レベルの各省書記・省長クラス）まで出世できれば、政治局に入り、トップ二五名のグループの座を射止める資格を得たことを意味するからだ。国務院の部長級（閣僚級）および省レベルの書記・省長はいずれも六〇歳前後の者から選ばれる決まりは固く守られている。六五歳までに五年間務めて引退するためには、六〇歳前後で省長や部長に就任しなければならない。こうした「年齢基準」は、動かしようのない事実なので、幹部選考において、ほとんど最大の制約条件の観を呈しており、いま「六〇後」の部長や書記が話題を集めているのは、そのような事情によるわけだ。

軍事委員会

最後に軍事委員会をみておこう。副主席郭伯雄（一九四二年生まれ）、同徐才厚（一九四三年生まれ）は、二〇一〇年に六九～七〇歳になるから当然引退だ。引退するこの二人は政治局委員であり、軍代表の枠は当然軍によって埋められる。現在八名の軍事委員会委員のうち梁光烈、陳炳徳、李継耐、廖錫龍の四名は七〇歳を超えるので当然引退だ。留任できるメンバーを年齢順に並べると、呉勝利（海軍司令員）一九四五年生まれ、同六七歳。常万全（総装備部部長）一九四九年生まれ、同六三歳。許其亮（空軍司令員）一九五〇年生まれ、同六二歳。この三名の上将である。三名のなかから二名が軍事委員会副主席に昇格し、政治局委員も兼ねて、文民出身の主席（胡錦濤留任）を支える形に

表9－2　第18期中共軍事委員会の予想人事

ポスト	名前	生年	2012年年齢	職務	系列	備考
主席	胡錦濤	1942年	70歳	文民		18期4中全会で引退か
副主席	習近平	1953年	59歳	文民		18期4中全会で昇格か
	常万全・上将	1949年	63歳	蘭州軍区、瀋陽軍区から総装備部経由	蘭州・瀋陽	
	呉勝利・上将	1945年	67歳	海軍司令員から	海軍	
委員8ポスト	4総部3兵種＝〈7ポスト＋1〉部長					
	許其亮・上将	1950年	62歳	国防部長	空軍・瀋陽	
	孫建国・上将	1952年2月	60歳	総参謀部部長はいずれか	海軍	原潜艦長
	侯樹森・上将	1950年	62歳		瀋陽	瀋陽から抜擢、東北軍
	賈廷安・上将	1952年9月	60歳	総政治部主任	江沢民系	江沢民秘書
	張又侠・上将	1950年7月	62歳	総後勤部部長または総装備部部長のいずれか	瀋陽	習近平に近い
	李長才・上将	1950年	62歳		蘭州	南京を経て蘭州政治委員から抜擢
	劉暁江・上将	1949年12月	63歳	海軍司令員	海軍	胡耀邦の女婿
	新人抜擢			第2砲兵司令員か		

なる。呉勝利は六七歳ぎりぎりで留任だが、海軍は今やかつての陸軍に代わって、軍の中核である。

軍事委員会の制服組トップが、常万全、呉勝利、許其亮となることは、年齢および出身基盤に基づく分野分担からして、私は以前から予想してきたが、これを裏付けたのは、意外にも米国防総省が議会に宛てた年次報告(Annual Report to Congress, Military and Security Development involving the People's Republic of China 2011)のコラムであった。この種の報告書に翌年の党大会で決定されるべき予定人事が明記されるのは、今日の米中蜜月を象徴する出来事だと私は驚いたのだ。一一年五月のワシントン第3回米中戦略・経済対話（S&ED）において戦略安全保障対話（SSD）の部会を設けることが決定され、その直後に中国軍陳炳徳総参謀長の訪米が行なわれた。この蜜月作りのなかで、次期の軍指導部の人事が伝えられたものと解すべきであろう。米側による単なる予想ならば、ペンタゴン報告に明記されるはずはあるまい。

こうして軍の制服組三名の枠組みが決定すると、残りの六名が埋まる仕掛けである。というのは、二〇一一年七月二三日に六名の新任上将の昇格が発表されている。孫建国（海軍）、侯樹森（瀋陽軍区）、賈廷安（元江沢民秘書、総政治部）、張又俠（瀋陽軍区）、李長才（蘭州軍区）、劉暁江（海軍）の六名である。この六名は四総部三兵種のトップ、すなわち総参謀長、総政治部主任、総後勤部部長、総装備部部長、空軍司令員、海軍司令員、第二砲兵司令員に就任する予定者として昇格したはずである。担当分野を細かく見ると、ミサイル部隊すなわち第二砲兵司令員の候補だけが見当たらない。この人事が二〇一一年七月に見送られたのは、現任の靖志遠が一九四四年生まれで、引退か留任かきわどい境界にいたからと思われる。

軍事委員の地位に就くのは、四総部三兵種のトップ、すなわち実戦部隊に直接軍令を下す将軍たちに定められており、これは軍事委員会の指定席である（表9―2）。これら七名の顔触れのうち、少なくとも三名は太子党である。賈廷安上将は、江沢民秘書を経て軍事委員会弁公室主任に昇格した。秋には総政治部主任になるはずだ。高齢の江沢民が軍内の党組織たる総政治部だけは手放さないのだ。張又俠上将の父親張宗遜は、習近平の父習仲勲の戦友であった。この縁で張又俠は習近平にとって最も身近な相談相手となるはずだ。劉暁江上将は故胡耀邦の女婿である。胡耀邦自身の名誉回復は遅々として進まないが、その一族はここまで出世している。これらは軍内における太子党勢力を暗示するものであろう。

このように実戦部隊の司令官たちによって構成される中共中央軍事委員会のトップ人事からも、チャイメリカの断面は鮮やかに浮かび上がる。

第Ⅲ部　日中国交正常化四〇年

——日中相互不信の原点を探る——

第10章　日中相互不信の原点を探る
――大佛次郎論壇賞・服部龍二著『日中国交正常化』の読み方――

「外交とは、相手の精神の理解を通して自分の目的を達成することです」（朝河貫一）（Diplomacy consists in gaining one's point through an understanding of the view of the other party. K. Asakawa's letter to Langdon Warner, Dec. 10, 1941）

看過できない大佛次郎論壇賞受賞

服部龍二教授の新著『日中国交正常化』は二〇一一年五月に中公新書として出版された。二〇一二年は一九七二年の田中訪中から四〇年であり、その前夜に四〇年前の歴史を顧みて、未来の道筋を探ることとは、時宜を得たテーマであるから、早速手にした。一読して、駄作と感じた。「田中角栄、大平正芳、官僚たちの挑戦」というサブタイトルが付されているが、本書の実質は「官僚たちの挑戦」の自画自讃に終始して、田中や大平の肉声は聞こえてこない、敢えていえば抹殺されたに等しい。「本当の政治主導とは」と帯封に書かれているが、私は「本当の官僚主導とは」と誤読したほどだ。私はこの本に深い失望を禁じ得なかったが、若い研究者を挫くことは老人としてあるまじきことと考えて、書評を控えていた。

しかし、本書は毎日新聞アジア調査会の設けたアジア太平洋賞特別賞を得たかと思うと、ついには朝日新聞大佛次郎論壇賞を得た。前者の会長は栗山尚一元アメリカ大使である。官僚礼讃の手前味噌に賞を与えたとしても、ご愛嬌と一笑に付すべきかもしれない。ところが、大佛次郎論壇賞の審査委員諸氏は、佐々木毅元東大総長、山室信一京大教授、橘木俊詔同志社大教授、米本昌平東大特任教授、朝日新聞論説主幹大軒由敬等、日本を代表する識者と見られている人々だ。

愚作・駄作がここまで持ち上げられると、もはや一人歩きして、この本に書かれた誤謬の数々が一人歩きするであろう。これは看過すべきではない。

何が問題か。服部の「第一一回大佛次郎論壇賞受賞」記念のエッセイから、三つのキーワードを選び、検討してみよう。まず、チャイナスクール外し。ついで尖閣諸島問題。最後に、日中講和の精神、である（『朝日新聞』二〇一一年一二月二二日）。講和の精神を説いて、服部はいう。「日本人はあの戦争を忘れないし、そのことを前提に中国人は寛容の心で日本と向き合う。そして日中両国は、ともに善隣友好関係を築いていく。それが日中講和の精神ではなかろうか」。「日本人はあの戦争を忘れない」……これを「日中講和の精神」と見なし、この精神で「善隣友好関係」を築く。これは一見、優れた見識に見える。では、服部は、新著で「日中講和の精神」をどのように描いたか。

「ご迷惑」発言――「日中講和の精神」の描き方

いうまでもなく田中角栄・周恩来会談のハイライトは、一九七二年九月二六日午後に行なわれた第二回首脳会談である。冒頭、周恩来は、前夜の田中挨拶の一句「ご迷惑」に触れてこう批判した。「田中首相の『中国人民に迷惑をかけた』との言葉は中国人の反感をよぶ。中国では迷惑とは小さなことにしか使われないからである」(石井明ほか編『記録と考証、日中国交正常化、日中平和友好条約締結交渉』五六ページ)。

このシーンを服部は、こう描く。「その模様を橋本は、『(周総理は)怒髪天をつかんばかりの怒り方だったですからね。大平さんは一瞬蒼くなっちゃった』(田畑光永、『記録と考証』二四一―二ページ)と述べる」(服部龍二『日中国交正常化』一四八ページ)[1]。この記述の典拠は同行取材した当時TBS田畑光永記者の三〇年後の回想からの引用だ。

服部はこう続ける。「スピーチを酷評された田中は、言い返さなかったのか。日本外務省記録には出てこないが(a)〔傍線は矢吹、以下同じ〕、田中は『ご迷惑』を周に批判されると、その場で言い返していた(b)。田中自身が、次のように述べたと記している」(『日中国交正常化』一五一―二ページ)と。

「日本外務省記録には出てこないが(a)」と、服部は、あっさり片づけるが、その結果、何がもたらされたか。服部が引用したすぐあとで田畑記者は、こう続けている。「この周発言に田中首相がどう答えたのか、あるいは沈黙したままだったのか。どこにも記録がないところを見ると、後者だったのではないかと思われる」(田畑光永、『記録と考証』二四五ページ)。この田畑記者の一文は、同行記者として田中の肉声を聞き、その後外務省記録を精査して三〇年、神奈川大学教授当時に書いたものだ。この田畑記者・教授の文章は誠実な元ジャーナリストの一例だが、日本外務省記録に記述のないことが、このような印象を残したのである。「日本外務省記録には出てこない（a）」事実の重みが服部にはまるで理解できていない。

服部は続けてこう書く。「その場にいた橋本に確認したところ、『「ご迷惑発言」については、〈田中自身が〉周発言の直後にちゃんとやりましたよ（c）』とのことだった」と記述し（『日中国交正常化』一五三ページ）、その典拠として、服部自身による「橋本へのインタビュー二〇〇八年一一月八日」（同書、二四〇ページ注）を挙げている。これはきわめて重大な証言なのだが、その深刻な意味に服部は気づいていない。

なぜ重大、なぜ深刻なのか。「その場にいた橋本」は、外務省首脳会談の記録に残す義務を負うからだ。にもかかわらず、その後情報開示によって明らかにされた記録には、この部分が削除されている。誰がなぜ削除したのか。それは許される行為か。公的記録の改竄ではないのか。

後に外務省が情報開示した記録によると、田中は「大筋において周総理の話はよく理解できる」と述べたことになっている。田畑記者はこの文面を文字通り受け取って、「沈黙したままだったのか。どこにも記録がないところを見ると、後者だったのではないかと思われる」と推測したのだ。

調査してみると

私自身は、「怒髪天をつかんばかりの怒り方」をした周恩来発言に対して、田中が「大筋においてよく理解できる」と答えたとは到底信じられない。この記録は修正が行われているに違いないと確信して、調査を始めた。二〇〇〇年代初頭、折からの小泉首相による靖国参拝と江沢民主席による反日政策のもとで日中関係が急速に悪化していたときだ。

私は、まず田中の帰国後の一連の発言を細大漏らさず集め[2]、ついで、中国に出向いて、中共中央文献研究室や中共中央党史研究室を訪ねて、日本外務省記録で削除された部分の復元を試みた。その内容を、私は春の定年を前にして、二〇〇四年一月二六日横浜市立大学最終講義で「日中誤解は迷惑に始まる」と題して講義した[3]。

では、「その場で言い返していた（b）」という服部の表現は適切か。言葉尻をとらえるものと誤解されかねないが、敢えて書く。「言い返す」という表現は、当時の周恩来・田中会談の雰囲気に最もふさわしくない描写であり、ここに服部の問題認識が浮きでている。それは会談の文脈を調べると自明である。

中共中央文献研究室の陳晋研究員が、未公開資料を外国人に閲覧させることはできないが、該当個所を書き抜いた一節として、私に与えた紙片には、こう書かれていた。

田中　日本語と中国語とは、言い方が違うのかもしれない。

周恩来　訳文が好くないかもしれない。この個所の英訳は「make trouble」です。

田中　迷惑とは、誠心誠意の謝罪を表します。この言い方が中国語として適当かどうかは自信がない。迷惑という言葉の起源は中国だが。

ここで中国側が「誠心誠意の謝罪」と訳した部分の田中の日本語発言は、彼の自民党における報告会での記録によれば、「東洋的に、すべて水に流そうという時、非常に強い気持ちで反省しているというのは、こうでなければならない」と語った可能性がある。あるいは二階堂長官のブリーフィングから推測すれば、「万感の思いを込めておわびするときにも使うのです」と説明、弁明したはずだ。

さて、田中・周恩来会談で合意した内容を確認したのは、九月二七日夜八時の毛沢東書斎における会見であった。ここには田中のほか大平外相・二階堂官房長官のみが招かれ、日本側は通訳も書記もいなかった。会見の模様は、二階堂長官による記者会見のみが唯一の日本側資料である。二〇一一年一二月二二日の情報開示に含まれていたのは、この部分であるが、内容は当時のマスコミ報道と変わりがない。

陳晋研究員が示した中国側記録を訳して見よう。

毛沢東　あなた方は、あの「添麻煩」問題は、どのように解決しましたか。

田中　われわれは中国の習慣にしたがって改めるよう準備しています。

毛沢東　一部の女性の同志が不満なのですよ。とりわけ、あのアメリカ人〔原注――英語通訳唐聞生を指す〕は、ニクソンを代表してものを言うのです。（矢吹晋『激辛書評で知る中国の政治経済の虚実』一〇九ページ(4)）

最後の発言は毛沢東一流のジョークであろう。日本側通訳はいなかったが、毛沢東は日本語通訳二人（林麗韞、王效賢）のほかに、英語通訳も同席させていたことがわかる。いずれにせよ、毛沢東は冒頭、「どのように解決しましたか」と過去形で尋ね、田中が「中国の習慣にしたがって改めるよう準備しています」と答えたのは、一つは共同声明に盛り込む文言を指すであろうし、また会談記録で、「ご迷惑という日本語部分の中国語訳が不十分ならば、適当な表現を中国側から提起してほしい。それをもって田中自身の謝罪とする」とまで相手側の胸中に踏み込んだ田中の姿勢を説明したものと読める。

こうして、田中・周恩来の間で誤解が解け、それを追認するセレモニーが毛沢東書斎で行われた経緯は、当時の二階堂長官の記者会見等からすでに明らかであった。とすれば、ここで醸成された相互理解こそが「日中講和の精神」と呼ばれるべきであろう。

以上の文脈を顧みると、「その場で言い返していた（b）」という服部の表現は、まるで状況にそぐわない拙劣な表現である。ここで田中が「言い返していた」ならば、会談は決裂したに違いない。田中・周恩来会談の急所について、かくも安易な杜撰を行う著者が「日中講和の精神」を語っても、到底素直に受け入れられないであろう。

さて毛沢東の書斎を辞した後、九月二七日夜一〇時一〇分から二八日午前零時半まで、迎賓館で第三回外相会談、すなわち「最終会談であり、かつ最も重要な会談」が行なわれた。ここで日中共同声明の前文に書かれた文言が確定した。「日本側は、過去において日本国が戦争を通じて中国国民に重大な損害を与えたことについての責任を痛感し、深く反省する」。

この経過を『当代中日关系——一九四五―一九九四』は、次のように記述している（一九三ページ）。

「当晩（九月二七日）一〇时许、两国外长继续会谈、具体磋商联合声明的条款。……解决了以下主要问题——（三）在声明中写入了『日本方面痛感日本国过去由于战争给中国人民造成的重大损害的责任、表示深刻的反省』一段话。这段话是大平外相一字一字地口述下来的、以代替『添了很大的麻烦』的提法」。

重要な個所であるから、私が傍線を付した部分を訳しておく。「この個所は、大平外相が一字一字口述したもので、これをもって『添了很大的麻煩』の言い方と代替したものである」。この記述からわかるように、「責任を痛感し、深く反省する」という表現によって、「たいへんなご迷惑をかけた」という言い方は、置き換えられたと見るのが中国側の見解なのだ。しかも大平外相は、一句一句丁寧に述べたのである。ここには大平の人柄がにじみ出ている。橋本が軽々しく「ご迷惑でよい」などと語るのは、信義にもとる態度であることは明らかではないか。

服部のもう一つのキーワード尖閣諸島はどうか。服部の受賞エッセイは言う。尖閣問題は「そもそも議題にしなかった」、「中国は事実上、尖閣諸島を放棄したと見なされてもやむをえない」、「国交正常化で主張しなかった領土について、いまさら中国固有の領土に組み込もうとするのは不可解」と記している。これまた相当に乱暴な一方的主張であり、これが「日中講和の精神」ならば、いよいよ日中関係は危うい。七二年国交正常化の時点で、中国が尖閣諸島を自国領土と主張していたこと自体は公知の事実である。正式会談での議題としなかったことで、それ以降すべて「問題なし」とみなされるなどとすれば、実りある交渉など成立する余地がないではないか。

最後のキーワード「チャイナスクール外し」の功罪は、あとで触れる。

同書は、日中国交正常化を論じるに際して、栗山尚一や橋本恕の一方的な主張・回顧を書きとめたにすぎず、中国側の対日政策・対日像はほとんど浮かび上がらない。これでは中国不在の日中交渉にならざるをえない。このような駄作・欠陥商品が、日中国交正常化四〇周年に出版され、二つの新聞社が持ち上げたことは、日中の相互誤解を促進するおそれが強い。日本外務省による資料改竄が日本の世論を誤って導いた一例を、私はＴＢＳ田畑記者の誤解に即してすでに説明したが、より深刻なのは、この改竄が中国側に与えた衝撃であるはずだ。

日本外務省による資料改竄

改竄の嚆矢は、一九八八年九月外務省中国課が執務資料としてまとめた『日中国交正常化交渉記録』である。その後、情報公開法に基づいて公開された会談記録は、八八年にタイプ印刷物に収められたものと同一であり、岩波書店等の資料集に収められたものはこれである。

一九七二年の田中訪中から二〇年を経て、一九九二年には天皇訪中も行われ、日中間の歴史問題はすべて全面的に解決した、と日中双方の関係者が安堵したのは、天皇訪中が成功裏に終わった時であった。かつて青嵐会の闘士として田中訪中反対の急先鋒であった渡辺美智雄は外相として天皇訪中に随行し、二〇年の歳月の変化を印象づけた。

ところがまさに橋本恕が駐中国大使として尽力したとされる天皇訪中の直後から、日中間のさざなみが広まり深まる。最初の一石は「チャイナスクール外し」の中国課長として交渉の実務を担当し、その後アジア局長を経て中国大使を務めていた橋本恕の証言であった可能性が強い。

一九九二年九月二七日にＮＨＫが放映したテレビ番組で、橋本が当時の駐中国大使として田中訪中の往時を回顧して、「ご迷惑」という言葉の選択は正しかったと繰り返したことだ。[5] 国交正常化二〇周年に行なわれた橋本恕証言は、田中の必死の釈明、あるいは真意説明を帳消しにする役割を果たしたことで、責任はきわめて重い。

日本語からの直訳「添了很大的麻烦、我对此再次表示深切的反省」と中国語正文「很遗憾的是……给中国国民添了麻烦」、二つの表現のニュアンスの差異が問題になり、これは「外務省の翻訳間違い」ではないか、と「誤訳の問題」として中国側は処理しようとした形跡がある。ところが、橋本は、意外にも「断じて翻訳の問題ではない」（绝不是翻译的问题）と断言してしまった。「迷惑」を「麻烦」と訳したのは、誤訳ではなかったかというＮＨＫ記者の問いかけに対して、橋本は「決して翻訳上の問題ではなく、当時の日本国内世論に配慮したギリギリの文章であった」と答え、次のように補足した。

「私は何日も何日も考え、何回も何回も推敲しました。大げさに言えば、精魂を傾けて書いた文章でした。もちろん大平外務大臣にも田中総理にも事前に何度も見せて、『これでいこう』ということになったんです」（『周恩来の決断』一五二ページ）。

じつはこれはすれ違い問答である。橋本の念頭にあるのは「迷惑」の二文字だけで、その訳語ではない。にもかかわらず、誤訳か否かと問われて、誤訳ではないと橋本は答えてしまった。橋本が大平や田中に対して、訳語の話をした形跡はない。日本語の「迷惑」を基調として挨拶文を書いたという話だけなのだ。

記者が問うているのは、日本語の「原文そのもの」ではなく、その中国語訳であるにも関わらず、聞き手の記者も、答える橋本も、そのすれ違いに気づいていない。これが国交正常化二〇周年の弛みきった日中関係であった。橋本がもし原文の推敲に費やしたエネルギーの一割でも、中国語訳文の推敲に費やしていたならば、歴史的誤解は避け得たはずだが、「チャイナスクール外し」によって手柄を独占しようとした橋本には、その核心が見えない。こうして橋本は日中誤解を無意識のうちに増幅する基礎を作った。

すなわち二〇周年までは、「田中のご迷惑＝誠心誠意的謝罪」と「橋本のご迷惑＝添麻煩」、二種類の説明が玉虫色で併存していた。しかしＮＨＫ番組における橋本の断定および田中の発言を削除した日中会談記録が流布した結果、田中謝罪が消えて、「橋本流のご迷惑」が日本政府の公式見解に格上げされる結果となった。ＮＨＫは翌一九九三年、番組を活字化して『周恩来の決断』という本を出版し、これは翌九四年に中国語訳された。

この中国語訳に、日本語原本にはない、姫鵬飛外相の回顧録「飲水不忘掘井人」[6]が付されたが、これは意味深長な付加であった。私自身は、偶然のいきさつから、この文章をまとめた李海文さん（中共中央党史研究室研究員）から直接教示を受けて、その意味を調べることになるが、それは、この本が出てから数年後のことだ（その経緯は、「周恩来『一九歳の東京日記』から始まる歴史のif」『東京人』二〇一一年一一月号（本書・補章）に記した）。姫鵬飛回想録はその後『周恩来的最後歳月』（中央文献出版社、一九九五年）等に再録され、また張香山、呉学文等、中国側関係者も回想録等の形でこの問題に言及しているので、いまでは中国側の立場はほとんど明確になっている。これらの証言を率然と読むと、問題の所在がわからなくなる。じつは、私が『東京人』二〇一一年一一月号（本書、補章）で経過を書いたように、姫鵬飛回想録は、日本外務省による会談記録改竄を契機として発表されている。しかもNHK『周恩来の決断』中国語版の「付録」というじつにさりげない形で発表されたことに注目したい。

その後、一九九五年前後から江沢民流の愛国教育運動という形の反日運動が広範に展開されたが、そこで大衆を煽動する口実として最も広く用いられたのが「戦争を謝罪しない日本」という罵倒の決まり文句であった。大平は一九八〇年に急逝し、田中は九三年に死去したが、もし彼らが存命ならば、中国側の誤解と、誤解へ導いた橋本の解釈を激怒したに違いないのだ[7]。当時、外務省は誤解を解く努力をどのように行ったか、はなはだ疑わしい。会談記録改竄に責任を負う橋本や、栗山のような向米一辺倒の高官が外務省を牛耳るなかで、日中関係の悪化は、日本の防衛力増強、日米安保再強化の口実として逆用されることになる。日本側の会談記録改竄が中国側に与えた対日不信の大きさは、江沢民の反日運動[8]によって逆証明できるかもしれない。田中、大平亡きあとの、栗山や橋本の饒舌は、まさに「鳥なき里の蝙蝠」であり、見苦しい。

チャイナスクール外し

服部は前掲『朝日新聞』エッセイの冒頭で、日中交渉について、「チャイナ・スクールは（交渉あるいは意思決定から）外されていた」としたり顔に書いている。その直接的結果、何がもたらされたのかを補足しておく。「田中のスピーチを中国語訳したのは、小原育夫である。中国で生まれ育った小原は、母国語のように中国語を操り、東京外国語大学でも中国語を学んだ。その小原が、肝心なところで誤訳するだろうか。」(『日中国交正常化』一四〇ページ)

これは問題の設定を間違えている。橋本の起草した「ご迷惑」を文字通り「添麻煩」と訳したことの是非は、一つの論点である。小原が田中の真意を知るならば、おそらくこの訳語にはなりえないはずだ。逆にいえば、小原は橋本に忠実に翻訳したが、それは田中の真意とは異なっていたことになる。

より重要な問題は、田中が第二回会談で必死に「万感の思いを込めて」と力説した時点の後で、訳語をどのように訂正すべきかである。田中の「ご迷惑」を「添麻煩」と訳したことが大問題になったことを知る立場にありながら、「(訳語は)プラスもしなければ、マイナスもしない。似合った言葉を探してくるほかない」(『日中国交正常化』一四一ページ)と開き直る。これは外交官の言葉といえるであろうか。今どきのロボットでさえも、相手の表情を読み取り、言葉を選択するではないか。「ご迷惑」=「添麻煩」で済むとは、とんでもない開き直りではないか。少なくとも田中が「ご迷惑」=「誠心誠意的謝罪」と弁明した後では、田中の真意とずれていたことを認めつつ、ただし、翻訳した時点では田中の真意を知らなかったと正直に語るのが、人としての常識ではないか。

栗山は、服部のインタビューに答えて、「小原育夫君という当時の外務省の中国語の第一人者が通訳をした」と述べている(栗山尚一『外交証言録』一三〇ページ)。小原は一九六四年外務省に入省した。一九七二年には、入省八年目の若手である。中国語は得意だとしても、政治判断が可能かどうか。その判断は適切か。栗山が「当時の外務省の中国語の第一人者」と呼ぶのは、いわゆるチャイナスクールを外した人材の中で、第一人者の意か。中国語を解さない橋本の判断を、向米一辺倒の栗山が推す。これでは日中対話は成り立たない。「チャイナ・スクール外し」などと軽々しい自慢話をするから、馬脚を現す。

『楚辞集注』贈呈の意味

毛沢東が田中に『楚辞集注』を贈呈したことについて、さまざまの解釈が行なわれてきたことは周知の通りである。では「毛は、なぜ田中に『楚辞集注』を贈ったのか」「橋本は、作詩の参考に供するためだったと解する」として、服部は橋本の解釈をこう書いている。「田中さんが詩を作ったり、詩を勉強するのであれば、これがいいだろうと言って、『楚辞集注』を田中さんに詩をつくる参考になるようにということで上げた」(『日中国交正常化』一七四～一七五ページ)[9]。

田中から毛沢東への土産は、東山魁夷画伯の「春暁」(二一〇号)、周恩来へは杉山寧画伯の「韵」(二一〇号)であった。これに対して毛沢東が『楚辞集注』をお返しとしたことはよく知られていたが、橋本の解釈は「作詩の参考に供するため」というものであり、これは当時の時点で各紙がこの説を紹介し、同時に「もし作詩の参考ならば、『唐詩選』がよりふさわしい。『楚辞集注』はふさわしくない」と見る識者のコメントもしばしば行なわれた。服部は「二〇〇八年一一月八日のインタビュー」として、橋本が国交正常化三六年後も依然、「作詩参考説」を堅持したことを記している(『日中国交正常化』二四一ページ、注17)。問題はその典拠である。服部の第八章注17を見ると、「通訳の周斌は、毛が『楚辞集注』をニクソンにも贈っており、他意はなかったと述べている」と解説している。

私はこの記述に接してたいへん驚いた。「毛が『楚辞集注』をニクソンにも贈った」とする新説は、これまで見たことがないし、ありえない話と考えられるからである。服部が周斌の言として引いているのは、久能靖「角栄・周恩来会談、最後の証言」(『文藝春秋』二〇〇七年一二月号、三六五ページ)[10]である。久能の「なぜ毛主席がこの本を選んだのか、について、日本では、西の秦に攻められ、亡びてしまった楚の政治家、屈原に〔田中を〕なぞらえたのだ、という解釈もありましたが」という問いに周斌はこう答えた(と久能は記している)。「いや、それは違います。毛主席はニクソン大統領にも同じ本を贈っているのですから。毛主席は大変な読書家で、単に愛読書を贈った、というだけのことです。全く他意はありません」と周斌が述べたという。

周斌は、毛沢東が田中に『楚辞集注』を贈る前に、「ニクソンにも同じ本を贈った」と語った由だが、これは根拠のない憶測である。このような事実は、中国でも米国でもこれまで一切記録されていない。周斌の記憶違いと見るほかない。そのような間違った記憶に基づいた雑誌記事を根拠として、橋本の「作詩説」との関係は問わぬままに、安易に注釈に付記する服部の書き方は、まともな研究者のやることではない。じつは久能靖のインタビューに対する周斌発言については、これが『文藝春秋』に発表された当時から、識者から疑問が提示されていた。その一つを紹介しよう。

一九七二年九月の田中角栄訪中で中国側通訳の一人だった周斌氏(当時外務省職員)とのインタビューには、既に公開されている公式文書の内容と食い違う部分もある。「(田中訪中時の)一連の会談の中で、日米安保についての議論はなかったのですか」との(久能記者の)質問に対し、周斌氏は「一度も議論されていません」と答えている。だが、情報公開法に基づいて開示された日本外務省の記録によると、周恩来首相は田中との第二回会談で次のように述べている。「日米安保条約問題について言えば、わたしたちが台湾を武力で解放することはないと思う。（台湾防衛の方針を確認した）一九六九年の佐藤（栄作首相）・ニクソン（米大統領）共同声明は、あなた方には責任はない」「われわれは日米安保条約に不満を持っている。しかし、同条約はそのまま続ければよい。国交正常化に際しては、同条約に触れる必要はない。われわれは米国を困らせるつもりはない」。これに対して、田中は「大筋において、周総理の話はよく理解できる」と応じた。周は第三回会談でも「日米安保条約には不平等性がある。しかし、すぐに廃棄できないことはよくわかっている」と発言している。つまり、周と田中は一連の会談で、日米安保の問題を取り上げた上で、これを日中国交正常化の障害にはしないことで一致したのだ。田中・毛沢東会談（日本外務省は「記録は残っていない」としている）に関しても、周斌氏は、「儀礼的なもの」で政治的な話は一切なかったと語った（ただし、同氏は会談に出ていない）。確かに、田中に同行した当時の二階堂進官房長官も、記者団にそう説明していた。しかし、中国外務省と共産党中央文献研究室が編集した『毛沢東外交文選』（一九九四年）に掲載された会談記録（一部）には、以下のような毛の発言が収録されている。「あなた方がこうして北京に来て、全世界が戦々恐々としている。主にソ連と米国、この二つの大国だ。あなた方がこそこそ何をしているのだろうと思って、彼らはあまり安心していない」「彼ら（ニクソンら）は今年二月に（中国に）来たが、国交はまだ結んでない。あなた方は彼らの前に走り出た。（ニクソンらは）心中、あまり気分が良くないだろう」「われわれがもっぱら（外国の）右派と結託していると非難する人もいる。（しかし）日本でも、野党が解決できない問題、中日復交問題はやはり自民党の政府に頼るとわたしは言っている」。毛沢東は大国外交について論じていた。しかも、かなり生々しい話であり、田中・毛沢東会談が全く政治抜きだったとは言い難い。（二一世紀中国総研、「ＸＺの日中メディア批評」第八号、http://www.21ccs.jp/xz/xz_08.html）。

『文藝春秋』（二〇〇七年一二月号）に久能のインタビューが掲載された当時、この匿名のジャーナリストＸＺ氏は、周斌発言の危うさを指摘した。この引用からわかるように、周恩来も毛沢東も、中ソの敵対関係の深刻化やニクソン訪中を意識しつつ、田中を歓迎していたことは、当時の国際情勢からして自明であろう。

加えて、毛沢東は田中の「ご迷惑」という日本語に知的興味を示しつつ、「迷惑の使い方は、田中さんが上手だ」と苦笑し、中国語の「迷惑 mihuo」は、『楚辞集注』に書いてある通り、日本語とはまるで意味が異なることを示す証拠として、六冊の線装本を用意していたのだ。

毛沢東・周恩来の用意周到な気配りを考えると、橋本の作詩指導説は、根拠薄弱の曲解にすぎないことがわかる。チャイナスクール外しを行わなかったならば、外務省事務当局が毛沢東の真意を読みきれたかどうかは不明だが、外交とは、そもそも相手側の真意を読み切った上で、自らの要求を獲得することだ。相手側の意図がまるでわからない場合、外交はそもそも成り立たない。

「通訳の周斌は、毛が『楚辞集注』をニクソンにも贈っており、他意はなかったと述べている」と無知な周斌・久能靖に責任を転嫁しつつ、橋本の俗説を補強したつもりになっている服部の中国理解の危うさがここに象徴される。

むすびに代えて

繰り返すが、私が橋本中国課長（のち中国大使）による日中国交正常化記録改竄をきわめて遺憾に思うのは、まさに彼の改竄によって、中国側の対日不信の直接的根拠を作っただけでなく、日本側が江沢民流の反日キャンペーンに異議申し立てを行う論拠を失わせた点である。田中の謝罪は、元来中国側の対日専門家にとって自明の事柄であった。それが外務省記録の改竄によって新たな火ダネが日中間に生まれ、広がり拡大したことが、国交正常化二〇〜三〇年の日中相互不信の大きな要因の一つであり、その後遺症が四〇周年の今日まで続いている。

このような日中相互不信の内実にまるで無頓着に、日中講和の精神を語り、官僚の放言に近い談話をもって、「埋もれていた現代史」を繙くとは、百害あって一利なしではないか。国交正常化から四〇年、日本の若手研究者がここまで視野狭窄に陥り、国内の交渉体制、あるいは主張を論ずれば十分と認識しているかに見えるのは寒心に堪えない。服部が中国側文献をどのように読んだか、はなはだ疑わしいところがある。もしかすると日本語訳しか読んでいないのではないか[11]。私が超ドメスチックな議論であり、中国不在の日中交渉論ではないかと断ずるのは、このことだ。誤解であれば、幸いである。

第10章　注

（1）橋本恕の回想は、NHK二〇〇二年九月二八日放映の発言と同じである。橋本の発言が同趣旨ならば、服部のインタビューによって新たに明らかになったものはなにか。追加された未公開情報はなにか。これがほとんど見当たらない。逆に、インタビュー対象者・橋本に感情移入した匂いが濃厚である。

（2）田中一行は九月三〇日午後一時前に羽田着の日航特別機で帰国した。空港を出た後皇居で帰国の記帳を済ませ、自民党本部で椎名副総裁、橋本幹事長ら党執行部と懇談、引き続き午後二時二〇分から官邸で臨時閣議を開き、国交正常化交渉の経過と成果を報告し、午後三時すぎから首相官邸でテレビ中継の記者会見に臨んだ。さらに四時すぎから自民党両院議員総会に出席し、共同声明について党の最終的了承を求め、台湾派の野次と怒号のなかで自民党は田中報告を了承した。この過程で田中は、迷惑問題について幾度も語っている。だが、服部はこれらを一切無視して、一九八四年一一月号の『宝石』に寄せた「いま始めて明かす日中国交回復の秘話」から引用する。この「秘話」に特別の内容はなく、もし田中の真意を探るのならば、私が試みたように、帰国直後の証言が最もふさわしいはずだ。

（3）その中国語訳は「田中角栄与毛沢東談判的真相」のタイトルで『百年潮』二〇〇四年二月号に発表され、次いで『新華文摘』二〇〇四年一〇号に転載された。この講義に大幅加筆したものが「田中角栄の『迷惑』、毛沢東の『迷惑』、昭和天皇の『迷惑』」のタイトルで『諸君！』二〇〇四年五月号に掲載され、のち、『激辛書評で知る中国の政治・経済の虚実』日経BP社、二〇〇七年に収められた。

（4）念のために、田中発言を中国側の記録によって確認しておけば、次のごとくである。「第二次首脳会谈、二六日下午、……田中解释说、从日文来讲『添麻烦』是诚心诚意地表示谢罪之意、而且包含着以后不重犯、请求原谅的意思。他表示、这个表达如果从汉语上不合适、可按中国的习惯改」。

（5）NHK取材組編『周恩来の決断』の中国語訳は、この件を次のように訳している。「关于『麻烦』一语、当初

有一种说法是外务省的翻译有错误。的确、日文的『添了很大的麻烦、我对此再次表示深切的反省』与中文的『很遗憾的是……给中国国民添了麻烦』、在语感上有相当差距。但是、参加田中首相致词撰稿的当时外务省中国课长桥本恕却说、绝不是翻译的问题、考虑到日本国内舆论、那已经是到了极限的提法了。桥本恕说——『我考虑了不知多少天、推敲了不知多少次、夸大一点说、是绞尽脑汁写出的文章。当然也给大平外务大臣田中首相看了几次、得到了他们的同意』」（一〇五ページ）。

(6) この姫鵬飛回顧録は、末尾に「李海文整理」と注記されている。李海文によると、これは姫鵬飛の談話をまとめた形になっているが、じつは膨大な関連資料から、姫鵬飛外相に直接関わる部分を李海文がまとめて姫鵬飛の校閲を得て発表したものである。日本外務省による記録改竄を意識しつつ、中国側資料を整理した点に着目すべきである。

(7) たとえば田中訪中直後の一九七二年一〇月国会における大平演説（第七〇回国会、昭和四七年一〇月二八日）に大平は、次のように信条を吐露している。

「私は、何をおきましても、日中相互の間に不動の信頼がつちかわれなければならないと考えます。われわれはお互いのことばに信をおき、かつ、お互いのことばを行為によって裏書きすることが必要であると思います。（拍手）さらに、両国が、アジア地域の平和と安定、秩序と繁栄に貢献することが肝要であると思います。そのためにわれわれは何を行なうべきか、何を行なってはならないかについて、正しい判断を持ち、慎重に行動すべきであると考えております。日中両国は、このような不動の信頼とけじめのある国交を通じてのみ、両国間に末長き友好関係を築き、発展させることができるものと考えます。政府としてはこのためにせっかく努力をいたす所存であります（拍手）」〔傍線は矢吹〕。国交正常化交渉に臨んだ大平の信念はここに明らかだ。

(8) その直接的根拠は旧ソ連解体と東欧圏の崩壊という激震に対して、中国指導部が深刻な危機意識を抱き、国内体制の引き締めを反日ナショナリズムによって乗り切ろうとしたことは明らかだが、もし田中や大平のような精神で日本が導かれていたならば、反日運動はたとえ試みたとしても困難であったはずだ。

(9)この『楚辞集注』に服部は「そじしゅうちゅう」とルビを振る。これは「そじしっちゅう」と読むのが日本漢学の伝統だ。さらに「中国古典の注釈集」と形容句を付しているが、これも一知半解である。なお、ジャーナリスト横堀克己は当時通訳を勤めた王效賢のインタビューをもとに「主席はこの本が大好きだったからに違いありません」と、王效賢説を紹介している(『外交証言録』二六四ページ)。だが、毛沢東の愛読書は、この本に限らない。なぜこの本を選んだのかは、当時の通訳にも不可解であったことがわかる。

(10)久能は日本テレビのアナウンサーとして田中訪中の同行取材陣の一人であり、そこで面識を得た周斌を「日中国交正常化三五周年の今夏」(すなわち二〇〇七年夏)にインタビューし、この文を発表した。

(11)『日中国交正常化』一五二ページで、「田中〔角栄〕が真意を説明すると、周〔恩来〕は納得した」とする個所に倪志敏「田中内閣における中日国交正常化と大平正芳」『龍谷大学経済学論集』しか挙げていないが、その博士論文を指導したのは矢吹であり、そこでは矢吹の指示した資料が用いられている。服部のスタンスが日本官僚から見た日中国交正常化の色彩が強いのは、そもそも中国側文献を読まない、あるいは日本語訳のみに依拠したためかもしれない。

第11章　外務省高官は、いかなる国益を守ったのか

服部龍二著『日中国交正常化』に対する書評の形で、外務省高官（橋本恕中国課長、中国大使）に関わる諸問題は既に指摘した。小稿では、そこに書き漏らした外務省条約局に関わる諸問題をまとめて、日中国交正常化四〇年の覚書とする。日中共同声明の原案を執筆した条約局の中国認識はどのようなものか。彼らは対米従属の論理と心情に緊縛されて、あやしげな非論理を繰り返してきた。中華人民共和国が台湾を実効支配していない事実を一面的に強調しつつ、蔣介石政権の実効支配なき大陸について賠償問題は解決済みとしたのは、途方もない虚構に自縄自縛されたものではないか。

田中角栄訪中を報告した一九七二（昭和四七）年一〇月国会における大平演説から、台湾問題についての大平見解を読み直してみよう。同年一〇月二八日の第七〇国会初日に、大平外相は台湾問題について、こう述べている。

「次に、台湾の地位に関してでございますが、サンフランシスコ平和条約により台湾を放棄したわが国といたしましては、台湾の法的地位につきまして独自の認定を行なう立場にないことは、従来から政府が繰り返し明らかにしておるとおりでございます。しかしながら、他方、カイロ宣

言、ポツダム宣言の経緯に照らせば、台湾は、これらの両宣言が意図したところに従い中国に返還されるべきものであるというのが、ポツダム宣言を受諾した政府の変わらない見解であります。共同声明に明らかにされておる『ポツダム宣言第八項に基づく立場を堅持する』との政府の立場は、このような見解をあらわしたものであります。」〔傍線、矢吹、以下同じ〕

大平見解が二つの内容から構成されることは、明らかである。

一つは「台湾の法的地位」について「(日本が)独自の認定を行なう立場にない」と、自己認識していること。もう一つは、「カイロ宣言、ポツダム宣言の経緯」に照らして、「(台湾は)中国に返還されるべきものである」と日本政府が認識していること、以上二点である。この二点を述べた直後に、大平は次のように、自らの信念を吐露している。この部分は、いわば日中国交正常化に臨んだ大平の信念を直截に語ったものであり、大平演説のカナメをなすと私は受け止めている。大平いわく、

「私は、何をおきましても、日中相互の間に不動の信頼がつちかわれなければならないと考えます。われわれはお互いのことばに信をおき、かつ、お互いのことばを行為によって裏書きすることが必要であると思います。」(拍手)

大平はここで「ことばへの信」と「ことばを裏書きする行為」を語り、「日中相互の間に不動の信頼(a)がつちかわれなければならない」と「不動の信頼」を指摘し、その信頼に基づいて「両国が、アジア地域の平和と安定、秩序と繁栄に貢献すること(b)が肝要である」と自らの信念を述べている。大平は、(a)(b)の認識のうえに、日本政府の決意を次のように披瀝した。

「そのためにわれわれは何を行なうべきか、何を行なってはならないかについて、正しい判断を

持ち、慎重に行動すべきである（c）と考えております。」

「日中両国は、このような不動の信頼とけじめのある国交（d）を通じてのみ、両国間に末長き友好関係を築き、発展させることができるものと考えます。政府としてはこのためにせっかく努力をいたす所存であります。」（拍手）

ここには、大平の政治的信念が吐露されている。私は核心部分を仮に（a）（b）（c）（d）の四ヵ条に分けたが、あえて要約すれば、「日中間の不動の信頼とけじめのある国交（d）」であり、それは「ことばを裏付ける行為[1]」によってこそ実現できると大平は信じて日中国交正常化に当たった。これは非のうちどころのない優れた見識であり、田中角栄の率直な発言とともに、中国側に日本政府への信頼を抱かせたはずである。

しかしながら大平は、この発言から八年を経ずして急逝し、田中は四年を経ずしてロッキード事件で逮捕され、八五年二月脳梗塞で倒れ、政治活動が不可能になった。訪中から一二年余、日中経済協力がようやく動き始めた時期であった。大平や田中が政治の舞台から消えたあと、政治家を裏方として支えた官僚たちが、日中交渉の記録を改竄し、官僚主導とも受け取れる裏話を語り始めた。それによって日中相互不信の構造が生まれたことは、看過しがたいので、日中国交正常化四〇年に当たり、覚書にまとめた。

1　日中国交正常化交渉の問題点

では、実際の交渉経過はどうであったか。高島益郎外務省条約局長の発言をみよう。

「日中共同声明日本側案の対中説明」として七二年九月二六日午前の第一回外相会談において高島条約局長が読み上げたものは、以下のごとくである（「日中共同声明日本側案の対中説明」、『記録と考証』一一〇～一一六ページ）。

日中両国間の戦争状態の終結問題

「日中両国間の戦争状態の終結問題は、日華平和条約に対する双方の基本的立場の相違から生じたものである。（a）中国側が、わが国が台湾との間に結んだ条約にいっさい拘束されないとすることは、日本側としても十分理解しうるところであり、日本政府は、中華人民共和国政府がかかる立場を変更するよう要請するつもりは全くない。」

「他方、（b）日本政府が自らの意思に基づき締結した条約が無効であったとの立場をとることは、責任ある政府としてなしうることではなく、日本国民も支持しがたい。」

「これまでの日中関係に対する法的認識について双方の立場に関して結着をつけることは必要ではなく、また可能でもないので、戦争状態終了の時期を明示することなく、終了の事実を確認することによって、日中双方の立場の両立がはかられる。」

（a）が中国側の立場、（b）が日本側の立場である。ここで表向きのテーマは「戦争状態の終結」、すなわち、どの時点をもって日中戦争の終結と見るかである。日本は一九五二年の日華平和条約締結をもって日中戦争は終結したと主張している。これに対して中国側は、当然のことながら「日本が台湾との間に結んだ条約にいっさい拘束されない」と主張した。高島は、「日華平和条約締結をもって日中戦争は終結した」とする日本の主張を中国側に押し付けることは無理があることを承知しているので、「日本側としても十分理解しうるところであり、日本政府は、中華人民共和国政府がかかる立場を変更するよう要請するつもりは全くない」と、日本側の立場の説明にすぎないことを表明している。「日華平和条約の存在」を認めない中国と、それに基づいて過去二〇年にわたって日台関係を維持してきた日本の立場は、ここで鋭く対立する。

そこで高島は、一九五二年の日華平和条約締結をもって終結したとする日本の主張と、一九七二年の日中共同声明をもって終結するとする中国の主張の妥協点として、「終了の時期を明示することなく、終了の事実を確認する」方法を提起した。

高島条約局長自身の回想（『サンケイ新聞』一九八五年二月七日）によれば、その内容は次の通りであった。

「要するに日本としてはサンフランシスコ平和条約体制の枠内でどういうふうに中国と国交を正常化するという問題ですから、法律上、サンフランシスコ条約に違反するわけにはいかない。だから中国が台湾も中国の一部だってことを認めろといったって法律的に認めるわけにはいかない。……もう一つ、中国は日華条約は無効だっていうんでね。これもできない。最初から向こう側がいうようにしたら、サンフランシスコ条約は根底からひっかかっちゃうからね。……さらに、その結論として、賠償請求権なんていうものを認めるわけにはいかないと、そういうこともいった。相手がいやがることを。[2]」

高島はここで、①サンフランシスコ平和条約体制の枠内、②日華条約無効論、③賠償請求権、の三つを論じている。①と②は、一九五一年以来七二年九月に至るまでの現実を踏まえたうえで、対中交渉に当たる話であるから、日本の立場としてそれを主張することには、一定の合理的根拠があることを否定するものではない。だが、そこから「その結論として、賠償請求権なんていうものを認めるわけにはいかない」という高島の主張は、論理が飛躍しており、とうてい説得的な論理とはいえないものだ。

それは日華平和条約の適用範囲に関わる。すなわち第二条「一回」、第三条「二回」、第一〇条「三回」、以上六回にわたって「台湾及び澎湖諸島」と、この条約が適用範囲を特定している[3]のは、いうまでもなくこの条約が結ばれた一九五二年時点で「中華民国」が実効支配していたのは、この地域に限られるからだ。つまり、この条約でいう「中華民国」とは、一九四九年に中国大陸に中華人民共和国が建国され、台湾に亡命した後の「中華民国」との条約であるゆえに、実効支配範囲に基づいて、条約の適用範囲を特定していることが、これらの条文から明らかである。これが日華平和条約の最も根本的な特徴である。日本語の表記で、台湾亡命前後の区別を明確に行なわないのは、きわめてミスリーディングであり、両者は的確な英語による表現にならって「中華民国（大陸）」、「中華民国（台湾）」と区別するのがよい。両者の区別を曖昧にすることによって、実効支配の範囲を曖昧にし、その混乱に自縄自縛されたかに見えるのは、滑稽ですらある。

日華平和条約の虚構

この日華平和条約には、実効支配とは無縁の重大な虚構が、第四条および第五条に書かれている。すなわち第四条[4]には「一九四一年一二月九日前に日本国と中国との間で締結されたすべての条約、協約及び協定(all treaties, conventions, and agreements concluded before 9 December 1941 between Japan and China)は、戦争の結果として無効となつたことが承認される」と記され、また第五条[5]には「日本国はサン・フランシスコ条約第一〇条の規定[6]に基き、一九〇一年九月七日に北京で署名された最終議定書並びにこれを補足するすべての附属書、書簡及び文書の規定から生ずるすべての利得及び特権を含む中国におけるすべての特殊の権利及び利益を放棄し、且つ、前記の議定書、附属書、書簡及び文書を日本国に関して廃棄することに同意したことが承認される」と明記されている。

第四条の文言は、奇怪きわまる。「一九四一年一二月九日前に」とは、真珠湾攻撃で日米開戦に至る前の時期を指す。そして「日本国と中国との間で締結されたすべての条約、協約及び協定」と書かれている。他の条文では、「中華民国」と明記され、英訳では「the Republic of China in Taiwan (Formosa) and Penghu (the Pescadores)」と特定されているが、日本語訳では単に「中国 China」だ。ここでいう「中国」とは何を指すのか。これは「大陸における中華民国 the Republic of China in Mainland」か、それとも「中華人民共和国」と読ませるつもりか。それとも清朝政府を指すのか。

第五条も、奇怪な文言だ。「日本国はサン・フランシスコ条約第一〇条の規定に基き、一九〇一年九月七日に北京で署名された最終議定書並びにこれを補足するすべての附属書、書簡及び文書の規定から生ずるすべての利得及び特権を含む中国におけるすべての特殊の権利及び利益を放棄し、且つ、前記の議定書、附属書、書簡及び文書を日本国に関して廃棄することに同意したことが承認される」。この「一九〇一年九月七日に北京で署名された最終議定書」とは、日本の外交文書における正式名称は「北清事変に関する最終議定書」であり、中国ではその年をとって辛丑条約、辛丑和約と呼び、欧米では"Boxer Protocol"の呼び名が一般的である。

日本がポツダム宣言を受諾して降伏を受け入れるまでの約半世紀における中国大陸での「特殊の権利及び利益」の獲得が「北清事変に関する最終議定書（一九〇一年）」に始まることは歴史的事実だが、この半世紀に得た権限の放棄と賠償義務の責任を日華平和条約第四条および第五条の規定、およびサンフランシスコ条約の関連規定で帳消しにするのは、現実的根拠をもつ合理的主張とは考えられない。清朝の継承国家が中華民国である事実までは認めるとして、その中華民国政権が大陸から亡命を余儀なくされ、中華民国（台湾）に実質を変えた後で、引き続き大陸の代表権をもつとするのは虚構であるからである。

それゆえ、台湾に亡命した後の蔣介石政権が「賠償を放棄した」とは、いかなる範囲の賠償かが問われなければならない。いわゆる「賠償放棄」とは、「日華平和条約議定書」第一項（b）に記されたものである。第一項（b）には、「中華民国は、日本国民に対する寛厚と善意の表徴として、サンフランシスコ条約第一四条（a）1に基き、[7] 日本国が提供すべき役務の利益を自発的に放棄する」と書かれている。その根拠とされている「サンフランシスコ条約第一四条（a）1」の内容は、「日本国が、戦争中に生じさせた損害及び苦痛に対して、連合国に支払うべき賠償」である。中国が連合国の一員であることは明らかであり、ここでは「日本国が戦争中に（中国）に生じさせた損害及び苦痛に対して中国に支払うべき賠償」の意である。日中戦争の大部分は、台湾ではなく、大陸で戦われたことはいうまでもない。その範囲の賠償について、すでに亡命した立場にある蔣介石政権に交渉の権限があるとするのは、合理的ではない。したがって、蔣介石亡命政権との間で、台北で調印した条約をもって、中国大陸全体に適用できるとするのは、途方もない虚構であることは誰の目にも明らかだが、このような虚構・非条理を断固として主張したのが、わが外務省条約局であった。

彼らは日華条約の歴史性、限界性の意味を再考することなく、これを絶対化することが即国際法を守ることであり、かつ日本の国益を守ることだと認識したごとくである。

だが、ここで彼らが守ろうとしたものは一体何か。その内実は、アメリカが戦後アジアに構築した戦後体制であり、それが日本の国益と一致したものかどうかは、慎重な検討を必要とするはずだ。明らかに、ポツダム宣言を受諾した降伏日本がやむをえず甘受した枠組みにほかならない。

中国の国連復帰を契機に

この枠組みが国際社会で明白な挑戦を受けたのは、一九七一年一〇月の中国の国連復帰を契機とする。元来中華民国は国連が発足したとき以来の創立メンバーとして、また連合国の一員として国連常任理事国の地位を占めていたが、一九七一年の国連第二六回総会において、代表権を喪失した。

この年、日本はアメリカとともに「逆重要事項指定案」(8)の共同提案国となったが、これは否決され、中国招請・台湾追放を骨子とするアルバニア案が可決された。七一年の国連総会でこのような投票結果に落ち着くことは、その前年七〇年の投票においてアルバニア案が過半数を得たことで、予測されたことであった。その後アメリカがニクソン訪中を決めたことによって、その流れが加速した。この結果、七一年にアルバニア案の可決は、ほとんど確実視されていたが、佐藤内閣はこの問題で最後までアメリカに追随した。この佐藤政権が七二年六月一七日退陣を表明し、七月五日自民党総裁選で田中角栄が当選し、九月訪中が実現したことは周知の通りである。

国連の場で蔣介石政権＝中華民国（台湾）が代表権を失ったのは、七一年であるから、四九〜七一年の二〇余年は、国連代表権という資格は、台湾への亡命以後も蔣介石政権が保有した形である。これは国連という組織の「メンバー資格の認定」問題にすぎない。この国連代表権を拡大解釈して、日中戦争期の賠償請求権を交渉する当事者能力を蔣介石政権が持つとするのが外務省条約局の立場であった。わかりやすくたとえるならば、責任をとって本社社長を辞めた子会社の社長が本社全体の利害に関わる重大事項について決裁するような話だ。このような虚構を当事者が許さないのは明らかではないか。

国連の場において、中国代表権が中華民国（台湾）から中華人民共和国（北京）に変更されたことは、第二次大戦後のアメリカ主導の国際秩序作りが大きな挑戦を受け始めたことを意味する。しかし日本外務省、特に条約局はこの潮流に抵抗し、アメリカ主導の旧秩序に固執する対米従属派が支配していた。田中訪中に際して、彼らはサンフランシスコ条約と日華平和条約に抵触しない形での日中国交正常化を主張したが、四〇年後に、その後の国際情勢の変化を踏まえて往時を回顧すると、彼らの論理と行動の破綻は明らかである。彼らの論理は歴史の検証にたえられなかった。その帰結が日中相互不信の深化という形で遺されている。大平の急逝（一九八〇年六月）、田中の発病（八五年二月）と死去（九三年一二月）以後、外務省高官たちはきわめて饒舌になり、みずからの正当性を声高に主張しつづけているが、これは論理の破産に危機感を抱いてのことであるかもしれない。いまこそ大平の政治的遺言にも似た言明――「ことばに信をおき、ことばを裏書きする行為」の意味をかみしめるべきであろう。

周恩来の猛反発

日華平和条約によって、中国大陸を含む全中国に対する戦争状態が終り、賠償請求権も消滅したとする高島見解は、当然のことながら、周恩来の猛反発を受けた(9)。「姫鵬飛回想録」はこう記している。

「当時の蔣介石はすでに台湾に逃げていた。いわゆる賠償要求を放棄したが、その時、彼は全中国を代表することはできないのであり、これは他人の褌で相撲を取るやり方だ」（当时蒋介石已逃到台湾、表示所谓放弃赔偿要求、那时他已不能代表全中国、是慷他人之慨）

「われわれは両国人民の友好関係から出発して、日本人民に賠償負担の苦しみを与えたくないので、賠償要求を放棄した」（我们是从两国人民的友好关系出发、不想使日本人民因赔偿负担而苦、所以放弃了赔偿的要求）

「過去にわれわれも賠償を負担して、中国人民が苦しみを受けたことがある」（过去我们也负担

过赔偿、使中国人民受苦）

「毛主席は日本人民に賠償を負担させてはいけないと主張しているので、このことを日本人民にお伝えしたい」（毛主席主张不要日本人民负担赔偿、我向日本朋友传达）

「ところが高島先生は好意を受け取ることなく逆に、蔣介石が賠償を要らないといったと言いなしたが、これはわれわれを侮辱したものだ」（而高岛先生反过来不领情、说蒋介石说过不要赔偿、这个话是对我们的侮辱）

「私は穏やかな性格だが、この言い分を聞いて、憤激にたえない」（我这个人是个温和的人、但听了这个话、简直不能忍受）。

日中国交正常化という重大な外交交渉において、日本外務省を代表した高島局長が交渉相手を激怒させたことは、歴史の教訓として記憶に値するであろう。

この一幕は、田中の「訪中秘話」では、こう記されている。「その席で、中国側担当者がいきなりこんなことを言ってきたのである。『日中間の賠償問題はどうするのか』いまにして思えば、一発、向うにかまされたということかもしれない。中国側の正式な要求である。高島〔益郎〕君は『その件はサンフランシスコ条約で解決済みであります』と答えた。そうしたら『そういうような代表団なら、即刻、お帰りいただきたい』と言われたという。即刻帰れ、というのは、外交上は完全な退去命令である」（田中角栄『宝石』一九八四年一一月号）。

当時、周恩来の助手を務めていた孫平化[10]は一九八六年に次のように書いた。

「日本側のある人が、蔣介石がすでに戦争の賠償要求を放棄しているということを持ち出した時、周総理は厳しく次のように指摘したといわれる。『我々は驚きと憤激を覚える』。蔣介石政権はとっくに中国人民にくつがえされており、彼が日本人といわゆる『平和条約』を結んだ時、賠償はいらないと宣言したことには悲憤慷慨した。しかし、我々は両国人民の友好関係から出発し、日本人民の負担を増加させないようにするため、賠償とりたて要求の放棄を宣言する。周総理はさらに、中国人民が過去において、賠償の負担によってひどく苦しんだ歴史的事例をあげて、中国は心から中日友好を増進させ、日本人民の経済的負担を増加させないようにするため、賠償をとりたてるという立場を放棄すると表明した」（『世界知識』一九八六年第六期、『中央公論』一九八七年八月号掲載の石井明訳による）。

孫平化の書いた「日本側のある人」とは、むろん高島条約局長である。この問題は、交渉の挙げ句、日中共同声明の賠償条項を「中華人民共和国政府は、中日両国人民の友好のために、日本に対する戦争賠償の請求を放棄する」（第五項）とすることで合意に達した。

ここで注目されたのは、竹入委員長の持ち帰った中国側草案には「賠償請求権の放棄」と表記されていたものが「賠償の請求」と、日本側が「権」を落とした点である。

大平外相は帰国当日の七二年九月三〇日、自民党両院議員総会において、第五項をこう説明した。

「第五項目は、賠償請求の放棄であり、日華条約でこれが放棄され、日本はこれを受けている立場に立っている。従ってこれは中国側が一方的に宣言し、日本側はこれを率直に評価し、受ける立場をとった。もし中国が『賠償請求権』の放棄という言葉にかかわると、私どもは厄介な立場になるところだったが、『賠償請求』という言葉にしてもらい、『権』という言葉はついていな

い。」（「自民党両院議員総会発言録」、『ドキュメント日中復交』二〇三ページ）

この点について国際関係論の石井明教授は、こう解説している。

「中国の立場に立てば、日中間の戦争状態は終わっていないのであるから、『賠償請求権を放棄する』となるべきところであるが、一方、日本側は日華平和条約は有効であったとの立場に立ち、同条約の中で請求権は放棄されているとみなしていた。したがって、『権』の字が付いていると、日華平和条約の不法性を認めてしまうことになるのであり、日本外務省としては認められないものであった。」（石井明「中国に負った無限の賠償」、『ドキュメント日中復交』一七一ページ）

この点について栗山条約課長は、当時こう記した。

「過去の中国大陸における戦争が中国の国民にもたらした惨禍は、わが方として深い反省の対象となるべきものであることを考慮するならば、このような中国側の賠償放棄の宣言は、率直かつ正当に評価されるべきであろう。」（栗山「日中共同声明の解説」、『ドキュメント日中復交』二一八ページ）

「率直かつ正当に評価」とは、奇妙な言い回しではないか。日本が中国国民にもたらした惨禍に対して、「わが方として深い反省の対象とすべき」ところを「対象となるべき」と反省の主体をあいまいにし、中国側の賠償放棄の宣言は「正当に評価されるべき」と第三者的表現になっているのは、「率直な評価」とはいいがたいし、この文脈であえて謝罪にわたる表現を一切避けたのは、日本語として不自然であり、中国国民の共感はえられないはずだ。奥歯にものの挟まったような日本語は、田中の謝罪を改竄した外務省高官のスタンスを象徴する。

私はここで謝罪が足りないことを問題にしているのではない。交渉相手の中国の顔を直視していないことを問題にしているのだ。このスタンスは、対米関係における卑屈さの裏返しだ。米国政府に対して配慮を行うのと同じように、中国国民に対しても配慮せよ、というだけである。一方に対する過度の配慮、他方に対する高圧的態度、そのダブルスタンダードを批判しているのだ。

日華平和条約の二つの性格

外務省条約局は、サンフランシスコ条約と日華平和条約で作られた戦後日本の国際関係の枠組みと矛盾しない、これに悪影響を及ぼさない形での日中国交正常化を構想したごとくであるが、特に日華平和条約との整合性を過度に強調するあまり、はなはだしい自家撞着に陥った。なぜか。

日華平和条約には、二つの性格が存在した。一つは、台湾に亡命した蔣介石政権＝中華民国（台湾）との平和条約である。もう一つは、蔣介石政権＝中華民国（台湾）が中国大陸全体を代表すると見なす代表権の虚構である。両者が明らかに区別できることは、すでに指摘した第二条、第三条、第一〇条に、その実効支配地区として「台湾及び澎湖諸島」が特定されていることから明らかである。他方、第四条「一九四一年一二月九日前に日本国と中国との間で締結されたすべての条約、協約及び協定は、戦争の結果として無効となつた」、第五条「日本国は、一九〇一年九月七日に北京で署名された最終議定書並びにこれを補足するすべての附属書、書簡及び文書の規定から生ずるすべての利得及び特権を含む中国におけるすべての特殊の権利及び利益を放棄する」ことを台湾に亡命した蔣介石政権を相手に約束することは、はなはだしい虚構であり、現実にそぐわない[11]。

それゆえ、サンフランシスコ条約と日華平和条約で作られた「戦後日本の枠組み」を譲れないものとして真に守ろうとするのであれば、日華平和条約の二つの特徴を腑分けしたうえで、第二条、第三条、第一〇条に書かれた「実効支配」に関わる現実的な要素を継承しつつも、中国大陸の代表権に関わる虚構を再検討すべきであったはずである。「賠償請求権」の「請求権」という概念に固執してみたり、これが「日華平和条約」で解決済みとする立場に固執したのは、論理的に見て成り立たないばかりでなく、倫理的には、中国大陸の人々を深く傷つけるものであった。高島の「対中説明」を読みながら、実際の交渉経過を詳しく確認しておこう。

台湾問題に関する日本政府の立場

「対中説明」にいわく、

「台湾問題に関する日本政府の立場については、この機会にこれを要約すれば次の通りである。サン・フランシスコ平和条約によって、(1)台湾に対するすべての権利を放棄したわが国は、台湾の現在の法的地位に関して独自の認定を下す立場にない。中国側が、サン・フランシスコ条約について、日本と異なる見解を有することは十分承知しているが、わが国は、同条約の当事国として右の立場を崩すことはできない。しかしながら、同時に、カイロ、ポツダム両宣言の経緯に照らせば、(2)台湾は、これらの〔カイロ、ポツダム両〕宣言が意図したところに従い、中国に返還されるべきものであるというのが日本政府の変わらざる見解である。わが国は、また、『中国は一つ』との中国の一貫した立場を全面的に尊重するものであり、当然のことながら、(3)台湾を再び日本の領土にしようとか、台湾独立を支援しようといった意図はまったくない。したがって、わが国としては、将来⑷台湾が中華人民共和国の領土以外のいかなる法的地位を持つことも予想していない。このような見地から、日本政府は、台湾が現在中華人民共和国政府と別個の政権の支配下にあることから生ずる問題は、中国人自身の手により、すなわち、⑸中国の国内問題として解決されるべきものと考える。他方、わが国は、台湾に存在する国民政府と外交関係を維持している諸国の政策を否認する立場になく、また、米中間の軍事的対決は避けられなくてはならないというのがすべての日本国民の念願である以上、⑹台湾問題はあくまでも平和裡に解決されなくてはならないというのが日本政府の基本的見解である。共同声明案の第四項第二文の『日本国政府は、この中華人民共和国政府の立場を十分理解し、かつ、これを尊重する』との表現は、右に述べたような日本側の考えを中国側の立場に対応して簡潔に表したものである。」（「日中共同声明日本側案の対中説明」『記録と考証』一一二～一一三ページ）

傍線を付した重要と思われる個所に番号を付して、摘記してみよう。

⑴台湾に対するすべての権利を放棄したわが国は、台湾の現在の法的地位に関して独自の認定を下す立場にない。〔降伏した日本としては、台湾の法的地位を語る立場にはない〕

⑵台湾は、これらの〔カイロ、ポツダム両〕宣言が意図したところに従い、中国に返還されるべきものである。〔日本降伏を決めた両宣言の意図にしたがうならば、「中国に返還される」のが当然だ〕

⑶台湾を再び日本の領土にしようとか、台湾独立を支援しようといった意図はまったくない。〔台湾の独立を支持するつもりはない〕

(4)台湾が中華人民共和国の「領土以外のいかなる法的地位を持つこと」も予想していない。「台湾が現在中華人民共和国政府と別個の政権の支配下にある」ことから生ずる問題は、「(中国の)国内問題」である。〔これは(2)の論理的帰結である〕

(5)中国の国内問題として解決されるべきものと考える。

(6)台湾問題はあくまでも平和裡に解決されなくてはならない。〔(2)の論理的帰結である〕〔これは日本政府の希望あるいは願望である〕

賠償放棄についての周恩来の二つの論点

話を日中交渉の現場に戻す。九月二六日午前に行なわれた第一回外相会談で高島局長は以上の主張を行ったが、その日午後に行なわれた第二回田中・周恩来会談で、周恩来は高島の主張を前述のように、「憤激をもって」反駁した。すでに姫鵬飛外相の回顧録を引用したが、日本外務省の記録では、以下のごく記録されている。

「日華平和条約につき明確にしたい。これは蒋介石の問題である。蒋が賠償を放棄したから、中国はこれを放棄する必要がないという外務省の考え方を聞いて驚いた。蒋は台湾に逃げて行った後で、しかもサンフランシスコ条約の後で、日本に賠償放棄を行った。他人の物で、自分の面子を立てることはできない。戦争の損害は大陸が受けたものである。我々は賠償の苦しみを知っている。この苦しみを日本人民になめさせたくない。我々は田中首相が訪中し、国交正常化問題を解決すると言ったので、日中両国人民の友好のために、賠償放棄を考えた。しかし、蒋介石が放棄したから、もういいのだという考え方は我々には受け入れられない。これは我々に対する侮辱である。田中・大平両首脳の考え方を尊重するが、日本外務省の発言は両首脳の考えに背くものではないか。」

この周恩来発言について、杉本孝教授はこうコメントしている（杉本孝編著『東アジア市場統合の探索』二九六—七ページ）。

「高島局長に対する周総理の反駁の論点は二つある。第一に『他人の物で、自分の面子を立てることはできない』（周恩来の原文は「慷他人之慨」——他人のカネで気前よく振る舞う、他人の褌で相撲をとる、という意味の慣用句）という点である。ここには、敗戦により窮地に陥った日本に対し戦争賠償の請求を放棄してその負担を免除することは、中国民族の度量を日本に示すことに他ならず、民族の面目を大いに施す行為であるという考え方が前提として存在していることになる。既に指摘した通り、台湾政府の実効支配が及んでいる地域には日本軍の戦闘行為による被害はほとんど生じておらず、中国大陸で生じた莫大な被害に対する請求権をあたかも台湾が有しているかのような虚構に基づき、これを放棄したと称して台湾の面子を立てることはできない、と周総理は指摘しているのである。

第二に、『蔣介石が放棄したから、もういいのだという考え方は我々には受け入れられない。これは我々に対する侮辱である』という点である。被害を蒙ったのは中国大陸の民衆であり、台湾に落ちのびた蔣介石には大陸の民衆の請求権を放棄する権限はない。にもかかわらず、既に蔣介石が放棄したから北京は放棄する必要はない、あるいは放棄する権限はないと日本側が考えているとすれば、日本に対する激しい憎しみを抑えて賠償請求放棄を決意した中国一般民衆の心の葛藤を日本は何一つ理解していないことになる。より正確に言えば日本側のこのような主張は、恩讐を越えて仇敵を赦そうとする中国民族の度量に対し、敢えて理解を拒絶しようとするものであると言える。」

私は杉本のコメントに深く共感する。杉本の表現を用いるならば、「敢えて理解を拒絶しようとする」外務省高官によって日中交渉が行なわれた結果、日中両国間に深い相互不信が遺される結果となった。

最後にもう一度「実効支配」に触れておく。復交第二原則について、台湾政府が台湾島と澎湖諸島を実効支配しており、中華人民共和国の支配がこの地域に及んでいない事実に留意するのは当然として、この実効支配論を自らの主張においては、まったく忘れたかのような扱いをしたのが、外務省条約局のもう一つの態度であった。日華平和条約が中国大陸を実効支配していない蔣介石政権との条約であり、その代表性には、重大な疑問が残ることについては、一言の反省もなく、単に日華平和条約との整合性のみを語るご都合主義的論理は、とうてい歴史の検証に堪ええないものである。

2 「鳥なき里の蝙蝠」の饒舌（1）——日中国交正常化の回顧

一九七二年国交正常化時点における日中誤解は、田中・大平という二人の政治家の人格をかけた約束によって解け、交渉は妥結を見た。しかしながら、大平首相の急逝と田中元首相の発病以後、二人はもはや日中会談の内幕を語ることはなくなった。

奇怪なのは、その前後から外務省高官たちが「鳥なき里の蝙蝠」のごとく饒舌をもって振る舞い始めたことである。こうして田中・大平の肉声はかき消され、日中和解の精神を踏みにじられ、外務省高官たちの手前味噌ばかりが横行して、中国側の対日不信は、広がり深まるようになる。

一例を挙げよう。大平没後七年目の一九八七年六月四日、鄧小平中央顧問委員会主任は訪中した矢野絢也公明党委員長に対し、日本政府の姿勢に不満を述べるとともに、賠償問題に言及してこう述べた。

「率直にいうと、日本は世界のどの国よりも中国に対する借りが一番多い国であると思う。国交回復の時、我々は戦争の賠償の要求を出さなかった。両国の長い利益を考えてこのような政策決定を行った。東洋人の観点からいうと、条理を重んじているのであって、日本は中国の発展を助けるために、もっと多くの貢献をすべきだと思う。この点に不満を持っている。しかし、この問題を高いレベルにまで挙げていない」(『朝日新聞』一九八七年六月五日[12])。

この鄧小平発言は、中曽根内閣時代の対中政策のブレを意識して行なわれたものである。

国交正常化以後二六年目を経た一九九八年一月二九日、外務省を退官して早稲田大学客員教授となった栗山は、学内の研究会で「日中国交正常化」の回顧を行い、それは後日論文の形で発表された(『早稲田法学』七四巻四・一号、一九九九年五月号)。栗山は、国交正常化交渉四半世紀を経た時点で、七二年当時を回顧し、①背景、②中国の復交三原則、③台湾の法的地位、④日華平和条約問題、⑤日米防衛協力の新たな指針と台湾、の五項を語った。

まず背景について

栗山は、日中国交正常化の背景として、サンフランシスコ平和条約について、こう述べる。「日本がサンフランシスコ平和条約を締結して国際社会に復帰する……ときに生じた一つの大きな問題は、日本が、実体的に生じた二つの中国、すなわち、一方は中国大陸に実効的支配を確立した中華人民共和国、他方は台湾に移った中華民国、そのいずれとの間で戦争状態を終結し、国交を回復するのか」であった。「サンフランシスコ講和会議に中華民国政府、中華人民共和国政府いずれを招待するかについて、連合国の間、特に米英両国間で意見の対立があり」、結局「どちらも招かない」ことになった。その結果生じた問題は、「日本はいずれの政府と戦後の外交関係を結ぶか」であった。

一九五一年暮、ダレス特使が来日し、「日本が中華民国政府と平和条約を締結するのでなければ、サンフランシスコ平和条約自体が米国議会の承認を得られない」と当時の吉田総理を説得した結果、同総理はやむを得ずこれに応じ、いわゆる「吉田書簡」をアチソン国務長官宛に発出し、日本は中華民国政府と平和条約を結ぶことを約束した。この吉田決断は「日本が当時の冷戦の状況下で国際社会に復帰するために払わなければならなかった一つの代償と考えられる」と栗山はコメントした。

栗山が吉田書簡に言及したので、そのサワリを調べてみよう。吉田書簡（一九五一年一二月二四日）には「この二国間条約の条項は、中華民国に関しては、中華民国国民政府の支配下に現にあり又は今後入るべきすべての領域に適用があるものであります」と明記されている。この文言は、日華平和条約交換公文第一号にも含まれている。

「中華民国国民政府の支配下に現にあり」とは、むろん台湾と澎湖諸島を指す。では「又は今後入るべきすべての領域」とはなにか。これは蔣介石政権が「大陸反攻」を主張し、大陸をも含む全中国の代表を僭称していたので、その言い分をそのまま書いたものにすぎない。吉田茂の真意は、彼が一九五二年六月二六日参議院外務委員会で行った答弁から知りうる。彼はこう答弁している。

「もとより日華条約は、早く隣国との間に条約関係に入りたいという考えから入ったのであります。これが将来中共政権に対して云々ということでございますが、これは、日華条約は一に台湾政権との間の関係においていたしたのであつて、中共政権についての関係はないのであります。今後どういうふうな関係に入るか、将来の発展に待つよりいたし方ないかと思います。」

このように吉田は「日華条約は一に台湾政権との間の関係においていたした」ものと対象を限定するとともに、「中共政権についての関係はない」と明言し、「今後どういうふうな関係に入るか、将来の発展に待つよりいたし方ない」と白紙のまま、選択の自由を留保したのであった。高島や栗山の解釈は吉田茂の政治判断を曲解したものであることは明らかなのだ。

栗山の解説に戻る。この経緯を経て、一九五二年にサンフランシスコ平和条約が発効し、それからほぼ二〇年、日本は「台湾にある中華民国政府と国交」を持ち、そして「中華人民共和国政府とは政府間の関係を有しない」状態が続いた。一九六九年にニクソン政権が登場すると、米国の対中国政策が大きく転換し、日本の対中国交正常化が可能な国際環境が生まれた。その状況下で、一九七二年六月に佐藤内閣が退き、日中国交正常化を公約する田中内閣が誕生した。これは毛沢東・周恩来という中国指導者の「国際情勢についての戦略的な判断」から生まれた、中日国交正常化を早急に行いたいという中国の政策とが一致して、田中内閣の誕生からわずか二ヵ月で日中国交正常化が実現したものだ。

栗山は、日中国交正常化の背景を以上のように説明した後、「以下本稿では、日中国交正常化が提起したいくつかの国際法上の問題について、田中総理・大平外務大臣を補佐する立場にあった外務省がどのように考え、いかに対応しようとしたかを改めて考察する」と前書きして「当時筆者は外務省において条約局条約課長として、省内の作業及び中国政府との交渉に参画した」体験を語った。

中国の復交三原則について

中国はかねてから「復交三原則」を公にしており、この三つの原則を柱とし、これを日本が受け入れるということによって正常化が実現できるという立場をとっていた。第一の原則は、中華人民共和国政府は「中国を代表する唯一の合法政府である」こと、第二は、「台湾は中華人民共和国の領土の不可分の一部である」こと、第三は、日本が台湾（中華民国）と結んだ平和条約は「不法・無効であり、廃棄されなければならない」こと、であった。

この三原則が中国の立場であり、日本としては「この三原則にどのように対応するか」が基本的な課題となった。「日本は中国と一切の政府間の関係が存在しなかった」ため、この復交三原則に対して「中国が本当にどこまで柔軟な態度をとるのかが把握できなかった」ことが外務省を悩ませた。外務省（あるいは日本政府）が中国側の交渉姿勢について判断しうる材料になったのは、いわゆる竹入メモ[13]である。栗山の証言によれば、「外務省事務当局としては、大平外務大臣を通じて示されたこのメモの内容を検討して中国の立場を判断せざるを得なかった」「(一九七二年) 九月末に田中総理以下の日本政府の一行が北京に赴くまで、本当にこの交渉がうまくいくのかどうか、筆者自身個人的には余り自信がなかったというのが正直なところ」であった。

⑴第一原則について

条約局として第一原則について「特に法的な問題がある」とは考えなかった。これは、日本政府が「政治決断をする問題」であり、その決断さえあれば、国際法上は「政府承認の変更」で済む。「台北に存在する中華民国政府」が「中国を代表している」というのが従来の日本の立場であったわけであるが、国交正常化というのは、結局のところ「中華人民共和国政府が中国を代表する正当政府であるという立場」を日本政府が新たにとることを意味する。すでに一九四九年以来中華人民共和国政府が実質的に中国大陸における実効的支配を確立していた以上、国際法の観点から、問題はなかった。いわんや国連総会では、中国代表権問題は一九七一年九月に結着していたのであり、中華人民共和国の実効支配は、国際的にすでに認められた原則であった。中華人民共和国政府を承認すれば「台湾との外交関係は終了せざるを得ない」ことで、その点が「政治的な決断を必要とした」が、法律的には「国際法上も、国内法、憲法上も、問題はない」と判断された。

唯一の問題は、この「政府承認の変更」について「国会承認が必要かどうか」であったが、これは「外交権の範囲内の事項」であるというのが「内閣法制局及び外務省の判断」であった、と栗山は証言している。日中国交正常化を「外交権の範囲内の事項」として処理したことが妥当なものであったかどうか、疑問が残る。

特にその後の会談記録改竄を想起すると、国会承認を省く手抜きが、正確な交渉記録を欠如させたことの一因ではないか、と私には思える。青嵐会に代表されるような自民党台湾ロビーの妨害工作は確かに存在したが、それは国会承認を不可能にするほどの勢力であったのかどうか、はなはだ疑問である。

日中戦争は由来「宣戦布告なき泥沼戦争」と呼ばれてきた。明確な宣戦布告なき戦争であったからこそ、その敗戦処理は国会における承認事項として扱うべきであり、その過程を通じて日中平和の課題を徹底的に議論すべきであったと私は考えている。現実には、虚構に基づく日華平和条約の賠償放棄を根拠として、大陸との賠償問題を扱うごとき姑息な手段が用いられ、その後の日中相互不信の原点と化したのは、きわめて遺憾な成り行きである。国交正常化以後四〇年の歴史を省みると、この問題の安易な扱い方が禍根を遺したのではないか。国交正常化を急いだのは、日中双方の事情があり、これは日本側だけの事情ではないとはいえ、国交正常化交渉の「限界」を強く意識せざるを得ない。少なくとも中国側の主張を値切り国益を守ったと外務省高官たちが自慢話をできるほどの内容でなかったことは、その後の事態が示す通りである。

⑵第二原則（台湾の法的地位）について

これは、単に「法律的な問題」だけではなく、「政治的に非常に大きな問題」が存在した。「日本の法的・政治的立場を維持」しながら、「中国の受け入れ可能な方式」を見いだすことが課題とされた。日本の「法的・政治的立場」は、サンフランシスコ体制（栗山は「米国が提示した平和条約と旧安保条約のセット」と定義）を受け入れることによって、国際社会に復帰したことである。その「政治的意味」は、冷戦下の「東西対立の中で、西側の一国としての立場をとるという当時の吉田総理の政治的な選択」であった、と栗山は解説する。

第二原則にどのように対応したのか。これは、「国際法上最終的な処分が完了していない地域、すなわち台湾の法的な地位」をいかに認識するかの問題であった。「わが国の法的な立場」は、「サンフランシスコ平和条約によって放棄した台湾」がどこに帰属するかは「連合国が決定すべき問題」であり、「日本は発言する立場にない」というものであった。わが国が中国の第二原則（台湾は中華人民共和国の領土の不可分の一部であるという立場）を認めることには、「重要な政治的な意味」が存在した。中国の基本的な立場、すなわち「台湾を武力で解放する最終的な権利を有しているという立場」の「正当性を認めることにつながる」ことであった、と栗山はいう。

ここで栗山のいう、「正当性を認めることにつながる」とは、曖昧な表現だ。事柄は「台湾の解放あるいは統一」が、国際問題か、内政問題か、である。台湾に亡命した時点以後の「中華民国の大陸における実効支配」には口を閉ざし、中華人民共和国の「台湾における実効支配の欠如」だけをあげつらうのは、公平な態度とはいいがたい。「台湾における実効支配の欠如」を批判する論理の刃は、ただちに「大陸における中華民国の実効支配の欠如」と連動しており、これは「実効支配なき蔣介石政権による賠償請求放棄」の正当性問題につながる。この大問題において、実際にどのような交渉が行なわれ、現実にどのように妥結したのか。その真相を歴史の検証に堪えうる形で外務省当局は記録すべき義務を負っていたはずだが、その記録は中国側記録（部分的にしか公表されていない）と対比すると、欠陥が際立つ。明白な削除・改竄の跡が見られる。

栗山の事後解説によると、佐藤内閣の大きな外交課題は、「沖縄返還の実現」であったが、対米交渉で大きな問題となったのは、「沖縄における米軍基地の使用問題」であった。国防省が難色を示した理由は、「沖縄の基地使用」について、一九六〇年に改訂された「安保条約に基づく事前協議制度の制約」を受けることにあった。米国政府の懸念は「北朝鮮の武力攻撃」による「朝鮮半島における紛争再発」であった。加えて、万一「中国による台湾武力解放という事態」が発生したときにも、「沖縄に存在する米軍基地」の使用が制約されるならば、「米国が韓国あるいは台湾（中華民国）に対し負っている条約上の防衛義務の履行」に支障が生じかねない。

そこで、米国政府としては、「日本政府の保証を取り付ける必要」を考えた折衝の結果が、佐藤・ニクソン共同声明（一九六九年二月）である。この日米共同声明第四項で「大統領は、米国の中華民国に対する条約上の義務に言及し、米国はこれを遵守する」と述べたのを受けて、「台湾地域における平和と安全の維持」も「日本の安全にとって極めて重要な要素である」との総理大臣の認識が述べられている。共同声明の第七項において、総理と大統領は、沖縄の施政権返還にあたっては「日米安保条約及びこれに関連する諸取決めが変更なしに沖縄に適用される」、「総理大臣は、日本の安全は極東における国際の平和と安全なくしては十分に維持することができないものであり、したがって極東の諸国の安全は日本の重大な関心事であるとの日本政府の認識を明らかにした」「総理大臣は、沖縄の施政権返還は、日本を含む極東の諸国の防衛のために米国が負っている国際義務の効果的遂行の妨げとなるようなものではないとの見解を表明した」と述べている。「米国の条約上の防衛義務は妨げられない」という理解を前提として「本土並みの条件で日本に返還するという基本的な合意」が佐藤総理とニクソン大統領の間で成立した[14]。

ここで栗山は、上述の日米関係を踏まえた上での、「台湾の法的地位の問題」に戻り、こう解説する。「台湾が中華人民共和国の領土の不可分の一部にすでになっている」というのが仮に日本政府の立場であるとすれば、この佐藤・ニクソン共同声明あるいはその背後にある安保条約の問題が非常に大きな影響を受ける。中国が仮に台湾に対して武力を行使しても、これは国際法上は中国の国内問題であり、米国や日本がこれに関与する立場にない（あるいはそういう法的な根拠が存在しない）ことになり、上記の佐藤・ニクソン共同声明が、事実上有名無実になる問題があった。

台湾の法的地位は、米中間の上海コミュニケ（一九七一年）でどう書かれたか。「台湾は中華人民共和国の領土の不可分の一部であるとの中国側の立場」に対し、米側は「その立場を“acknowledge”する」と述べた。外務省が“acknowledge”の意味を米側に照会したところ、「文字どおり“acknowledge”である」というのが先方の説明[15]であった、と栗山は舞台裏を明かす。

「米国が“acknowledge”の立場をとっている以上、日本がそれを越えて中国の立場を承認するわけにはいかない」、「台湾の地位から生じる問題は、米中間で話し合われるべきものであり、わが国が独自の立場をとることによって米国の立場を害することはできない」ので、「その前提で中国の第二原則にどのように対応するかということを考えざるを得なかった」と栗山は書いている[16]。

米側に対して“acknowledge”の意味を確認し、その枠内でのみ、対中国交渉を行なうとする外務省条約局の対米追随ぶりは、この個所に端的に露顕している。日米安保の枠内での日中国交正常化は、当時としてはやむをえない現実的判断の側面も確かに存在したであろう。

とはいえ、田中や大平は、真の日中和解のためには、この枠組みの限界への挑戦も必要だと認識していたのに対して、外務省条約局の発想は、対米追随そのものであり、日本の国益を守るというよりは、アメリカの冷戦体制を墨守する行為に近い。

準備していた腹案

再び交渉経過に戻るが、わが国の「法的、政治的立場についての基本的認識」を踏まえ、日本側が提示した当初の共同声明案は、「台湾の法的地位」については中国政府の立場を「十分理解し尊重する」というものであったが、これは「中国側が受け入れるところとならなかった」[17]。中国側の拒否について栗山は「中国の強い姿勢は、ある程度予想されたことであった」「台湾に対する影響力が一番強い国は米国と日本である」「この問題については、日本に対して非常に厳しく迫る必要があるというのが中国の判断であろうと思われた」と記している。

これを予想通りの成り行きとして、日本側は「準備していた腹案」「日本側のぎりぎりの案」を大平外務大臣が万里の長城視察に赴く車中で姫鵬飛外相に手交した。対日交渉を取り仕切っていた周恩来総理がこの案を了承し、漸く台湾の法的地位の問題は決着した、と日中交渉のハイライトを解説している。合意された内容は日中共同声明第三項後段に書かれた。「日本国政府は、この中華人民共和国政府の立場を十分理解し尊重し、ポツダム宣言第八項に基づく立場を堅持する」という表現である。ではなぜポツダム宣言なのか。栗山によれば、第八項では、「カイロ宣言の条項は履行せらるべく」とされている。そのカイロ宣言では台湾は「当時の中華民国、すなわち中国に返還されるべきもの」と書かれている。したがって「ポツダム宣言を受諾した日本」は、「台湾が中国に返還されることを受け入れた」のであり、「その立場を堅持する」というのが、この共同声明第三項の意味である。

念のために、この三段論法をわかりやすく説明しておこう。①一九四三年の「カイロ宣言」では「台湾および澎湖島の如き日本国が清国人より盗取したる一切の地域を中華民国に返還すること」が謳われている。②「カイロ宣言」を継承した「ポツダム宣言」第八項は「カイロ宣言の条項は履行せらるべく、また日本国の主権は本州、北海道、九州および四国並びに吾等の決定する諸小島に局限せらるべし」と書かれている。③日本は「ポツダム宣言」を受諾して降伏したから、「ポツダム宣言第八項に基づく立場を堅持する」とは、「カイロ宣言」にいう、「台湾および澎湖島の如き日本国が清国人より盗取したる一切の地域を中華民国に返還」するとした降伏条件に従うという意味になる。これが文言通りの意味だ。

栗山は、ここには「言外に含まれる」意味があるという。それは、「中華人民共和国政府が実効的支配を及ぼしていない台湾」が「現実に同国の領土の一部になっているとの認識を日本政府は有していない」ことだと栗山は説く。

なぜそうなるのか。①日本はポツダム宣言を受諾して、「台湾および澎湖島の如き地域を中華民国に返還」することを連合国により強制された。これは降伏の条件であり、日本がやむなく受け入れたものだ。②その後、中国で内戦が起こり、中華民国政府は台湾に逃れ、大陸には中華人民共和国が成立した。③国際法の「一国一政府」原則によれば、中華民国の継承国家は中華人民共和国である。④

中華人民共和国は一九四九年以来一九七二年に至るまで、台湾、澎湖諸島を「実効支配」していない、という現実がある。⑤日本は、中華人民共和国を「中国の唯一の合法政府」として承認したが、これは「台湾の中国への返還にコミットした」にすぎない。⑥中華人民共和国が台湾を「実効支配」していない以上、これを「実効支配」したものと見なす中国政府の見解とは、見解が異なる。栗山の論理をわかりやすく説明すれば、こうなるであろう。

栗山は、さらにこう解説する。日本側の立場は「中華人民共和国政府の立場とは異なる」ものであったが、周恩来総理は、このことを理解した上で、日本政府が、中華人民共和国政府を「中国の唯一の合法政府」として承認したことによって「一つの中国の原則」を受け入れ、その原則の下で「台湾の中国への返還にコミットした点」を重視し、「わが方の案に同意する決断をしたものと思われる」と。いいかえれば、「唯一の合法政府」を認め、「一つの中国の原則」を認め、「台湾の中国への返還にコミットした点」をもって、中国側は満足し、中国側の主張する「台湾は中華人民共和国の領土の不可分の一部であるとの中国側の立場」を日本側に認めさせることは断念した、というのが栗山の解説である。この解説から明らかなように、栗山は「台湾への実効支配の欠如」を根拠として、中国側要求をはねつけたのであるが、この「実効支配の欠如」論を、亡命以後の蔣介石政権に適用すれば、賠償放棄の論拠が崩れること、現に高島局長の説明に対して周恩来が鋭く反駁したことはすでに指摘した通りである。

大平と栗山とのズレ

共同声明第三項の意味については、大平外務大臣答弁（一九七二年一一月八日衆議院予算委員会）を援用して栗山は、次のように述べている。大平答弁は「我が国は、台湾が中華人民共和国の領土の不可分の一部であるとの中華人民共和国政府の立場を十分理解し、尊重するとの立場をとっております。したがって、中華人民共和国政府と台湾の間の対立の問題は、基本的には、中国の国内問題であると考えます。我が国としては、この問題が当事者間で平和的に解決されることを希望するものであり、かつ、この問題が武力紛争に発展する現実の可能性はないと考えております」「なお、安保条約の運用につきましては、我が国としては、今後の日中両国間の友好関係をも念頭に置いて慎重に配慮する所存でございます」というものだ。

ここで大平が「基本的には中国の国内問題である」と述べた「基本的には」という文言には重要な意味が含まれているとし、栗山はこう敷衍する。

「①要するに台湾の問題は、台湾海峡を挟む両当事者の間で話し合いで解決されるべきものであり、日本政府はこれに一切介入する意思はなく、当事者間の話し合いの結果台湾が中華人民共和国に統一されるということであれば、日本政府は当然これを受け入れるのであって、平和的に話し合いが行われている限りにおいてはこれは中国の国内問題であるということである。」

「②しかし、万々が一中国が武力によって台湾を統一する、いわゆる武力解放という手段に訴えるようになった場合には、これは国内問題というわけにはいかないということが、この『基本的には』という言葉の意味である。」

栗山の解説と大平の説明は、著しくニュアンスが異なる。

大平は「当事者間で平和的に解決されることを希望するものであり、かつ、この問題が武力紛争に発展する現実の可能性はないと考えております」と述べている。すなわち前半で「平和的解決への希望」を述べ、後半では「武力紛争に発展する現実の可能性はないと考えております」と、穏やかな現状認識を語っている。

台湾海峡の緊張と栗山発言

これに対して二六年後の栗山発言は、大平が「現実の可能性はない」と述べた個所について、「万々が一」という仮定のこととして、「いわゆる武力解放という手段に訴えるようになった場合には、これは国内問題というわけにはいかない」ことになる含意が含まれると強調している。

栗山発言の背後には、一九九五年六月の李登輝訪米、これを意識した中国の地下核実験（八月一七日）、台湾海峡でのミサイル演習（八月一五～二五日および九六年三月八～二五日）など、一連のいわゆる台湾海峡の緊張があることは明らかだが、栗山の解釈は中国側の誤解を招く恐れがあると私には思われる。大平は、海峡両岸の対立が「武力紛争に発展する現実の可能性はない」との展望のもとに、「当事者間で平和的に解決されること」を希望すると表明していた。

その後、一九九一年に旧ソ連が解体し、東アジアの緊張は一挙に緩和したはずである。この新事態において、「台湾経済の奇跡」を称賛する声が溢れ、台湾の李登輝総統のパフォーマンスとともに、初の訪米となった。一連のパフォーマンスを台湾独立への兆候と認識して、中国当局は、ミサイル演習の形で圧力をかけた。このようにして始まったいわゆる「台湾海峡の危機」あるいは「東アジアの危機」なるものは、旧ソ連解体後の安全保障として立法された周辺事態法とニワトリと卵の関係だ。

旧ソ連解体によって潜在的な仮想敵は消滅したのであるから、当然日米安保の見直しへとシステム全体の再考が検討されるべきであった。しかしながら自民党政府はその方向での模索の代わりに、北朝鮮の脅威を煽り、台湾海峡の危機を煽る愚行を放任し、これにひきずられるのみであった。台湾海峡の緊張についていえば、一九八七年七月に戒厳令が解除され、大陸への親族訪問も許されるようになった。大陸の改革・開放政策は台湾資本に対しても投資を呼びかけ、海峡両岸の経済協力はしだいに発展の方向に向かい始めた。

一九九五〜九六年のいわゆる台湾海峡の危機は、まさにこの雪解けをつぶすために画策された形跡が濃厚である。私は九七年夏休みに台湾金門島の前線基地を訪れ、半世紀ぶりの緊張緩和を体験していただけに、ポスト冷戦期にあえて地域紛争のタネを作ろうとする勢力の暗躍を憂慮していた。このとき、ヨーロッパでは冷戦体制の崩壊を奇貨として、ドイツ統一が行なわれたことは周知の通りである。

旧ソ連の解体は、日中国交正常化後約二〇年のことだ。田中・大平の切り開いた新しい日中国交正常化の精神に沿った東アジア政策の展開へ、もう一つの可能性がありえたはずだ。遺憾ながら東アジアでは為政者の無為無策によって、絶好の機会を平和へのステップとすることに失敗した。日本がもし、北朝鮮との国交正常化に取り組み、台湾海峡両岸の平和的解決にイニシャチブをとったならば、現実に起こった事態とは異なるもう一つの道がありえたはずなのだ。

復交第三原則について——日華平和条約の取扱い

さて、復交第三原則に戻る。日華平和条約が「不法、無効であり、したがって廃棄されなければならない」とする中国の主張を正面から受け入れることは、法的にも政治的にも不可能である。その合法性を否定し、これを一方的に廃棄することは「国際法上も、また中華民国政府に対する信義上からも許されない」と栗山は説く。これはその通りであろう。他方「日中国交正常化後においても、同条約が引き続き有効な条約として存在するとの立場をとることは、とうてい中華人民共和国政府が受け入れるところではない」。こうして、外務省事務当局（条約局）に与えられた課題は、いかにして上記の「わが国の基本的立場を否定する」ことなく、「中国側にとっても受け入れ可能な方式」でこの問題を処理するか、ということであった。

これは、法技術的には、「適法に締結され、かつ終了規定がない、平和条約という性格を有する条約」を「どのようにして終了させるか」という問題であった、竹入メモを通じてわが方が事前に得た感触では、中国側は、この問題については比較的柔軟に対応する用意があるやに思われたので、外務省は、それを考慮に入れつつ、内閣法制局との間で、考えられるいくつかの方式について検討を重ねた、と栗山はいう。

こうした事務レベルにおける準備作業の前提となったのは、日中国交正常化は、国会の承認を要する条約によることなく、「行政府（内閣）に委ねられた外交権（憲法第七三条二）の範囲内で行うという政府の基本方針」であった。そのために、日華平和条約の処理についても、「国会の承認を得る必要が生じるような方式は避ける必要」があった[18]。

これでは論理がアベコベではないか、日華平和条約の廃棄がややこしいので、その国会承認手続きを避けたい。日華平和条約廃棄の国会承認を避ける以上は、日中共同声明（条約ではなく）も、国会承認を避ける方式をとりたい。外務省高官の脳裏には、未来の日中関係に関わる日中共同声明よりも、廃棄されるべき日華平和条約がより大きな主題となっていたように見える。

上記の政府の基本方針を踏まえつつ行なわれた法制局との慎重な協議の結果得られた結論を、栗山は以下のように紹介した。

①日華平和条約は、基本的には処分的（dispositive）性格の条約である。即ち、同条約の中心的規定である法的な戦争状態の終結等の規定は、いずれも処分的効果を有するものである[19]。②他方、その法的効果が条約の存続に依存する「実体規定」については、適用地域に関する交換公文に基づき、中華民国政府が「実効的に支配している地域（台湾）のみに適用される[20]」こととされている。かかる規定は、わが国が中華人民共和国政府を承認することの「随伴的効果」により実体的に終了すると解される（栗山いわく「台湾に実効的支配を及ぼしていない中華人民共和国政府との間で、かかる実体規定を実施する方法がない」）。このような政府承認の変更に伴って不可避的に生じる随伴的効果による日華平和条約の実体規定の終了については、中華民国政府との合意を必要とせず、また、国会の承認も要しない（栗山いわく「承認を得る意味がない」）。

上記①②は、いずれも、当然のことながら、日本政府内における考え方の問題であり、かかる考え方に基づいて中華民国政府との間でいかに日華平和条約を処理するかについては、これを何らかの形で共同声明に含めるか否かを含めて検討されたが、結論として、国交正常化が合意され、共同声明が発出された直後に行なわれた記者会見において「日華平和条約は、日中国交正常化の結果として、存続の意義を失い終了したものと認められる」との一方的声明を行うことにより処理することとされた。このように、大平外務大臣の一方的声明[21]により日華平和条約の終了を確認することについては、事前に中国側に内報したのであるが、これに対し、先方からは何らの異議も提起されなかった。

中国側としては、①日本側が日華平和条約は引き続き有効との立場をとらなかったこと、②戦争状態の終結に関しては、共同声明前文において、「戦争状態の終結と日中国交の正常化という両国国民の願望の実現」を謳った上で、同声明第一項で、日中両国間の「これまでの不正常な状態は、この共同声明が発出される日に終了する」との合意が得られたこと、および③賠償についても、共同声明第五項に、中華人民共和国政府による「戦争賠償の請求を放棄する」との宣言が含まれたことを総合的に考慮し、中国の立場が基本的に確保されたと判断したのである[22]。

栗山は中国側の立場を以上のように評したが、これは中国側の理解とは、大きなギャップがある。周恩来によれば「賠償放棄は日本人民に負担を負わせないため」であった。

高島局長が「蔣介石が放棄したから賠償問題は解決済み」とする認識を提示したために、周恩来が激怒したことはすでに触れた。中国政府による「戦争賠償の請求を放棄する」との宣言が日中共同声明に書き込まれた事実を捉えて、「中国の立場が基本的に確保されたと判断した」と認識する栗山の論理と心情は、中国側の神経を逆撫でするものではないか。

3　「鳥なき里の蝙蝠」の饒舌（2）——新ガイドラインと台湾問題

「日米防衛協力の新たな指針」で試された台湾問題の本質

一九九七年九月に日米間で合意された「防衛協力の新たな指針（ガイドライン）」における台湾問題は、日中共同声明における台湾問題の試金石となった。一九九六年四月にクリントン大統領が訪日した際の「日米安全保障共同宣言」において、既存の「日米防衛協力のための指針」の見直しが合意され、九七年九月に「新ガイドライン」が発表された。

栗山によれば、中国側の反応は、「新ガイドラインの適用範囲が台湾を含む（日米防衛協力の対象に台湾が含まれる、の意）のであれば、中国の国内問題への干渉」であるから、「台湾を適用範囲から除外すべきである」というものである。これに対し、日米の外交当局は、「新ガイドラインは中国を敵視するものではなく、特定の国あるいは地域を対象とするものではない」との説明を行なったが、「中国は納得せず、依然として否定的発言が続いた」。

その理由は栗山によれば、従来から中国側には「台湾が独立するのではないか」、そして「日米が陰に陽に台湾独立を支持するのではないかという強い懸念が存在するため」である。そうした懸念は当たらないということを明確にするために、日本政府は日中共同声明において、「ポツダム宣言第八項の立場を堅持する旨を宣明した」のである。その意味は、日本は「台湾が中華人民共和国に返還されるべきもの」と認識しており、その当然の帰結として、「台湾独立を支持せず、支援もしない」。換言すれば、日本は、「二つの中国」あるいは「一つの中国、一つの台湾」を支持しないということにコミットしているのである。日本政府のこの立場は、今日も変わっておらず、米国政府も、基本的に同じ立場である。

このように、日米双方とも「中国が主張する一つの中国の原則を受け入れている」にもかかわらず、中国が懸念するのは、そうはいっても、「台湾自身が独立に向けて動き出すのではないか」、「それに同情的な国内勢力が日米双方に存在し、それが台湾の独立を支援することになるのではないか」ということである。そのような事態は絶対に容認できないというのが中国の基本的立場であり、中国が従来から一貫して、台湾の武力解放を究極的手段としては放棄しないとの立場を固持している理由も、まさにこのためである。

台湾の扱いをめぐる中国側の対日不信は、ここで新たな争点に形を変えて、日中間の不信感を増幅した。栗山は「新ガイドラインに対する中国の懸念は、現状では何ら実質的意味を持たない」と指摘するが、中国は、その言い分に耳を傾けない。

中国側の対日不信が高まる中で、「中国の懸念は、現状では何ら実質的意味を持たない」といってみても水掛け論の応酬だ。一方は武力不行使を誓約せよといい、他方は、不行使を誓約した途端に、独立騒ぎが起こっては困るという。九〇年代半ばに、疑似緊張は高まったが、その後、台湾経済は大陸経済との補完構造のもとで繁栄し、経済的一体化は急速に進んだ。両岸の文化交流等民間交流は著しく進み、両岸関係は様変わりした。

栗山証言と台湾問題

二〇〇七年は日中正常化三五周年記念の年であった。この前後に栗山は「台湾問題についての日本の立場——日中共同声明第三項の意味」（栗山尚一「台湾問題についての日本の立場——日中共同声明第三項の意味」『霞関会会報』二〇〇七年一〇月号）を書いて、さらに研究者のインタビューに答えた記録を残し、『外交証言録』として発表された。

栗山いわく、去る（二〇〇七年）四月、中国の温家宝総理が訪日した際に発出された日中共同プレス発表の第三項に、「台湾問題に関し、日本側は、日中共同声明において表明した立場を堅持する旨表明した」という一文がある。ここでいう「日中共同声明において表明した立場」とは何か。栗山は「英語でInstitutional memoryという言葉がある」とし、「特定の組織が、当該組織に属したことがある個人ではなく、組織として継承している過去の記憶」として、「日中共同声明において表明した立場」を位置づけている。

栗山がこの論文で「個人ではなく、組織として継承している過去の記憶」として、対中国国交正常化の立場を位置づけようとするのは、妥当な判断と評価するが、その内容は、栗山の思惑とは異なって、日本国が継承すべき記憶というよりは、栗山個人、せいぜい外務省対米追随派の記憶に堕しているのではないかという疑いを禁じ得ない。もしInstitutional memoryを語るのならば、それに最もふさわしいのは、国交正常化当時の大平外交の精神だとみなければならない。

ここで栗山は、「時間的経過によって忘れられた二つの誤り」を指摘する。

「誤りの第一は、同項の日本国政府の立場表明の重点は、後段のポツダム宣言への言及部分ではなく、前段の『中華人民共和国政府の立場を十分理解し、尊重し』の部分にあり、かつ、その趣旨は、中華人民共和国政府の立場を受け入れたものとする解釈である。この解釈が正しくないことは、すでに述べたとおり、当該部分がまさに中国が拒否したわが方の第一次案であったという交渉経緯に照らせば明白である。中国は、『十分理解し、尊重し』の表現は不満足と考えたからこそ、受け入れなかったのである。」

ここで栗山が日本政府の「立場表明の重点」と、「重点」「非重点」を区別するのは、恣意的だ。当時は「法律的立場」と「政治的立場」と区別した。これは重点・非重点とは異なる。いわんや「政治的立場」として、一見法律的立場を凌駕するかのごとき表現さえ行なった、ポツダム宣言への言及を軽視するのは、許されまい。なぜなら、日中国交正常化は、「法律的立場」と「政治的立場」とのセットによって実現されたものであるからだ。これは栗山の強弁ではないか。前段と後段とは、「立場表明」の重点・非重点の問題ではない。(1)日本はまず法的には、中国の主張を認める権限がないから認められないとこれを退け、しかしながら、(2)カイロ・ポツダム宣言の経緯は認めるという条項をポケットから出して、「政治的に」中国の立場を認めたはずだ。両者を対立させて、前者が日本の立場、後者が国際政治の現実といった強弱はない。仮に誤解が見られるとしたら、それは虚構に虚構を重ねる論理構成のためと解するのがスジであろう。

「第二の誤りは、同項全体が中国の立場を認めたものであるから、台湾の地位をめぐる問題は中国の国内問題と認識されるべきであり、したがって、台湾は安保条約の対象外（同条約で言う「極東」の範囲から除かれるの意）とする議論である」。この点について栗山は、前述の大平外務大臣の国会答弁（一九七三年衆議院予算委員会議録第五号）の一語「基本的には」に留意せよと注意を喚起して、「武力紛争の可能性がないと考えられる現状（これは一九七二年時点での国際情勢認識であろう）では、台湾をめぐり安保条約の運用上の問題が生じることはない。しかし、将来万一中国が武力を用いて台湾を統一しようとして武力紛争が発生した場合には、事情が根本的に異なるので、わが国の対応については、立場を留保せざるを得ない」と栗山は敷衍する。

すでに触れたように、大平の言い方と、栗山の言い方は、ニュアンスがまるで異なる点に注目したい。大平は武力紛争の可能性がないと考えられると現状を認識したのに対して、栗山は「武力紛争が発生した場合」を想定して、日本は「立場を留保する」という。これは、政治的文脈では、大きな違いをもつ言い方に変わる。ここが大平亡き後、栗山が突出して、大平の肉声を覆うかに見えた個所にほかならない。栗山のいう「立場の留保」とは何か、この種の言い方が誤解を招くのであり、大平ならばそのような言い方は断じて避けたはずである。大平の国会答弁を援用しつつ、微妙なところで文意を変えるのは、正しい解釈ではあるまい。

その後三五年間に生じた二つの変化を栗山はこう分析する。

一つは、米中国交正常化が実現し、米国の条約上の台湾防衛義務は消滅したことである。しかし、米国の行政府は、国内法（台湾関係法を指す）によって、有事に際しては適切な対応を義務づけられているから、米台関係の問題の本質は変わっていない。米国は、条約上の台湾防衛義務は、米中国交正常化により消滅した。これは理解できる。が、「米台関係の本質は変わっていない」とはいかなる意味か。これは「条約上の（法的）義務」は消滅したが、政治上の義務は消滅しないの意味か。なぜ

「問題の本質」は変わらないといえるのか、疑問である。条約局の高官の言とは思えない。

二つ目の、「より重要な変化」は、台湾における民主主義の定着である。その結果、台湾住民の圧倒的多数は政治体制に関する「基本的価値観が異なる本土との統一を望まない、という現実を無視することの不条理」が一層明らかになってきている、と栗山はいう。「台湾における民主主義の定着」と栗山が呼ぶ事態は、「七二年以来三五年間に生じた変化」というよりは、八八年の蔣経国死去に伴い、李登輝が後継総統に昇格して以来の出来事である。これは確かに重要な変化ではある。だが、「基本的価値観が異なる本土との統一を望まない」といった断定を安易に行うことは、誤解を招き易い。四〇年前に、大陸政権の台湾に対する実効支配の欠如を、あたかも交渉の取引き条件であるかのごとく扱って、不信感の原点を作り出した往時を顧みると、大平の初心に回帰することこそが問題を解くカギであることが明らかになる。

どこまでもワシントン経由で

最後に、栗山の『外交証言録』にコメントしておきたい。

(1)賠償問題

「中華人民共和国との賠償問題について、田中内閣が発足する前、要するに佐藤内閣までに外務省で具体的に検討したことは、私が知る限り、ありません。田中内閣が発足した当時、私は条約局にいました。いまの国際法局です。そこで検討するときに、当初から外務省の基本的な方針として、条約局がまさにそう考えていたわけですが、中華人民共和国の対日請求権というものは認めていませんでした。日中間の賠償問題は、中国から見れば当然言い分はあるわけですけれども、これは日華平和条約で処理済みであるというのが、外務省の既定方針でした。私自身もそう考えていましたので、そうでない可能性について、例えば大蔵省などと相談をしたとか、協議をしたとかいうことは、一切ありませんでした」(『外交証言録』九九〜一〇〇ページ)。

中国の対日賠償請求権は、日華平和条約で処理済みとするのが外務省の「既定方針」であり、栗山自身もそれを肯定したとする証言である。ただし、この外務省の「既定方針」を支持しない人々も外務省に存在したことは、外務省の名誉のためにも記しておく必要がある。栗山は「小川平四郎、岡田晃氏等いわゆるチャイナスクールの先輩たち」との関係をこう証言した。

「意見を聞かなかったという理由は非常にはっきりしておりまして、こういう方々と私らの意見が基本的に違うことは、初めからわかっていたからです。基本的な問題は、中国の復交三原則にどう対応していくか、さらには、日本がサンフランシスコ平和条約以後コミットしてきたサンフランシスコ体制と日中国交正常化をどう両立させるかということでした」

「それらの方々の意見をそのまま受け入れれば、論理的には、日中国交正常化は成り立たない話だということでして、そのような協議をしても意味がないという意識を非常に私どもは強く持っていました」(同上一〇一ページ)。

基本問題がサンフランシスコ体制という枠組みのなかで、中国の主張する復交三原則とどのように折り合いをつけるかであったとは、その通りだが、ここでチャイナスクール即中国の主張をそのまま繰り返す者といった断定を行なうのは正しいか。ここは自らの対米追随派ぶりだけが印象づけられる。

(2)共同声明の形か、条約の形か

「一九七二年の時点で日中共同声明を条約形式でない形で処理するということについて、日中双方で合意していた」「日本側はもちろんそれを望んでいたし、中国側もおそらくいろいろ考えたのでしょうけれども、それでいいということになりました。それでも、中国側は政治的には条約と同じような重さを持つと明らかに認識していて、だからこそ周恩来と田中角栄の両首脳が署名することを中国側が望んだ」(同上一〇二ページ)。

(3)吉田茂路線

「私自身は、日中国交正常化賛成論者ではありましたけれども、サンフランシスコ体制から日本が離脱しなければならないという形での日中国交正常化というのはあり得ないと確信していました」「日本が置かれていた国際的な環境、まさに吉田さんが敷いた吉田路線ですね、それがやはり戦後の日本の復興、繁栄、安全保障、そういう面から見て、事実上、現実的に考えると唯一の選択肢であった」「そこから離脱しなければならないという形での日中正常化はあり得ない」「要するにアメリカの政策が変わることになったときにのみ、日中の正常化というものはあり得るのだというのが私の認識であった。七二年に現実に国交正常化をやろうとした時は、アメリカが七一年のキッシンジャー訪中で、まさにニクソン政権の対中政策というのが基本的に変わったということなのです。そこに日中正常化のチャンスが出てきた」(同上一〇二～一〇三ページ)

(4)中国代表権問題と日華平和条約

「なぜ中国代表権問題が重要だったかというご質問ですけれども、戦後日本は外交三原則というものを国連に加盟した時から掲げて、その三原則の一つは、国連中心ということだった」「国連中心というのが外交政策の指針としてどれだけ意味があるのかということは、また別問題なのですけれども。しかし少なくともそういう旗印を掲げて、国内的にもそういうことが受け入れられて、政治家もそれが少なくとも日本の外交政策の一つの指針だということで、歴代の総理大臣がそういうふうに自分の頭作りをしていた」(同上一〇六ページ)。

「頭作り」という表現が面白い。これは一種の洗脳か。国連という組織の代表権問題と日中戦争の当事者としての中国との問題を「国連中心主義の外交原則」でオブラートに包むやり方は、まさに中国から目をそらし、ワシントン経由で北京を見る外務省の体質を象徴したものに見える。

「サンフランシスコ平和条約ができて、それですぐ日華平和条約ができますね。吉田さん自身がそれらを推進しました」「現実的に考えれば、中国大陸を実効支配したのは中華人民共和国だというものでした。したがって戦後の日本と中国との関係というのは、あくまでも日本と北京との関係であるのが自然である、あるべき姿だろうと思った人は非常に多いのです。しかし、吉田さんが非常に苦労したわけですけれども、サンフランシスコ平和条約をアメリカの議会で通すためには、そうも言ってはいられない。吉田さん自身が中国との関係は残しておかなければいけないと考えながら、やむを得ず台湾と平和条約を結んだ」(同上一〇七ページ)。

ここで誰もが中国大陸を実効支配したのは中華人民共和国である事実を認めており、吉田茂がやむなくサンフランシスコ平和条約と日華平和条約を結ぶに際して、「中国との関係は残しておく」ことを条件としていたことを栗山が証言している点が重要ではないか。だが、七二年の北京交渉で高島や栗山の立場は、吉田の路線とは異なっていたことに、栗山は気づいていないように見えるのは、深刻な錯誤だと思われる。

吉田がもし、この場にいたならば、高島や栗山のような対中発言を行なったかどうか疑問が残る。蔣介石政権の実効支配が中国大陸に及ばないことを強く意識しつつ、やむなく日華平和条約を選んだのが吉田の立場であり、そのような吉田の論理からすれば、中国代表権問題が結着した時点で、大陸を実効支配する中華人民共和国との国交のあり方は、当時の条約局のごとき姑息な対応とは違っていたはずだと考えざるを得ない。吉田の名を用いつつ、論点をずらすのはよくない。

むすびに代えて

一九七二年の日中国交正常化交渉の時点で、日本政府が日米安保の枠内でしか問題を処理できない限界を毛沢東も周恩来も熟知していた。つまり、中国側が日本に求めたのはその限界内での対応にすぎなかった。ところが、外務省高官たちは、あまりにもサンフランシスコ体制と日華平和条約を観念的に扱う結果、これに自縄自縛されて、無用の混乱を作り出した。その後遺症は四〇年後も残り、その不信感はいまだ解消のメドがたたない。

このような東アジア環境のなかで、中国当局は、天安門事件と旧ソ連解体以後、とりわけ軍備拡張に邁進した。台湾解放を旗印として、「富国強軍」の道を歩み、いまや米国に次ぐ世界第二の軍事大国となり、日本の安全保障を脅かすに至った。中国がこのような路線を選択したことは賢明な選択とは思えないが、日本の東アジア安全保障についての間違った選択、すなわち周辺事態法に象徴される安全保障論が中国の軍拡路線の根拠の一つとされてきたことは明白な事実である。

春秋の筆法を用いるならば、中国の民主化を妨げ、軍拡路線を促進したのは、日本の対米追従型外交であったと見るべきである。憂慮に堪えない。

第11章　注

（1）日本政府の対中円借款は、大平首相が七九年訪中の際に提示した第一次円借款（一九七九〜八三年の五ヵ年）総額三三〇九億円供与を皮切りに、第二次円借款（一九八四〜八九年の六ヵ年）総額四七〇〇億円、第三次円借款（一九九〇〜九五年の六ヵ年）総額八一〇〇億円、第四次円借款（一九九六〜九八年の前半と後半に分けた）総額五八〇〇億円である（一〇年据え置き、三〇年償還の低利借款）。ただし、この間、円高が急激に進行したために、実際の償還に困難ありとする苦情もあった。第一次の対象プロジェクトは鉄道、港湾、電力など六案件、第二次の対象プロジェクトは、鉄道、港湾、通信、電力、都市整備など七案件、第三次の対象プロジェクトは電力、鉄道、港湾、空港整備、通信、都市整備、農業など四〇案件、第四次の対象プロジェクトは、農業、鉄道、航空、港湾、道路、通信、エネルギー、都市交通、環境など四〇案件、累計で二兆円を超える円借款は、中国のインフラ建設のために大きな貢献をなし、九〇年代の中国投資ブームの基礎固めができた。対中経済協力は、「大平三原則」（①欧米諸国との協調、②ASEANとのバランス、③軍事協力はしない）に基づく。「大平三原則」は、九一年一二月「新四原則」（①日中友好、世界平和のために、②経済改革、対外開放を支援して、③経済発展による不均衡の是正のために、④人口、国土の規模に配慮して、中国援助を行なう。『中国・国別援助研究会報告書』国際協力事業団、九二年一二月）に修正された。筆者はこの研究会の委員として起草に参加した。

（2）高島局長の発言について、姫鵬飛外相「饮水不忘掘井人」は次のように証言している。「第二天上午、我和大

平外相会谈、具体地讨论联合公报的内容。日方条约局局长高岛益郎首先发言——第一、不同意我方方案『自本声明公布之日起、中华人民共和国和日本国之间的战争状态宣告结束』认为这样日华条约从一开始就是无效的。第二、对我方提出的复交三原则、他认为应分开写。第三条『日华条约是非法的、也是无效的、必须予以废除』不能上。第三、关于台湾问题、他认为根据旧金山条约的日本已放弃了对台湾的一切权力、现在已无必要对此再作法律上的认定。第四、关于赔偿问题、他说我们对于中国方面主动提出放弃赔偿要求、给予高度评价和感谢。但认为蒋介石在日台条约中放弃了赔偿、如果现在声明上的文字表达上出现明确、意味着『日本和台湾缔结和约从一开始就无效』、日方则不赞成。高岛发言的中心是台湾问题、他只拘泥法律条文、他的发言给中日谈判带来了阴影。」一六六ページ。

（3）日華平和条約第二条「日本国は、一九五一年九月八日にアメリカ合衆国のサン・フランシスコ市で署名された日本国との平和条約（以下「サン・フランシスコ条約」という）第二条に基き、台湾及び澎湖諸島並びに新南群島及び西沙群島に対するすべての権利、権原及び請求権を放棄したことが承認される」。Article 2. It is recognised that under Article 2 of the Treaty of Peace which Japan signed at the city of San Francisco on 8 September 1951 (hereinafter referred to as the San Francisco Treaty), Japan has renounced all right, title, and claim to Taiwan (Formosa) and Penghu (the Pescadores) as well as the Spratley Islands and the Paracel Islands.

第三条「日本国及びその国民の財産で台湾及び澎湖諸島にあるもの並びに日本国及びその国民の請求権（債権を含む）で台湾及び澎湖諸島における中華民国の当局及びその住民に対するものの処理並びに日本国におけるこれらの当局及び住民の財産並びに日本国及びその国民に対するこれらの当局及び住民の請求権（債権を含む）の処理は、日本国政府と中華民国政府との間の特別取極の主題とする。国民及び住民という語は、この条約で用いるときはいつでも、法人を含む」。Article 3. The disposition of property of Japan and its nationals in Taiwan (Formosa) and Penghu (the Pescadores), and their claims, including debts, against the authorities of the Republic of China in Taiwan (Formosa) and Penghu (the Pescadores) and the residents thereof, and the disposition in Japan of property of such authorities and residents and their claims, including debts, against Japan and its nationals, shall be the subject of special arrangements between the Government of the Republic of China and the Government of Japan. The terms nationals and residents include juridical persons.

第一〇条「この条約の適用上、中華民国の国民には、台湾及び澎湖諸島のすべての住民及び以前にそこの住民であつた者並びにそれらの子孫で、台湾及び澎湖諸島において中華民国が現に施行し、又は今後施行する法令によつて中国の国籍を有するものを含むものとみなす。また、中華民国の法人には、台湾及び澎湖諸島において中華民国が現に施行し、又は今後施行する法令に基いて登録されるすべての法人を含むものとみなす」。Article 10. For the purposes of the present Treaty, nationals of the Republic of China shall be deemed to include all the inhabitants and former inhabitants of Taiwan (Formosa) and Penghu (the Pescadores) and their descendents who are of the Chinese nationality in accordance with the laws and regulations which have been or may hereafter be enforced by the Republic of China in Taiwan (Formosa) and Penghu (the Pescadores); and juridical persons of the Republic of China shall be deemed to include all those registered under the laws and regulations which have been or may hereafter be enforced by the Republic of China in Taiwan (Formosa) and Penghu (the Pescadores).

(4)日華平和条約第四条「一九四一年一二月九日前に日本国と中国との間で締結されたすべての条約、協約及び協定は、戦争の結果として無効となつたことが承認される」。Article 4. It is recognised that all treaties, conventions, and agreements concluded before 9 December 1941 between Japan and China have become null and void as a consequence of the war.

(5)第五条「日本国はサン・フランシスコ条約第一〇条の規定に基き、一九〇一年九月七日に北京で署名された最終議定書並びにこれを補足するすべての附属書、書簡及び文書の規定から生ずるすべての利得及び特権を含む中国におけるすべての特殊の権利及び利益を放棄し、且つ、前記の議定書、附属書、書簡及び文書を日本国に関して廃棄することに同意したことが承認される」。Article 5. It is recognised that under the provisions of Article 10 of the San Francisco Treaty, Japan has renounced all special rights and its interests in China, including all benefits and privileges resulting from the provisions of the final Protocol signed at Peking on 7 September 1901, and all annexes, notes, and documents supplementary thereto, and has agreed to the abrogation in respect to Japan of the said protocol, annexes, notes, and documents.

(6) サンフランシスコ条約第一〇条「日本国は、一九〇一年九月七日に北京で署名された最終議定書並びにこれを補足するすべての附属書、書簡及び文書の規定から生ずるすべての利得及び特権を含む中国におけるすべての特殊の権利及び利益を放棄し、且つ、前期の議定書、附属書、書簡及び文書を日本国に関して廃棄することに同意する」。

(7) サンフランシスコ条約第一四条（a）1は次のごとくである。「日本国は、戦争中に生じさせた損害及び苦痛に対して、連合国に賠償を支払うべきことが承認される。しかし、また、存立可能な経済を維持すべきものとすれば、日本国の資源は、日本国がすべての前記の損害又は苦痛に対して完全な賠償を行い且つ同時に他の債務を履行するためには現在充分でないことが承認される」。

(8)「中国に常任理事国ポストを与えることは国連総会の三分の二以上の賛成を必要とする」投票方式が「重要事項」方式であり、「逆重要事項」とは、「台湾の追放は総会の三分の二以上の賛成を必要とする」方式であった。

(9) 周恩来発言は、以下の通りである。「关于赔偿问题、周总理批驳高岛的说法——当时蒋介石已逃到台湾、表示所谓放弃赔偿要求、那时他已不能代表全中国、是慷他人之慨。我们是从两国人民的友好关系出发、不想使日本人民因赔偿负担而苦、所以放弃了赔偿的要求。过去我们也负担过赔偿、使中国人民受苦。毛主席主张不要日本人民负担赔偿、我向日本朋友传达。而高岛先生反过来不领情、说蒋介石说过不要赔偿、这个话是对我们的侮辱。我这个人是个温和的人、但听了这个话、简直不能忍受」。『周恩来的决断』中国語版、一六八ページ。

(10) 孫平化（一九一七〜一九九七）。日本留学、元中国日本友好協会会長、著書『中国と日本に橋を架けた男——私の履歴書』日本経済新聞社、一九九八年。

(11) 一九五二年にこのような虚構を含む条約が行なわれたのは、一つは日本が敗戦国として外交の自主権を持たなかったことによることは明らかだが、もう一つ、見落としてならないのは、蔣介石政権は「大陸反攻」を国是に掲げており、台湾への亡命は一時的な戦略と見なされていたからだ。しかしながら、二〇年近くたった一九七一年に中華人民共和国は国連に復帰し、中華民国は国連を脱退した。その一年後には、蔣介石政権の「大陸反攻」論は、完全に実現不可能なことが誰の目にも明らかであった。この時点で日本外務省条約局は、この虚構に固執したのであり、その時代錯誤ぶりは、歴史に特記されるべき愚行と評すべきである。

(12) 二〇〇四年に出版された『鄧小平年譜』(一九七五〜九七年、下巻、一一九二ページ)には、こう記録されている。「六月四日上午、会见矢野绚也率领的日本公明党代表团。在回答对中日关系有何见解和忠告时说——总的前提是两国没有任何理由不友好下去。从新中国建立到一九七二年邦交正常化之前、中日虽然没有外交关系、但两国民间的交往还是比世界任何国家都多。一九七二年建交后、总的来说关系还是正常的、特别是经济关系发展的比较快、在中国对外贸易额中日本占领先地位、但并不完全令人满意。从历史的角度来看、日本应该为中国发展做更多的事情」。「坦率地说、日本是世界上欠中国的账最多的国家。中日建交时、中国并没有因此提出战争赔偿的要求。中日是两个伟大的国家、又是近邻、从两国人民的长远利益考虑、我们作出了不要赔偿的决策」。

(13) これは当時の公明党の竹入委員長が、田中内閣が誕生すると間もなく田中総理の意を体して訪中し、周恩来総理との会談を通じて得られた中国側の考え方をメモにして帰国後に田中総理に提出したもの。

(14)「本土並み」とは、一九六〇年に改訂された安保条約の第六条に基づく交換公文(いわゆる事前協議制度に関する合意で、わが国に対する武力攻撃が行なわれていない場合において、戦闘作戦行動のために在日米軍基地を使用するには、米国政府は日本政府との事前協議を必要とすることが定められている)がそのまま沖縄にも適用されることを米国政府が受け入れたことを意味した。なおこの問題については、共同声明発出(一九六九年一一月二一日)に際し、佐藤総理が、ワシントンのナショナル・プレス・クラブにおいて行なった演説において、次のとおり述べていることにも併せて留意する必要がある。「台湾地域での平和の維持もわが国の安全にとって重要な要素であります。私は、この点で米国の中華民国に対する条約上の義務の遂行の決意を十分に評価しているものでありますが、万一外部からの武力攻撃に対して、現実に義務が発動されなくてはならない事態が不幸にして生ずるとすれば、そのような事態は、わが国を含む極東の平和と安全を脅かすものになると考えます。したがって、米国による台湾防衛義務の履行というようなこととなれば、われわれとしては、わが国益上、先に述べたような認識を踏まえて対処していくべきものと考えますが、幸いにしてそのような事態は予見されないのであります」。

(15) 栗山の解説によれば、「(米側は) 中国の立場がどういうものであるかを認識している」。しかし「承認したわけではない」というのが、この"acknowledge"という言葉に込められた意味である。栗山はさらに、「英語では、手紙を出すと、先方が手紙を受け取ったことを『確認』するという意味で同じ表現が用いられる」と敷衍した。

(16) 栗山はさらに「なお、日中国交正常化交渉を始めるにあたって、田中総理はその年の八月末にハワイでニクソン大統領と会談し、これから中国と国交正常化を行うが、それは日米安保体制と関わりない態様で実現するつもりである旨を説明し、大統領の了解を得た経緯がある」ことも付記している。

(17) 栗山は、「外務省は上海コミュニケ後に中国と国交正常化を行った若干の国の共同声明の内容を把握していたが、いずれも上海コミュニケの表現を踏襲し、中国の立場を"acknowledge"するということで中国と合意していた。しかし中国は、この上海コミュニケ方式を日本に適用することは強く拒否する姿勢であった」ことも付記している。

(18) 栗山によれば、「国交正常化への合意を、発効までに時間を要する国会承認条約によらず、共同声明形式で行うことについては、中国側にも異存がないことは、あらかじめ竹入メモの内容から明らかであった」由である。ここで大きな問題は、日華平和条約の処理が仮に国会の承認を必要とする「条約扱い」する形を採った場合には、中華人民共和国との日中平和条約も国会の承認を必要とすることになる。当時の与党・自民党の台湾ロビーの勢力からして、承認が否決される可能性もありうる。このような判断のもとに、内閣の外交権として処理したごとくである。そもそも日中戦争は「宣戦布告なき戦争」と呼ばれたが、その敗戦処理においても、日本政府はこのような姑息な手段を用いたわけである。

(19)栗山によれば、「かかる規定の内容は、条約発効と同時に最終的効果が生じ、その後における条約の存続の有無によってその法的効果が変わることはない」。したがって、わが国としては「当時中華民国政府によって代表された中国との間の戦争状態」は、「日華平和条約（第一条）によって終結しているとの立場を維持せざるを得ない」「中華民国政府による対日賠償請求権の放棄についても同様である」。

(20)当然ながら、日華平和条約は大陸には及ばない。にもかかわらず、この条約によって、大陸の賠償請求権まで解決されたと、条約局は主張し続けたが、この論理にいかなる正当性があるのか。

(21)このような「大平談話」の形で問題を処理したことについて、当時アジア局参事官として台湾との折衝に当たった中江要介（のち条約局長、中国大使）は、「憲法違反」だと述べている。「あの『大平』談話を作ったのは、栗山条約課長だと思います。日華平和条約は堂々と新憲法下の国会で法律と憲法にしたがって締結されたものです。その国際約束を、たった一回限りの記者会見で、しかも外相談話で、『なくなった』、『存在の理由を失ったものと認めます』、『これが日本政府の立場です』などといい加減な扱いをしたのは憲法違反だと思います。憲法九八条には、締結した条約は忠実に遵守することとあるでしょう。にもかかわらず、日華平和条約については、忠実に遵守していないのです。一回の記者会見でしかも外相談話で、それこそ弊履のごとく捨ててしまいました。私は、ああいうやり方はおかしいと言っていましたが、当時は議論もされなかったですね」（中江要介『アジア外交動と静』一五二ページ）。

(22)栗山いわく「上記のような日華平和条約の処理方式については、将来の米中国交正常化に際し、台湾との米華相互防衛条約を処理しなくてはならないという問題を抱える米国政府も関心を持ち、わが方の理論構成等を非公式に照会してきた経緯がある。しかし、米華相互防衛条約は、日華平和条約と異なり、処分的性格の条約ではないために、同様の処理方式をとることはできなかったと思われ、米国政府は、中華民国政府との間で相互防衛条約の終了規定に基づき条約終了の手続きをとった上で、七九年一月に米中国交正常化を行った」。

補章　周恩来『十九歳の東京日記』から始まる歴史のif

一九一七年九月、天津港から船で来日した周恩来。早稲田の仮住まいから、神田の日本旅館に移り住み勉学に励むが、そこには挫折もあった。しかし、一年数ヵ月の東京滞在が、その後の日中の友好と親善に果たした影響は計り知れない。周恩来若き日々の三つの「もしも」を仮定し、存在意義を再考する。

周恩来の東京滞在

私はかつて周恩来著『十九歳の東京日記』[1]を編集し、「日中友好の原点となった東京日記」と題する解説を付した。この「東京日記」には、民国七（一九一八）年元旦から一二月二三日までの日記が収められ、来日直後の三ヵ月および離日前三ヵ月余、都合半年分は含まれていない。『東京日記』は鈴木博が翻訳し、編集工房デコ社の高橋団吉がコラムや脚注を付し、小学館文庫に収められた。

周恩来は一九一七年九月に天津港から船で来日した。来日三ヵ月の一二月二二日に天津南開学校の友人陳頌言に宛てた手紙で、東京生活をこう報告した。

「初めは早稲田に仮住まいしたが、現在は神田に移り、日本の旅館に下宿している。日本食を食べ、多数の魚を食べている。わが国から日本にやって来た者は、はなはだ食に慣れないが、私は苦労を厭わずにこれに甘んじている。わが故郷の魚食の風味にとても似ているが、油と味噌で調理するものが少なく、火で焼くものが多い」「日本旅館は中国旅館よりも静かで、喧嘩がないので、勉強するのに便利だ。私はいま日文の受験勉強をしているが、大きな困難はなく、難は怠け病がときに発することだ。本の山に楽しみを求めようとしないのは、この怠け病のためである」「官費の試験は来夏で、日本にやって来て日文（学習）程度が一年ならば、勉強する者は試験に合格できるが、私には自信がない」「南開の同級生で日本にやって来た者はすでに三〇人にものぼる」（『東京日記』九〜一〇ページ）。

周恩来が狙う旧制一高の入試予定は翌年七月二〜三日の筆記試験、五日が面接であった。これに先立ち三月三〜六日には東京高等師範学校の入試も控えていたが、「試験は来夏」の記述から判断すると、高師は本命ではなかったようだ。不幸なことに周恩来は三月の東京高師も、七月の一高も、落ちてしまった。

「日文の書取の成績がはなはだ悪く、おそらく合格する望はない」（七月二日）、「会話の成績がはなはだ劣り、合格する望がいっそうなくなる」（七月三日）、「試験に失敗し、非常に堪え難い。友に負け自分に負け、自暴自棄だ」（七月四日）、「日本にやって来たのに日本語をうまく話せず、どうして大いに恥じずにいられようか」「官立学校に合格できない、この恥は生涯拭い去ることができない！」（七月五日）と書いた。一三日に一高の発表を見に行くと、果たして仲間の張鴻誥と楊伯安は合格したのに、周恩来の場合は自己採点通りの失敗であった。「友に負け」とは、南開学校で「同班同学」であった張鴻誥に負けたのである。ちなみに張鴻誥は東京高師にも合格していた。周恩来は二〇歳、張鴻誥は二一歳であった。

当時早稲田大学や慶応大学を選ぶ者もあったが、貧しい周恩来には私費留学は不可能であり、「日中両国政府間協定で指定された」官費の学校に合格しなければ、留学を断念するほかなかった事情がある。二つの受験に失敗した周恩来は七月二八日東京駅から下関港に向かい、関釜連絡船で京城・平壌・安東・奉天・錦州・山海関を経由して天津の実家に一時帰国し経過を報告した。天津や北京で一ヵ月暮らした後、九月四日に東京に戻った。日記に九月一〜三日の記述が欠けているので、再来日ルートは不明だが、往路と同じとすれば八月三一日に天津を立ったはずだ。

さて天津に一時帰国して東京に戻って以後の日記は、じつに素っ気ない。「某から手紙を受け取った」「某に葉書を書いた」という「通信備忘録」にとどまる。一〇月一一日には珍しく「浮雲、日を覆い、久しくして自ら散ず」と書いたが、自らの心を浮雲に託したものか。翌一九年四月、京都嵐山に遊び、神戸港から朝鮮経由で天津へ失意の帰国となった。

周恩来青年の日本留学の夢は挫折した。だが、帰国した一九一九年五月はまさに五四運動の渦中であり、周恩来はこれに参加し、逮捕され、翌年フランスへ「勤工倹学」の船出をした。青春の彷徨・挫折から革命家へ変身する前夜、多感な周恩来が東京で暮らしつつ学んだものを知るには、いまは絶版なので、図書館か古本屋で東京日記を探すしかない。

失意のうちに帰国した若き青年に、三つの夢が叶ったら

フクシマダイイチの大事故に発する節電キャンペーンもあって、東京の夏はことのほか暑く、連夜、真夏の夜の夢を楽しむというべきか、あるいは悪夢に悩まされた。

第一の夢。周恩来は幸い一高に合格し、のち東京帝国大学に進む。八歳年長、東大留学先輩の李漢俊（日本滞在は一九〇四〜一八年）はすでに帰国し、一九二一年上海で開かれた中国共産党創立大会に出席しているが、周恩来は憧れていた吉野作造教授の指導を受けて勉学を続ける。アナーキズムとボリシェビズムの論争は、ロシア革命の成功により、ボリシェビズムの勝利の形で、政治的にはすでに結着していたが、まもなくボリシェビズムの問題点、民本主義（民主主義）との矛盾が表面化した。東京で大正デモクラシーという名の民本主義の洗礼を受けた周恩来は、ボリシェビズムを拒否し、社会民主主義者となる。周恩来なき祖国では、西安事件で蔣介石が暗殺され、その報復としてゲリラ部隊の指揮者毛沢東も暗殺され、結局「蔣介石なき蔣介石路線」が続く。中国は辛うじて統一を保ち、日中戦争は未然に防がれる。帰国した周恩来は経済建設に粉骨砕身する。

第二の夢。周恩来に日本留学を説いた南開学校の先達厳智開はすでに卒業製作の自画像（学生製作番号一五二五号、一九一七年四月七日芸大美術館受入れ）を残して、コロンビア大学に移っていた。かつて周恩来に対して日本留学を勧めた厳智開は、一高を終えたら、東大はスキップしてコロンビアに来るよう勧めている。当時、イェール大学講師となっていた朝河貫一とハーバード大学J・グリーン理事との対話を経て、「一高卒レベルの学力」ならば、ハーバードの入学生として認める評価基準が固まり、厳智開がこの最新情報を周恩来に教えたからだ。周恩来は日本留学に未練を残しつつも、

より広い世界を目指して厳智開のアドバイスにしたがう。アメリカではジョン・デューイのプラグマチズムに共鳴し、彼が一九一九年に日本を訪れ、ついで四月二八日に中国へ向かい、一九二一年七月まで滞在した旅に通訳として同行した。このような国際経験を重ねて、周恩来は後年国連事務総長となる。キッシンジャーの代わりに、米国国務長官に推す人事を大統領は望んだが、これは周恩来が時期尚早と丁重に辞退した。

第三の夢。周恩来は念願の一高と滑り止めの東京高師をともに合格するが、東亜高等予備学校松本亀次郎の「教育立国」論に心酔して、後者を選んだ。東大工学部を出た留学仲間張鴻誥は帰国するやハルピン電業局幹部となった。まったく偶然だが、その部下として周恩来の二弟周恩溥がいた。その縁もあり、周恩来は帰国後教育関係の仕事に従事する。京大に学んだ一歳年長の周仏海は、汪精衛政権に協力して漢奸扱いされる。周恩来は満洲国とは距離を保ったので、建国後は外交部長・教育部長等の副総理級要職を歴任する。しかし毛沢東の推進した大躍進政策を厳しく批判し、右派分子として解任され失脚した。ただし、周恩来の協力を失った毛沢東政権はまもなく瓦解し、大躍進の功罪を評価する廬山会議で失脚した。毛沢東の極左路線はここに終り、その後の文化大革命の発動はなく、中ソ衝突・ベトナム戦争の拡大もなく、六〇年代半ばには、米中国交、日中国交正常化が復活した周恩来の手で行われる。第二次大戦後の冷戦構造からポスト冷戦期への舞台転換は、現実の歴史よりも二〇〜三〇年早く進展したであろう。

仮定から浮かび上がった中国現代史における存在意義

さて、歴史のifを楽しむ過程で浮かび上がったのは、中国現代史のどの時点で周恩来の役割をどのように置き換えるか、という想定だが、夢から覚めて見ると、結局は毛沢東の極左路線と周恩来の穏健路線との対立構造の渦のなかで、堂々巡りしていた。

私はかつて「厳父・毛沢東」と「慈母・周恩来」のイメージで二人の関係を論じたことがある（『毛沢東と周恩来』一九九一年）。毛沢東と周恩来は同じ一九七六年に死去したが、毛沢東が二度にわたって大きな暴走をやらかし、中国社会に大きな傷痕を残したとき、周恩来はいつもその調整役（あるいは尻拭い役）に徹して、被害を最小限にとどめることに尽力した。

その政治過程を文献でたどりながら、私がいつも感じてきたのは、もし周恩来が突然毛沢東の後始末を放り出したら、その後の中国政治はどうなったかという空想であった。毛沢東はむろん周恩来に代わる誰かを起用したに違いない。しかし、周恩来ほど巧みにこの任務を解決できる実務家はいなかったはずだ。となると、逆説的表現だが、やはり周恩来の協力があって初めて、毛沢東の暴走が可能であった。彼の協力がなければ、毛沢東の暴走はもっと早く挫折した蓋然性が強いという話に落ち着く。だが、それでよいのか。こうして周恩来の功罪評価はまだ定まらない。

「東京日記」の解読から深まる、周恩来の研究

さて周恩来の東京日記に戻ろう。幸い邦訳は多くの読者から歓迎されたが、われわれの喜びをさらに増してくれたのは、李海文さん（元中共中央党史研究室研究員、のち『百年潮』編集部）の来日とその後続いた交流である。

李海文を神田神保町二丁目の愛全公園の一角にある「周恩来ここに学ぶ」と記された小さな記念碑に案内した夜、彼女を囲む翻訳チームの漢陽楼での酒席は、大いに盛り上がった。漢陽楼の女主人林松英さんの歓待に応えて、彼女は、周恩来の読みにくい毛筆手稿を活字に起こす苦労話を語り続けた。その「活字起こし」について誤記を訂正した翻訳チームの仕事ぶりへの称賛を繰り返した。

たとえば「陳・李両同学を伴って王越美服店に遊ぶ」（一月二〇日）と印刷されているが、この「王越美服店」は「三越呉服店」すなわち現在の三越デパートの誤読、「大草町の朝鮮銀行に行って為替を大洋に換える」（七月八日）と記されているが、この「大草町」は「大手町」の誤読だ。東京の地名やデパート名は東京に住む者にとっては常識だが、北京で文献だけを照合する場合には、容易に間違いやすい(2)。

デコ社の高橋団吉の功績として特筆すべきは、「日本語と英語を交えて保田君と話す。さらに、彼が私の像を描く」（二月六日）に注目し、当時東京美校を卒業したばかりの「保田重右衛門」の遺族保田春彦氏を探し出し「保田の描いた周恩来像」を邦訳に収めたことだ（九九ページ）。保田のアトリエに周恩来を案内したのは、前述のように南開学校で周恩来と同級の厳智開であり、彼は一足先に来日し、東京美校に入り、周恩来は厳智開を頼って日本苦学留学を決めたのであった。

日中国交正常化と周恩来

『東京日記』の解読を通じて深まった李海文さんとの交流は、その後意外な副産物を生んだ。彼女たちの党史研究グループは、日中国交正常化における周恩来の役割を改めて検証する作業を行なっていた。

話はおよそ二〇年前に遡る。NHKは国交正常化二〇年を記念して『周恩来の決断』を放映し、これを出版した。この本は『周恩来的決断』（中国青年出版社、一九九四年、肖紅訳）として中国語訳された。田中角栄首相が九月二五日の歓迎晩餐会で「ご迷惑をおかけした」と述べて、大騒ぎになったエピソードを中国語版はこう訳している。「『麻煩』という語について、当初は、日本外務省の翻訳に間違いがあるのではないか、という見方があった。しかしながら、田中首相の挨拶原稿執筆に参加した外務省中国課長橋本恕は、断じて翻訳の問題ではない。日本国内の世論を考慮して、それがギリギリの言い方なのだと答えた」、「橋本恕によれば、私は何日考え、何回推敲したかわからない。誇張すれば、脳味噌をしぼって書いた文だ。当然大平外相、田中首相も読んで同意してもらった」（中国語版一〇五ページ）という。

読者はお気づきであろうか。ここには途方もない日中「すれ違い」のあることを。中国側は「麻煩という中国語訳」の語彙が軽すぎると問題にしている。これに対して橋本は「日本国内の世論を考慮して、ギリギリの表現を用いた」と強調しているが、これは日本語の「ご迷惑」という語彙を選んだ理由ではないか。はなはだ奇怪なのは、橋本が「断じて翻訳の問題ではない」と強調した個所だ。橋本が日本語原文ではなく、その訳語が問われていることに思い至らないのは、不可解極まる話なのだ。テレビ画面では、記者が橋本に問う形であったと記憶する。記者はここで当然、「麻煩という中国語」と「ご迷惑という日本語」のニュアンスの差で、もめたのではないですか、と問い直すべきであったろう。遺憾ながら、記者にその質問はなく、橋本の「翻訳の問題ではない」「誤訳ではない」という強調ばかりが印象づけられて交渉二〇年後の問答は終わった。

じつはかなり有名な挿話だが、橋本は中国語を解さない。ならば中国語のできる省内外の専門家に尋ねれば済む話ではないか。だが、彼は一九七二年当時も、一九九二年における二〇年記念番組でも、そして驚くなかれ二〇一〇年の服部龍二によるヒアリング（服部龍二『日中国交正常化』）においても、問題のズレをまったく認識していない。服部もこの点に無頓着だ。橋本はいつも、「ご迷惑がギリギリの表現だ」とワンパターンを主張し続けるばかりなのだ。このような日本側の態度に中国側は相当に驚いたはずだ。

じつは「ご迷惑の訳語」が問題とされたことを知った田中角栄は、即座に周恩来の批判に対して、自らの真意を説明し、それは「誠心誠意地表示謝罪之意」と中国語に訳され記録された。毛沢東が田中流「メイワク」論の敷衍を受け入れた証明が『楚辞集注』という土産なのだと私は論じたことがある（『諸君』二〇〇四年五月号）。この本には「中国語の迷惑」という語彙が含まれており、しかもその意味が「日本語のメイワク」とまるで異なることを毛沢東流のやり方で示すのが土産の意味だ、私はそう解釈した。

さて二〇年後、田中の「誠心誠意地謝罪」を「まるで存在しなかったもの」とするかのごとき日本側会談記録の内容に接して、中国側ははなはだ当惑するとともに、じつに意味深長なやり方で応えた。大平正芳外相と「日中外相会談」を行った姫鵬飛外相をヒアリングし、「水を飲む際は、井戸を掘った人を忘れない」と題して、中国語版『周恩来的決断』の「付録の形」でさりげなく付したのだ。姫鵬飛証言には、田中の「ご迷惑＝誠心誠意地謝罪」を田中自身の言葉として記し、これを毛沢東や周恩来が受け入れたと明記している（姫鵬飛回想録、『周恩来的決断』一六七ページ）。

しかし日本外務省の会談記録にはこれに対応する記述は一切見当たらない。姫鵬飛回想録を整理したのが、李海文であると教えられて、私は二〇〇一年夏休み、北京に彼女を訪ね、さらに中共中央文献研究室を案内してもらい、日本外務省の会談記録と照合した。私は両者の違いに驚き、定年退職の講義で語り、雑誌にも発表した（『諸君』二〇〇四年五月号）。折から江沢民流の反日政策の展開にとって、「謝罪しない日本」は、反日運動の有力な根拠とされたことは周知のことだ。

私は外務省の「田中・周恩来会談記録」の不備あるいは改竄に疑問を抱き、二〇一〇年思い立って問い合わせの手紙を外務省に宛てた。資料は「保管する関係ファイル」の中に見当たらない、という返書が数ヵ月後に届いた。なぜ存在すべき資料が欠如しているのか。中国側には中国語訳として存在していることを、私はすでに確認した。この田中・周恩来会談のカナメの部分が日本側の記録で欠如しているのは、担当者が恣意的に破棄し、文書を改竄したからだと解釈するほかない。当時の担当課長として、この課題に取り組み、その後アジア局長を経て中国大使に昇格した橋本恕氏以外には考えにくい。そもそも公文書を勝手に廃棄したり改竄することは、許されてよいのか。いわんやそれが日中の相互理解に直接及ぶものである以上、その責任は厳しく追及されてしかるべきではあるまいか。

結論を急ぐ。田中の「ご迷惑＝誠心誠意地謝罪」と、橋本の「ご迷惑＝添了麻煩」とは、似て非なるものだ。大平の八〇年急逝、田中の八五年発病以後、あたかも鳥なき里の蝙蝠のごとく、橋本恕は饒舌になった。服部のヒアリング本（前掲『日中国交正常化』）はその集大成だ。だが、橋本は「ギリギリの表現」に固執したことで、一体いかなる国益を守ったのか。せいぜい石原慎太郎氏ら青嵐会・

台湾ロビーの妨害工作をかわした程度ではないのか。失ったのは、田中角栄・周恩来国交正常化交渉への信頼だ。政治家の見識が官僚の保身・短慮によってゆがめられ、日中相互不信を招いた悲劇として記憶に留めるべきだ、と私は思う。

〔追記〕黒龍江省方正県の石碑撤去をめぐって、日中間に漣が立っている。一九六三年残留日本人松田千恵さんが引揚げ当時の悲劇から生じた野ざらしの遺骨を埋葬したいと周恩来に直訴し、周恩来がこれを許可して「方正日本人公墓」が作られた。その後、毎年日本から墓参団が訪問し、そこから羽田澄子監督の映画『嗚呼満蒙開拓団』も生まれた。そこに二〇一一年、方正県政府が埋葬者名簿を刻銘した碑を建立したところ、これが破壊され、県政府は撤去を余儀なくされた。このトラブルの背景に江沢民流の狭隘な排外主義思想が見え隠れする。私は周恩来が堅持した国際主義の精神をここで改めてかみしめるとともに、青年周恩来が彷徨の日々に接した百年前の日本と日本人イメージを思うのだ。

補章　注

（1）原文は『周恩来旅日日記』、影印本は中共中央文献研究室、中国革命博物館編、中央文献出版社、一九九八年。線装本は北京線装書局、一九九七年。活字本は『周恩来早期文集』上巻、中央文献出版社、一九九八年。邦訳は小学館文庫、一九九九年。余談だが、「今日は帝劇、明日は三越」のキャッチコピーを書いたのは、三越常務・浜田四郎であり、彼は旧制安積中学で朝河貫一の三年後輩、朝河が英英辞書を暗記した逸話を証言した。

（2）中国語訳は『百年潮』二〇〇四年二月号および『新華文摘』二〇〇四年第一〇号に掲載された。

資料　外務大臣 岡田克也氏への問い合わせ書簡とその返書

Ⅰ　矢吹から岡田外相宛て問い合わせ

外務大臣 岡田克也様
冠省

二〇一〇年三月九日（火）ＮＨＫニュースウオッチ９（午後九：〇〇～）にて、『密約報告書』提出へ、岡田外相に聞く」を拝聴しました。日米密約の真相に迫るよい番組で、あらためて政権交代の意味を実感したことでした。この番組で「廃棄された外務省資料」についての言及がありました。じつは一九七二年の日中国交正常化交渉の記録においても、類似の問題があると思われますので、調査をお願いする次第です。[1]

外務省アジア局中国課が昭和六三年九月に「執務資料」としてタイプ印刷した記録のなかに一九七二年九月二六日午後に行われた田中角栄首相と周恩来総理との会談記録が収められています（その後、情報公開法に基づいて、会談記録が公開されましたが、内容は同一でした）。

この会談冒頭で周恩来は前夜の田中スピーチについてこう述べた（と記録されています）。

「日本政府首脳が国交正常化問題を法律的ではなく、政治的に解決したいと言ったことを高く評価する。戦争のため幾百万の中国人が犠牲になった。日本の損害も大きかった。われわれはこのような歴史の教訓を忘れてはならぬ。田中首相が述べた『過去の不幸なことを反省する』という考え方は、われわれとしても受け入れられる。しかし、田中首相の『中国人民に迷惑をかけた』との言葉は中国人の反感を呼ぶ。中国では添了麻煩（迷惑）とは小さなことにしか使われないからである」。〔傍線は矢吹、以下同じ〕(2)

周恩来によるこの田中批判は、その後、中国側から折りに触れて言及され、田中の日中戦争認識を批判する言葉として、かなり人口に膾炙しています。

ところで、この周恩来発言を受けた田中の発言は、日本側記録では、次のように書かれています。

「大筋において周総理の話はよく理解できる。日本側においては、国交正常化にあたり、現実問題として処理しなければならぬ問題が沢山ある。しかし、訪中の第一目的は国交正常化を実現し、新しい友好のスタートを切ることである。従って、これにすべての重点をおいて考えるべきだと思う。自民党のなかにも、国民のなかにも、現在ある問題を具体的に解決することを、国交正常化の条件とする向きもあるが、私も大平外相も、すべてに優先して国交正常化をはかるべきであると国民に説いている。日中国交正常化は日中両国民のため、ひいてはアジア・世界のために必要であるというのが私の信念である。」

周恩来の批判に対して、田中は「ご迷惑をかけた」という日本語は、決してそんなに軽いものではなく、誠心誠意お詫びの気持を表明したものだと敷衍したであろうことは、①帰国当日の自民党における帰国報告や②同記者会見に照らして容易に推測されることであります。[3] しかしながら、③外務省の公表した会談記録[4]においては、田中は「大筋において周総理の話はよく理解できる」と、答えるにとどめたことになっています。記録を読む限り、周恩来の批判を田中がまったく意に介せず、聞き流したに等しい形になっているのは異様です。田中はここで周恩来の批判は誤解に基づくものであり、田中の真意はそれとは異なることを弁明したはずであり、それは日中首脳双方のやりとりを仔細に点検すれば、容易に推測できることであります。

この疑問を解くために、私は中国を訪れ、中共中央文献研究室の専門家に中国側資料の閲覧を依頼しました。会談記録自体はまだ公表されていないのですが、公刊された姫鵬飛外相の回顧録のなかで、田中首相は「誠心誠意の謝罪」の意を表明したと明記されています（矢吹晋『激辛書評で知る中国の政治経済の虚実』一〇六ページ[5]）。

こうして田中首相の帰国報告や同田中記者会見の基調とは異なるものとして外務省会談記録が編集されており、それに基づいて「田中謝罪はなかった」とか、ひいては「謝罪なき国交正常化が禍根を残した」、といった言説が行なわれている事実は、日中会談の真相をゆがめるものであり、看過しえないものであります。さらに中国側にのみ、会談の真相を伝える記録が残され、日本側には資料が欠如しているのも、問題であります。

吉野文六元局長が「資料の廃棄は恥ずべきこと」と証言しておられるのは、正論と思われます。それゆえ、外務大臣に以下の二点を要望します。

一つは、「大筋において周総理の話はよく理解できる」とされている田中発言において、「大筋において」と要約された個所の原発言を可能なかぎり復元すること。

二つは、田中迷惑発言に関する関連資料の調査。以上の二点が明らかになれば、田中訪中の真実が明らかになり、今後の日中平和の基礎を固めることができるものと考えます。ご配慮を請うものであります。

二〇一〇年三月一〇日

矢吹　晋

書簡　注

(1) 当時、私は戦後の日米関係を総括し、「二一世紀の日米中外交の新しい視座」の獲得の可能性を期待して、この書簡を書いたが、その後、私の希望は失望に変わり、岡田返書に対してさらなる調査依頼を書くことを断念した。

(2) たとえば竹内実編『日中国交基本文献集・下』蒼蒼社、一九九三年、二二一～二二四ページ。これは一九八八年九月外務省執務資料を転載したもの。石井明ほか編『日中国交正常化・日中平和友好条約締結交渉』岩波書店、二〇〇三年八月、五六～五八ページ。これは情報公開法に基づいて、公開された文書を転載したもの。両者はまったく同一である。

（3）田中の真意を知るには、これが最適であろう。服部は、一九八四年に出た『宝石』の田中秘話から引用している。帰国直後の証言が一二年後の回想よりも、より重要ではないか。

（4）外務省中国課は一九八八年九月、「国交正常化当時の記録」をまとめて執務資料としてタイプ印刷し、これが流布された。その後、「行政機関の保有する情報の公開に関する法律」（いわゆる情報公開法）による行政文書開示要求により外務省情報公開室から開示され、その後、外務省外交史料館において閲覧・複写可能となっている。

（5）田中角栄・毛沢東会見の記録（同書、一〇七〜一〇九ページ）もこれを裏書きしている。

II　岡田外相から矢吹宛て二〇一〇年七月五日付返信

横浜市立大学名誉教授

矢吹晋様

矢吹先生におかれましては益々御健勝のこととお慶び申し上げます。さて、日中国交正常化当時の日中首脳会談の記録に関する御書簡を拝受いたしました。御書簡を踏まえ、外務省において当時の記録について保管する関係ファイルの再調査を行いました。その結果、現在、外務省が公表している記録以外には、同首脳会談におけるやりとりを記録する新たな資料を発見することはできませんでした。調査に時間を要し、お返事が遅くなりましたことにつき、御海恕いただければ幸いです。

末筆ながら、日中関係研究をはじめとする先生のこれまでの御功績に改めて深い敬意を表しますとともに、一層の御発展を心よりお祈り申し上げます。あわせて、引き続き、御指導・御鞭撻のほど、宜しくお願いいたします。

二〇一〇年七月五日

外務大臣　岡田克也

〔解題〕

この書簡には、岡田外相の署名はないが、用紙はスカシの入った外相公用箋であり、外務省中国モンゴル課から簡易書留（三三八・四八・二四九七〇―二）として届いたものである。外相自身がどこまでこの返書に関わっているかは不明だが、外務省事務当局による公的な返書と見てよいであろう。

書簡の内容は予想通りであった。要するに、私が求めた資料は「保管する関係ファイル」の中に見当たらない、というものだ。では、なぜ存在すべき資料が欠如しているのか。中国側には中国語訳として存在していることが、私の調査によって確認されている部分が日本側の記録については欠如しているのは、日本側の担当者が恣意的に破棄し、文書を改竄したからだと解釈するほかはあるまい。

その担当者とは、当時の中国課長として、この課題に取り組み、その後アジア局長を経て中国大使に昇格した橋本恕氏以外には考えにくい。橋本氏がなんらかの配慮で、この部分を削除したものであろう。改竄は、一九八八年九月に外務省執務資料として、関連書類を整理して印刷に付した時期ではないか。橋本が中国大使として赴任したのは、一九八九～九二年であり、赴任前年に、この執務資料がまとめられたことに私は着目している。

問題は改竄の理由だが、その理由は私には皆目見当がつかない。そもそも公文書を勝手に廃棄すること、改竄することは、いかなる理由があるとしても暴挙であり、許されるべきではない。いわんやそれが国益に直接及ぶものである以上、その責任は厳しく追及されてしかるべきだと私は考えている。官僚の仕事は、政治家も同じだが、正確な記録を残すことによって歴史に資するものでなければならない。文書における発言者は田中角栄その人である。しかも田中は、田中のいう「ご迷惑」の真意を田中なりに率直に語っている状況からして、田中の指示による改竄とは考えにくい。橋本が削除したものと推定し責任を問う所以である。

あとがき

　本書の成り立ちを簡単に説明しておきたい。今年は田中角栄訪中四〇周年記念の年であり、日中両国間でさまざまな友好企画が目白押しだ。これを機会に、「四〇年間の中国経済と日中関係」をレビューする仕事の必要性は以前から考えていたが、こんなに早く本が出ることになったのは、時の勢いであろうか。

　昨年ある若手研究者が『日中国交正常化』という本を出したときは、買おうか買うまいか、迷ったほどだが、この新書が二つの大新聞社によって大きな賞を与えられたことを知り、これでは四〇年記念はぶちこわしではないか、といささか心配になり始めた。案の定、二月に訪中した日中七団体の代表団は、胡錦濤にも会えないという体たらくだ。そこへ名古屋市長が南京市代表団を迎えて、「南京大虐殺はなかった」と無用の刺激発言をしたり、東京都知事は、尖閣諸島を東京都が買い取るなどと、これに輪をかけたほとんど痴呆症状に近い狭隘なナショナリズム・パフォーマンスで、中国を刺激し始めた。こうして、本来なら日中の戦略的互恵関係を深める契機となるべき、国交正常化四〇年は、日中関係悪化の分水嶺にもなりかねない。

　このような危惧・予感を抱いて、二〇〇九年から二〇一一年に書いたり話したりしてきた素材を持参して花伝社を訪れたのは、新春一月一八日であった。およそ一ヵ月後の二月二一日、柴田章さんの担当で本にまとめることがほぼ決まり、居酒屋で祝杯をあげた。折しも中国の次の指導者習近平（国家副主席）が訪米を終えた直後であり、また薄熙来（政治局委員、重慶市書記）が三月一五日に重慶市書記を解任される三週前のことだ（その後、薄熙来は政治局委員を職務停止になり、完全失脚した）。中国の政治経済動向は、単に中国自身の課題であるばかりでなく、世界の政治経済の動向にも大きな影響を与えている事実が、いまや誰の目にも明らかになりつつあるが、その内実は必ずしもよく見えていない。オバマ大統領が次の指導者習近平を一九発の礼砲で迎えたことは何を意味するのか。中国が米国に対して保有する二兆ドルに近い巨額の債権は、何を物語るのか。

こうして、当初は秋ごろ刊行と想定した本が時の勢いと柴田さんの熱意に推されて繰り上げ出版に至った。折に触れて分析した素材を、内容と時系列に即して並べ替え、重複部分を削除して、本書の形に整ったのには、柴田さんの力添えによるところが大きく、感謝あるのみだ。

初出論文等は以下の通りである。

第1章――「チャイメリカ(Chimerica)と日本」『中国情報ハンドブック』蒼蒼社、二〇一〇年七月。
第2章――「中国は大発展・変貌した――で、これから何処へ行く？」『中国情報ハンドブック』蒼蒼社、二〇一一年七月。
第3章――「チャイメリカ構造下の日米中三角関係」『横浜市立大学論叢』永岑三千輝教授記念号、二〇一一年三月。
第4章――「日中戦略的互恵関係のために」国際善隣協会講演、二〇一〇年一〇月一五日。

第5章――「世界恐慌下の中国経済」国際善隣協会講演、二〇〇九年二月二〇日。
第6章――「『中国力』の光と影」経済倶楽部講演、二〇一〇年七月二日
第7章――「中国は大発展・変貌した――で、これから何処へ行く?」。
第8章――「チャイメリカ(Chimerica)と日本」。
第9章――「チャイメリカ(Chimerica)と日本」。
第10章――書き下ろし。
第11章――書き下ろし。
補　章――「周恩来『十九歳の東京日記』から始まる、歴史のif」『東京人』二〇一一年一一月号。

取り上げたトピックで、その後に事態に変化が生まれたもの等は、コラムや補注の形で随時補ったが、「あとがき」の機会にも、若干の補足を書き留めておきたい。

一つは沖縄基地問題だ。日米両政府は二〇一二年二月八日、在日米軍再編計画の見直しに関する文書を共同発表した。米軍普天間飛行場(沖縄県宜野湾市)移設に関し、名護市辺野古への県内移設が「唯一有効な進め方だ」と現行案の堅持で合意したものだが、これには深い意味が隠されている。普天間移設とパッケージで進めるとしてきた在沖縄「海兵隊のグアム移転」や沖縄本島南部の「米軍五施設・区域の返還」を切り離して先行させる方針は、米軍再編のロードマップ(行程表)全体の見直しに波及する。その背後にあるのは、一つは緊縮財政で迫られた軍事予算圧縮である。これは二〇一〇年八月のマレン統合参謀本部議長のデトロイト演説の一句に明らかだ(Detroit, Aug. 27, 2010 — The single biggest threat to national security is the national debt, the chairman of the Joint Chiefs of Staff said yesterday)。

米軍にとって最大の脅威は「米国の債務（the national debt）」なのだ。ここでマレンは、その債務を埋める最も有力なカネ蔓が中国からやってくることには触れていないが、米中関係を観察する者にとっては常識のはず。もう一つは中国海軍の増強だ。ずばりいえば、中国と台湾との経済的一体化は着々と進み、第一島嶼線がすでに中国海軍の「アクセス拒否、領域拒否」海域と化しつつある。

もう一つ、より刺激的な話題は、台湾問題である。昨年春『フォーリン・アフェアーズ』（二〇一一年三／四月号）で米ジョージワシントン大学のグレーザー（C. Glaser）教授（マサチュセッツ工科大学で物理学の学士・修士号、ハーバード大ケネディスクールで博士号を得たエリート研究者。ペンタゴンやスタンフォード大、ミシガン大、シカゴ大などを経て、現在はジョージワシントン大で安全保障を研究。著書は *Analyzing Strategic Nuclear Policyn*, Princeton, 1990）は次のように論じた。中国が軍事大国となっても、太平洋の彼方の米国と戦争になる可能性は低い。問題は「台湾をめぐる戦争だ、だから米国は台湾から手を引くことを考えるべきだ」「中国はヒットラーではなく、領土要求は限られている」「中国は台湾を手に入れれば、それ以上の要求はなく、米中に『新たな現状維持、緊張緩和』が生まれよう。米国にとって大事なことは、台湾のような米国にとって死活的利益ではないものが問題を起こさないようにすること、中国の脅威を大げさにとらえない政策調整をすることだ」と。

これほどはっきりと「台湾切り捨てによる対中宥和」を論じたものは珍しい。だが、この構想をオバマは事実上受け入れざるを得ない立場に追い込まれている。本書の序で書いた「アメリカの縮小」計画だ。いいかえれば、台湾死守といった類の楽観論に冷水を浴びせたのが、冒頭の沖縄海兵隊のグアム移転計画と読むべきなのだ。

顧みると、「チャイメリカ」への大きなうねりからして、周辺事態法当時、すなわち私自身が金門島を視察した辺りから「第一島嶼線からの米軍撤退」はすでに時間の問題なのだ。秋の党大会でトップになる習近平訪米の前夜に、グアム移転を発表したのは、決して偶然ではないと私は分析する。グレーザーが説いたように、「台湾のような米国にとって死活的利益ではないもの」が米中緊張を起こさないようにするため、「中国の脅威」を「大げさにとらえない政策調整」を米国は模索せざるをえない。「驕る米国」も「中国のカネ」の力には勝てないからだ。

本書の「序に代えて」で、米国は「戦線縮小」による「態勢の再構築」をすべしという米国識者の提案を紹介したが、オバマ政権が実行しつつあるのは、このプログラムにほかならない。チャイメリカの展開という新たな東アジアの局面転換を冷静に認識し、「日本の選択」を考えるうえで本書の分析がなにがしかの参考になれば、著者にとって望外の喜びである。


二〇一二年葉桜の季節に、東京郊外の寓居で

矢吹　晋

参照文献

石井明ほか編『日中国交正常化・日中平和友好条約締結交渉――記録と考証』岩波書店、二〇〇三年。

ＮＨＫ取材班『周恩来の決断――日中国交正常化はこうして実現した』日本放送協会出版、一九九三年。

加藤哲郎『ジャパメリカの時代に――現代日本の社会と国家』花伝社、一九八八年。

栗山尚一『沖縄返還・日中国交正常化・日米「密約」――外交証言録』中島琢磨・服部龍二、江藤名保子編、岩波書店、二〇一〇年。

佐藤栄佐久『知事抹殺』平凡社、二〇〇九年。

時事通信社政治部編『日中復交――ドキュメント』時事通信社、一九七二年。

周恩来『十九歳の東京日記』矢吹晋編、鈴木博訳、小学館文庫、一九九九年。

ジラス『新しい階級――共産主義制度の分析』（１９５７）、原子林二郎訳、時事通信社、一九五七年。

杉本孝編著『東アジア市場統合の探索』晃洋書房、二〇一二年。

孫平化『中国と日本に橋を架けた男――私の履歴書』日本経済新聞社、一九九八年。

トロツキー『裏切られた革命』（１９３７）、藤井一行訳、岩波文庫、一九九二年。

中江要介『アジア外交動と静』蒼天社出版、二〇一〇年。

服部龍二『日中国交正常化――田中角栄、大平正芳、官僚たちの挑戦』中公新書、二〇一一年。

ファーガソン『マネーの進化史』仙名紀訳、早川書房、二〇〇九年（Niall Ferguson, *The Ascent of Money: A Financial History of the World*, Allen Lane, 2008）。

孫崎享『日本人のための戦略的思考入門』祥伝社、二〇一〇年。

『毛沢東社会主義建設を語る』矢吹晋編訳、現代評論社、一九七五年。

『毛沢東政治経済学を語る――ソ連政治経済学読書ノート』矢吹晋訳、現代評論社、一九七四年。

藻谷浩介『デフレの正体――経済は「人口の波」で動く』角川新書、二〇一〇年。

矢吹晋『図説　中国力（チャイナ・パワー）――その強さと脆さ』蒼蒼社、二〇一〇年。

矢吹晋『毛沢東と周恩来』講談社現代新書、一九九一年。

矢吹晋『激辛書評で知る中国の政治経済の虚実』日経BP社、二〇〇七年。

外国語文献

ＮＨＫ採訪組『周恩来的決断』（ＮＨＫ取材班『周恩来の決断』中国語版）肖紅訳、中国青年出版社、一九九四年（『周恩来的最後歳月』中央文献出版社、一九九五年に収録）。

呉学文、林连德、徐之先『当代中日关系――一九四五―一九九四』北京、时事出版社、一九九五年八月。

『鄧小平年譜』中共中央文献出版社、二〇〇四年。

Martin Jaquecs, *When China Rules the World: The End of the Western World and the Birth of a New Global Order*, The Penguin Press, 2009（ジェイクス『中国が世界を支配するとき――西側世界の終焉と新世界秩序の誕生』）

チャイメリカ——米中結託と日本の進路

2012年5月20日　初版第１刷発行
2013年8月1日　初版第２刷発行

著者 ——矢吹　晋
発行者 ——平田　勝
発行 ——花伝社
発売 ——共栄書房
〒101-0065　東京都千代田区西神田2-5-11出版輸送ビル2F
電話　03-3263-3813
FAX　03-3239-8272
E-mail　kadensha@muf.biglobe.ne.jp
URL　http://kadensha.net
振替 ——00140-6-59661
装幀 ——水橋真奈美（ヒロ工房）
印刷・製本—シナノ印刷株式会社

ISBN978-4-7634-0635-4 C0036

矢吹 晋（やぶき・すすむ）

1938年生まれ。東京大学経済学部卒。東洋経済新報社記者、アジア経済研究所研究員、横浜市立大学教授を経て、横浜市立大学名誉教授。(財)東洋文庫研究員、21世紀中国総研ディレクター、朝河貫一博士顕彰協会代表理事。

著書
『二〇〇〇年の中国』（論創社 1984）『チャイナ・ウオッチング――経済改革から政治改革へ』（蒼蒼社 1986）『「図説」中国の経済水準』（蒼蒼社 1986）『チャイナ・シンドローム』（蒼蒼社 1986）『中国開放のブレーン・トラスト』（蒼蒼社 1987）『ポスト鄧小平――改革と開放の行方』（蒼蒼社 1988）『中国のペレストロイカ』（蒼蒼社 1988）『文化大革命』（講談社現代新書 1989）『ペキノロジー』（蒼蒼社 1991）『毛沢東と周恩来』（講談社現代新書 1991）『保守派 vs. 改革派』（蒼蒼社 1991）『〈図説〉中国の経済』（蒼蒼社 1992）『鄧小平』（講談社現代新書 1993）『〈図説〉中国の経済』〈増補改定版〉（蒼蒼社 1994）『鄧小平なき中国経済』（蒼蒼社 1995）『巨大国家中国のゆくえ』（東方書店 1996）『中国人民解放軍』（講談社選書メチエ 1996）『〈図説〉中国の経済』〈第2版〉（蒼蒼社 1998）『中国の権力システム』（平凡社新書 2000）『中国から日本が見える』（That's Japan002、ウェイツ 2002）『鄧小平』（講談社学術文庫 2003）『日中の風穴』(智慧の海叢書、勉誠出版 2004）『激辛書評で知る中国の政治・経済の虚実』（日経BP社 2007）『朝河貫一とその時代』（花伝社 2007）『日本の発見――朝河貫一と歴史学』（花伝社 2008）『〈図説〉中国力(チャイナ・パワー)』（蒼蒼社 2010）

共著・編著
『天安門事件の真相』〈上巻〉（編著、蒼蒼社 1990）『天安門事件の真相』〈下巻〉（編著、蒼蒼社 1990）『中国情報用語事典―― 1999-2000 年版』（共編、蒼蒼社 1999）『周恩来「十九歳の東京日記」』（解説、小学館文庫 1999）『一目でわかる中国経済地図』（編著、蒼蒼社 2010）『客家と中国革命』（共著、東方書店 2010）『劉暁波と中国民主化のゆくえ』（共著、花伝社 2011）

訳書
『毛沢東政治経済学を語る――ソ連政治経済学読書ノート』（現代評論社 1974）『中国社会主義経済の理論』（竜渓書舎 1975）『毛沢東社会主義建設を語る』（編訳、現代評論社 1975）『中国石油』（編訳、竜渓書舎 1976）金思愷『思想の積木』（竜渓書舎 1977）J・ガーリー『中国経済と毛沢東戦略』（共訳、岩波現代選書 1978）王凡西『中国トロツキスト回想録』（アジア叢書、柘植書房 1979）S・シュラム『改革期中国のイデオロギーと政策』（蒼蒼社 1987）『チャイナ・クライシス重要文献』〈第1巻〉（編訳、蒼蒼社 1989）『チャイナ・クライシス重要文献』〈第2巻〉（編訳、蒼蒼社 1989）『チャイナ・クライシス重要文献』〈第3巻〉（編訳、蒼蒼社 1989）アムネスティ・インターナショナル『中国における人権侵害』（共訳、蒼蒼社 1991）『ポーツマスから消された男――朝河貫一の日露戦争論』（編訳、横浜市立大学叢書4、東信堂 2002）朝河貫一『入来文書』（柏書房 2005）朝河貫一『大化改新』（柏書房 2006）『朝河貫一比較封建制論集』（柏書房 2007）

チャイメリカ年表（1971年～2012年）

1971年

4月14日	ニクソン米大統領、対中国貿易緩和措置発表。
7月 9日	キッシンジャー米大統領補佐官、秘密裏に訪中し、周恩来と会談。
10月25日	国連総会、中国招請・台湾追放を可決。

1972年

2月21日	ニクソン米大統領訪中。毛沢東・周恩来がニクソンと「会談」。両国指導者は「中米関係と国際事務について真剣、かつ率直に」意見交換（～28日）。
2月28日	米中は上海で「聯合公報」を発表。米中の「第1聯合公報」（「上海コミュニケ」）。
5月15日	沖縄施政権返還。
9月25日	田中角栄、訪中。日中国交回復の共同声明、国交樹立（～29日）。

1973年

5月 1日	米中が相手国首都に「聯絡処」の設立工作を開始。

1975年

4月 5日	蒋介石死去。
4月30日	南ベトナム、サイゴン政権降伏。
12月 1日	フォード米大統領訪中。毛沢東がフォードと「会見」（～5日）。

1976年

1月 9日	周恩来死去。
4月 5日	第1次天安門事件。
4月 7日	華国鋒首相就任、鄧小平副主席解任。
9月 9日	毛沢東死去。
10月22日	江青女史ら逮捕、四人組事件公表。

1977年

7月16日	鄧小平、副主席に復帰。

1978年

3月 5日	中国、新憲法採択、4つの近代化、台湾解放を明記。
8月12日	日中平和友好条約調印。
12月15日	米中が「米中国交樹立の公報」（「米中第2聯合公報」＝ジョイント・コミュニケ）。

1979年

1月 1日	米中が相互承認、外交関係樹立。
1月28日	国務院副総理鄧小平が米国を正式訪問。米中科技合作協定・文化協定に調印（～2月5日)。
2月17日	中国軍、ベトナム侵攻、中越戦争（～3月16日)。
3月 1日	米中が互いに大使を派遣、相手国首都に大使館設立。
4月 3日	中国、中ソ友好同盟相互援助条約の破棄をソ連に通告。
4月10日	カーター米大統領が「台湾関係法」に署名。
7月 7日	米中両政府が北京で3年間の米中貿易協定、双方が最恵国待遇を与える規定。

1980年

12月22日	『人民日報』、毛沢東が文化大革命で過ちと批判。

1982年

8月17日	米中政府が「8.17公報」発表。
9月 1日	第12回党大会、胡耀邦が総書記に就任（～11日)。
9月16日～	金日成、訪中。

1983年

6月 2日	金正日、訪中（～12日)。

1984年

4月26日	レーガン米大統領が中国を「国事訪問」(～5月1日)。

1985年

7月22日	李先念国家主席が米国を「国事訪問」。中国「国家元首」の初訪米。「米中原子力の平和利用協力協定」に正式調印（～31日)。

1987年

7月15日	台湾、38年間におよぶ戒厳令を解除。
10月25日	第13回党大会、趙紫陽が総書記に就任（11月1日)。
11月29日	北朝鮮工作員、大韓航空機爆破。

1988年

1月13日	蔣経国台湾総統死去、李登輝副総統が昇格。
3月14日	中国とベトナム、赤瓜礁海戦。
9月17日	中国、ソウル・オリンピックに参加（～10月6日)。

1989年

2月25日	ブッシュ米大統領が中国を「工作訪問」(～26日)。

5月22日　万里全人代委員長が米国訪問（～23日）。
4月15日　胡耀邦前総書記死去。
6月 5日　天安門事件。江沢民総書記就任。事件に対してブッシュ大統領が対中制裁措置、米中両軍交流中断。
11月 9日　ベルリンの壁、解体始まる。

1990年

10月 2日　東西両ドイツ、国家統一。
12月19日　上海証券取引所開業。
12月25日　中国共産党13期7中全会、鄧小平の改革・開放路線を確認。

1991年

1月17日　湾岸戦争（～2月27日）。
5月 1日　台湾が中国との内戦（動員平定反乱時期）の終結宣言。
11月12日　中国、中国香港、Chinese Taipei（台湾）がAPEC加盟。
12月26日　ソ連邦解体。

1992年

1月31日　李鵬首相がニューヨーク国連安保理事会首脳会議中に、ブッシュ米大統領と「会晤」。
1～2月　鄧小平の「南巡講話」、改革・開放の加速呼びかけ。
10月12日　第14回党大会、市場経済路線を採択。江沢民総書記就任（～18日）。
10月23日　天皇・皇后、中国初訪問。

1993年

3月27日　江沢民、国家主席に就任。
11月19日　江沢民主席がシアトルのAPEC指導者の非正式会議中に、クリントン米大統領と初めて「正式会晤」。

1994年

1月　中国、二重為替相場廃止。
6月10日　中国、核実験。
8月11日　解放軍副総参謀長徐恵滋が訪米（天安門事件後初の軍高官訪米）。これにより、89年以来中断5年に及ぶ両軍ハイレベルの往来が復活。
10月16日　米国防部長ペリー訪中〔軍事面の和解〕。

1995年

6月 6日　台湾の李登輝総統訪米（～12日）。これにより、米中関係は再度中断。
8月15日　中国、台湾海峡でミサイル演習（～25日）。
8月17日　中国、地下核実験（43回目）。
10月24日　江沢民主席が国連成立50周年祝典の際に、ニューヨークでクリントン

大統領と「会晤」。

12月12日　国防部長遅浩田は訪米を延期していたが、年末にようやく軍事交流を再会し、遅浩田が正式訪問（～18日）〔李登輝訪米による米中交流中断、空軍司令員于振武は訪米中止〕。

1996年

3月 8日　台湾沖でミサイル演習と実弾演習（～25日）で、米空母インディペンデンスと原子力空母ニミッツが台湾沖に向かう（いわゆる台湾海峡の危機）。

12月　中国がIMF8条国に移行。

1997年

2月19日　鄧小平死去。

7月 1日　香港返還。

9月23日　日米、新ガイドラインを決定。

10月26日　江沢民主席が米国を「国事訪問」（～11月3日）。米中双方が「米中聯合声明」で、米中美両国は「21世紀に向けて建設的な戦略パートナーシップ」作りを発表。

10月27日　中国が国際人権A規約に調印（98年10月5日、B規約調印）。

1998年

1月19日　コーエン米国防長官が中国を「正式訪問」。「海上軍事安全協議メカニズムの強化に関する中国国防部と米国防総省の協定」に調印。

3月17日　朱鎔基、首相に選出。

3月19日　85年7月以来棚上げしてきた「米中原子力の平和利用協力協定」が正式発効。

4月29日　オルブライト米国務長官が訪中（～30日）。双方は「米中ホットラインの開設に関する協定」に調印。

5月 6日　米中双方が「『米中原子力の平和利用協力協定』第8条実施方案」に調印。

6月25日　クリントン米大統領が中国を「国事訪問」（～7月3日）。江沢民主席とクリントンが「正式会談」。

1999年

4月 6日　朱鎔基首相が米国を「正式訪問」（～14日）。朱鎔基とクリントンが中国のWTO加入問題で「聯合声明」を発表、米国は加入支持を「承諾」。

5月 8日　米国が中国のユーゴ共和国大使館を爆撃、米中関係が緊張。

5月10日　中国外交部スポークスマンが米中両軍のハイレベル交流を停止と語る。

5月24日　日本、周辺事態法成立。

11月15日　米中が北京で中国のWTO加入について2国間協議。

2000年

1月24日　熊光楷副総参謀長が訪米、米中第3回国防部副部長級による「防衛協議

（防務磋商）」〔米中両軍の交流復活〕（～26日）。

9月 8日　江沢民主席が国連ミレニアム首脳会議に際して、クリントン大統領と「会晤」。

10月10日　クリントン米大統領が対中国「永久正常貿易関係法案」に署名。

10月30日　米議会に米中経済・安全保障再検討委員会成立（2005年11月修正）。

2001年

4月 1日　海南島上空で米中航空機「接触事件」。米国防総省が抗議、両軍の交流停止を宣言。

9月11日　9.11同時多発テロ。事件以後、江沢民主席が即刻ブッシュ米大統領に見舞い電話を送り、米国政府と人民に慰問を表明。

9月14日　米中は海上軍事安全協議メカニズム専門会議を米国領グアム島で行い、米中両軍の交流が次第に回復（～15日）。

10月 7日　米、アフガニスタン空爆。

10月 8日　江沢民主席が再度、ブッシュ大統領に予約して電話し「中国政府は一切のテロリズムに反対であり、米中は世界に重要な影響をもつ二つの国家であり、アジア太平洋の平和と安定に共同責任をもつ」と強調。

10月19日　江沢民主席が上海でのAPEC指導者の非正式会議中に米ブッシュ大統領と初めて「会晤」。

12月27日　ブッシュ大統領が署名し、「中国に永久の正常貿易関係（MFN）地位」を与える命令が2002年1月1日正式発効。

12月　中国がWTO加盟。

2002年

2月21日　ブッシュ大統領が中国を「工作訪問」（～22日）。江沢民主席と正式会談。

2月28日　米中「上海公報」発表30周年に際して、江沢民主席とブッシュ大統領は互いに電報交換、祝賀。

4月27日　中国国家副主席胡錦濤が訪米（～5月3日）。胡錦濤はブッシュ等米政界指導者と「会見・会談」。

9月 6日　江沢民主席がブッシュ大統領と国際・地域情勢および米中の建設的協力関係発展の電話会談。

10月22日　江沢民主席は米国を「工作訪問」（～25日）。テキサス州クロフォードのブッシュ牧場訪問、「会晤」。

10月15日　第17回党大会（～21日）で胡錦濤が総書記就任。

2003年

3月20日　イラク戦争開始。

6月 1日　胡錦濤国家主席がフランス国エビアン開催の南北領導人非正式対話会議中に、ブッシュ大統領と会見。

8月27日　北朝鮮の核問題をめぐり初の6ヵ国協議。

10月15日　中国、初の有人衛星〈神舟5号〉打ち上げ。

10月19日　胡錦濤主席はバンコクでのAPEC第11回サミット非正式会議の前夜、

ブッシュ大統領と会見。

11月 3日　鄭必堅がボーアオ・フォーラムで、「中国和平崛起（平和的発展）の新しい道とアジアの未来」講演。

12月 7日　温家宝首相が米国を「正式訪問」（～10日）。温家宝はハーバード大学で「和平崛起」を講演したが（10日）、帰国後、軍・保守派から批判され、このキーワードが消えた。

2004年

4月23日　胡錦濤主席の海南島ボーアオ・フォーラム講話草稿の「和平崛起」が「和平発展」に改められた。

2005年

4月29日　連戦・台湾国民党主席、北京で胡錦濤と会談。60年ぶりの国共トップ会談。

8月 1日　外交部副部長戴秉国が米国務副長官ゼーリックと北京で第1回米中戦略対話。

9月13日　胡錦濤国家主席がニューヨークの国連成立60周年首脳会議前にブッシュ大統領と「会晤」。

9月21日　ゼーリック国務副長官が包括的な対中政策演説で「国際社会システムにおける責任あるステークホルダーとなるよう促す必要がある」と言及。

9月　中国が衛星ジャミングテストを行う（USCC, 2011 Report による）。

10月18日　ラムズフェルド国防長官が中国を正式に「友好訪問」（～20日）。

11月 8日　米中双方が紡織品問題で協議を達成。ロンドンで米中両国「紡織品と服装貿易についての了解備忘録」に調印。

11月19日　ブッシュ米大統領が中国を「正式訪問」（～21日）。米中両国元首が「会晤」。双方は両国関係的発展を高度に評価し、米中の建設的合作関係において新成果を勝ち取ろうと重ねて述べる。

12月 7日　ワシントンで第2回米中戦略対話（～8日）。
◇中国の外貨準備8200億ドル（年末）、中国の対米債権4900億ドル（年央）。

2006年

4月18日　胡錦濤国家主席が米国を「国事訪問」（～21日）。

8月15日　小泉首相、終戦記念日に靖国神社参拝。

8月16日　ペンタゴンの年次報告書が中国軍の「平和維持活動」に2回言及。

8～9月　中国が米スパイ衛星をレーザーを用いて一時的に目くらまし。欧州宇宙機関によると、中国はフランス衛星も目くらまし（USCC, 2011 Report による）。

11月 8日　第3回米中戦略対話（北京）。

11月24日　胡錦濤がイスラマバード講演で、初めて中国の「核心利益」を語る。

12月14日　第1回米中戦略経済対話を北京で挙行（～15日）。「中国の発展の道と中国経済の発展戦略」が主題。

◇中国の外貨準備1兆700億ドル（年末）、中国の対米債権6800億ドル（年央）。
◇ベトナムが中国との係争海域でオフショア石油の開発を進める（～07年）。

2007年

1月	中国は反衛星示威。弾道ミサイルで旧式の気象衛星を破壊、数千の宇宙ゴミを作り出す。
1月	ベトナム共産党4中全会が「2020年までの海洋計画（漁業・石油）」を採択。
4月	ベトナム、南沙諸島 Trường Sa を町制に格上げ。
5月22日	第2回米中戦略経済対話（ワシントン）（～23日）。
6月20日	第4回米中戦略対話（ワシントンとメリーランド州）（21日）。
10月20日	ランドサット7が12分間以上の妨害を受けた（USCC, 2011 Reportによる）。
11月	フィリピン議会が海島基線法を採択し、南沙諸島の53礁をフィリピン群島に加える。
12月12日	第3回米中戦略経済対話（北京）（～13日）。 ◇中国の外貨準備1兆5300億ドル（年末）、中国の対米債権8700億ドル（年央）。

2008年

1月13日	キーティング米太平洋軍司令官が訪中（～16日）。中央軍委副主席郭伯雄、総参謀長陳炳徳、外交部長楊潔篪らと「会晤」。
1月17日	第5回米中戦略対話（貴州省貴陽市）（～18日）。
3月10日	中国チベット自治区ラサで僧侶ら数百人が抗議デモ､70人拘束。「チベット亡命政府」、203人死亡と発表（4月30日）。
4月10日	国務委員兼国防部長梁光烈上将がゲーツ米国防長官と国防部直通電話で初めて「通話」。梁光烈は「台湾海峡情勢は依然、敏感で復雑な問題。米側が一つの中国原則を『恪守』し、米中3つの聯合公報堅持、台湾への武器売却と米台軍事連係を中止せよ」と強調。
5月12日	四川大地震。中国政府は死者6万9122人、行方不明1万7991人と発表（6月4日）。
6月10日	尖閣諸島沖で台湾の遊漁船と日本の巡視船が接触、遊魚船沈没。
6月17日	第4回米中戦略経済対話（メリーランド州アナポリス）（～18日）。
6月20日	米国家航空宇宙管理局地球観測システム Terra EOS AM–1が2分間以上の妨害を受ける（USCC, 2011 Reportによる）。
6月	フィリピン・ベトナムの2004年共同地質調査が時効。
7月23日	ランドサット7が12分間以上の妨害を受ける（USCC, 2011 Reportによる）。
8月 8日	北京オリンピック開催（～24日）。
8月16日	ペンタゴンの「年次報告」が中国軍の「平和維持活動」に言及。

9月15日　アメリカ金融危機。リーマン・ブラザーズ経営破綻。
10月 3日　米国政府は台湾に対して、「パトリオット3」反ミサイルシステム等先進武器の売却を決定。これにより、2008年10月開催予定の米中第10回防衛協議が暫時凍結され、米中軍事関係はトーンダウン。
10月22日　米地球観測システム Terra EOS AM–1が9分間以上の妨害を受ける(USCC，2011 Report による)。
12月 4日　第5回米中戦略経済対話（北京）（～5日）。
12月 9日　劉暁波ら零八憲章発表。
12月15日　第6回米中戦略対話（ワシントン）。

◇中国の外貨準備1兆9500億ドル（年末）、中国の対米債権1兆800億ドル（年央）。

◇2005年8月～08年12月までに、米中間で6回の「戦略対話」実行。さらに2006年12月～08年12月までに、5回の「戦略経済対話」実行。

2009年

1月13日　米商務省が米中貿易協定を発表。米政府官員は認可前に中国企業の施設を検査でき、米国輸出品が他の目的に流用されないよう監視できる。
1月20日　バラク・オバマ、米大統領に就任。翌21日就任演説の全文を中国メディアが発表。ただし“communism”と“dissidents”に触れた2節を削除。
2月21日　クリントン米国務長官、4カ国訪問の最後として中国を訪問（～22日）。
2月26日　米国務省が人権年次報告を発表、2008年に中国が人権を抑圧する行為を行ったことを厳しく批判〔劉暁波投獄等〕。
3月10日　米国務省が「1959年チベット蜂起」50年記念声明でチベット地区の人権状況に憂慮を表明。
4月 1日　胡錦濤主席がオバマ大統領とロンドンG20サミットで初めて「会晤」、双方は共に努力し、21世紀に積極合作全面的な米中関係を樹立し、米中戦略与経済対話のメカニズムを樹立することで合意。両首脳の「会晤」を通じて、双方の軍事交流も緩和に向かう。
4月23日　中国海軍創設60年記念の国際観閲式（青島）。呉司令官、遠洋訓練実施を宣言。米ミサイル駆逐艦フィッツジェラルト、観閲式に参加。
5月30日　副総参謀長馬暁天中将とゲーツ国防長官がシンガポールのシャングリラフォーラムで会談。
5月31日　ガイトナー米財務長官、訪中（～6月2日）。7月米中戦略・経済対話（S＆ED）を準備。胡錦濤主席と会見。
6月11日　中国のソナー付き潜水艦がフィリピン沖で米駆逐艦ジョン・S・マケインと衝突。米軍は衝突が「故意によるものではない」と説明。
6月19日　Googleの中国語版ウェブサイトで一部の検索エンジンが利用不可能になり、ポルノ画面や粗野な内容に書き換えられたと、Googleが発表。
7月 5日　新疆ウルムチ市のウィグル人デモと警察の衝突で、197名死去、1700名負傷。
7月 8日　胡錦濤主席がイタリーG8サミットを繰り上げ、ウルムチ暴動処理のために帰国。

7月17日　第11次「駐外使節会議」が北京で開かれ、胡錦濤が「重要講話」(～20日)。
7月22日　楊潔篪外相とクリントン長官がタイ・プーケットで、第42回アセアン・フォーラムで会見。
7月27日　ワシントンで第1回米中戦略・経済対話（S＆ED）（～28日)。
7月28日　国務委員戴秉国が中国の核心利益を説明。
7月28日　キーティング太平洋軍司令官が米中戦略・経済対話後にメディアに対して米中両国は「両軍往来の復活に同意した」と語る。
7月28日　スターン米気候変動担当特使と解振華副会長が、米中「気候変動・エネルギー・環境における協力を強化する覚書」に調印。
8月16日　ペンタゴンの「年次報告書」が中国軍の「平和維持活動等」に10回言及。
9月15日　17期4中全会（～18日)。ウルムチ暴動や幹部の腐敗など党の政治的立場への脅威に焦点。
9月15日　米2009年国家諜報戦略を発表。 中国・イラン・北朝鮮および復活したロシアが米国の利益に挑戦する可能性を指摘。
9月16日　米財務省「国際資本流動報告」は、中国が2009年7月に152億ドルの米国債保有を増やしたと発表。
9月24日　スタインバーグ米国務副長官が「米中関係の管理ビジョン」と題して講演し、「戦略的確約保証」を語る。
10月12日　7月初めのウルムチ暴動に対し、ウィグル人6名に死刑、1名に無期懲役を判決。
10月24日　ゲーツ米国国防長官の招請で、中国中央軍委副主席徐才厚が米国を「正式訪問」(～11月3日)。
11月 5日　中国がマグネシウム・蛍石・シリコン・硫黄・亜鉛に輸出税、米・EUはWTOに調査要求。
11月15日　オバマ大統領が中国を「公式訪問」(～18日)。「中米聯合声明」を発表。
12月18日　オバマ大統領と温家宝首相がコペンハーゲン気候会議で2ヵ国会談。
◇中国の外貨準備2兆4000億ドル（年末)、中国の対米債権1兆2300億ドル（年央)。

2010年

1月30日　米政府が議会に台湾へ総額64億ドルの武器売却決定を通知。復活過程にあった米中軍事交流が延期。
2月17日　米空母ニミッツが香港に入港。
2月18日　オバマ大統領がダライ・ラマと会見。
3月 1日　スタインバーグ副長官が訪中し、台湾・北朝鮮・イラン等、両国関係の重要問題を討議（～3日)。
3月 9日　中国外為局長易鋼が「中国は米国債を買う」と約束。
3月16日　米下院が412対1の票差で、中国当局が法輪功への弾圧をやめるよう決議。
3月26日　韓国哨戒艦天安、黄海上で沈没。
5月 1日　上海万博開催（～10月31日)。
5月24日　北京で第2回米中戦略・経済対話（S＆ED）（～25日)。

5月25日　馬暁天解放軍副総参謀長がウィラード米太平洋軍司令官海軍大将と会議の枠外で会う。
6月 5日　ゲーツ国防長官と馬暁天がシンガポールのシャングリラ対話に出席。
6月　中台経済協力枠組み協定（ECFA）調印。
7月17日　中国が「戦争2010」軍事演習（～18日）。
7月19日　09年エネルギー消費量、中国がアメリカを抜いて世界第1位に。
7月25日　黄海で米韓合同軍事演習（～28日）。
8月16日　中国が日本を抜いて世界第2の経済大国になる。
8月16日　ペンタゴンは議会への年次報告で、中国の軍事能力を評価し、国際公共財を運ぶと指摘。
9月 7日　尖閣諸島沖で中国漁船が日本の巡視船に衝突。
9月23日　オバマ大統領が国連総会出席の温家宝首相と会見、直ちに人民元を切り上げるよう圧力。
9月23日　ニューヨークを訪問中の前原外相がクリントン米国務長官と会談。「日米同盟はアジア太平洋の公共財」を確認（日米外相会談・概要）。
10月 8日　劉暁波にノーベル平和賞。オバマ大統領が歓迎を表明。
12月10日　第11回米中防衛協議（ワシントン）。
12月15日　スタインバーグ国務副長官が朝鮮半島問題討議の高級代表団を率い北京到着。
◇中国の外貨準備2兆8400億ドル（年末）、中国の対米債権1兆6100億ドル（年央）。

2011年

1月 9日　ゲーツ国防長官が訪中し、両国の軍事交流を進める（～12日）。
1月18日　胡錦濤国家主席が米国を「国事訪問」（～21日）。ワシントンでオバマ米大統領と「会談」。米中関係および共に関心をもつ重大な国際・地域問題を討論。
2月 9日　米国家軍事戦略2011発表。米中両軍のより深い関係構築を呼びかけ。ただし米統合参謀本部は中国の軍事的発展と東アジアへの権利主張を引き続き監視。
5月 9日　ワシントンで第3回米中戦略・経済対話（S&ED）（～10日）。初めて戦略安全保障対話を行う。
5月15日　陳炳徳総参謀長が訪米。総参謀長の訪米は7年来初めて（～22日）。
5月22日　空母カールヴィンソンがオサマ・ビンラディンの遺体を処理した後、香港に寄港（～25日）。
5月24日　米国務省が中国企業4社を、イラン、シリア、北朝鮮に大量破壊あるいはミサイル技術を輸出した嫌疑で制裁。
5月　台湾系電子メーカー富士康で労働者の自殺相次ぐ。
6月 8日　中国海軍艦船、沖縄近海を通過。
6月10日　アフリカ訪問でクリントン国務長官が、中国の大規模アフリカ投資の精査を呼びかけ、アフリカへの中国の影響が「新植民地主義」の育成と警告（～11日）。

6月28日　米比両軍がパラワン近くの南シナ海で合同海軍演習（～7月8日）。
7月 1日　中国共産党建党90周年。
7月 9日　米・豪海軍、海上自衛隊がブルネイ沿岸沖の南シナ海で合同海軍演習を行う。
7月 9日　マレン米統合参謀本部議長が訪中（～13日）。
7月15日　米軍とベトナム軍が南シナ海で合同軍事演習（～21日）。
7月16日　オバマ大統領がホワイトハウスでダライ・ラマと会見。
8月 1日　ロック米商務長官が駐中国大使に任命される。初の華裔大使。
8月17日　バイデン米副大統領が訪中し（～21日）、胡錦濤主席と習近平副主席に会う。
10月14日　パネッタ国防長官が台湾への武器売却に対する中国の穏やかな対応を称賛（バリ島）。
12月27日　米財務省が中国を為替レート操作国と名指しすることは避けたが、人民元は過小評価であり、為替レートのより自由な変動のため圧力をかけると断言。
◇中国の外貨準備3兆1900億ドル（年末）、中国の対米債権約2兆ドル（年央）。

2012年

2月 8日　重慶市副市長王立軍（薄熙来の助手）が米国の成都領事館を訪れ、24時間滞在の後、みずから領事館を出て、国家安全部に拘束される。
2月13日　習近平訪米（～17日）。オバマ大統領と会見。
2月13日　オバマ米大統領が、2013会計年度予算教書を発表し、国防費の削減を盛り込む。国防総省予算は10年間で4870億ドルの削減。
4月 9日　薄熙来が完全失脚。
5月 3日　北京で第4回米中戦略・経済対話（S＆ED）（～4日）。